ALEXANDRE DE GUSMÃO
(1695-1753)

SYNESIO SAMPAIO GOES FILHO

ALEXANDRE DE GUSMÃO
(1695-1753)
o estadista que desenhou o mapa do Brasil

3ª edição

EDITORA RECORD
RIO DE JANEIRO • SÃO PAULO
2021

CIP-BRASIL. CATALOGAÇÃO NA PUBLICAÇÃO
SINDICATO NACIONAL DOS EDITORES DE LIVROS, RJ

G543a
3ª ed.
Goes Filho, Synesio Sampaio
  Alexandre de Gusmão (1695-1753): o estadista que desenhou o mapa do Brasil / Synesio Sampaio Goes Filho. – 3ª ed. – Rio de Janeiro: Record, 2021.

  Inclui bibliografia
  ISBN 978-85-01-11823-3

  1. Gusmão, Alexandre de, 1695-1753. 2. Diplomatas – Brasil – Biografia. I. Título.

19-60851

CDD: 923.272
CDU: 929:341.71

Meri Gleice Rodrigues de Souza – Bibliotecária – CRB-7/6439

Gráfico e mapas: Yara Ruscio sobre concepção original do autor

Copyright © Synesio Sampaio Goes Filho, 2020

Todos os direitos reservados. Proibida a reprodução, armazenamento ou transmissão de partes deste livro, através de quaisquer meios, sem prévia autorização por escrito.

Texto revisado segundo o novo Acordo Ortográfico da Língua Portuguesa.

Direitos exclusivos desta edição reservados pela
EDITORA RECORD LTDA.
Rua Argentina, 171 – Rio de Janeiro, RJ – 20921-380 – Tel.: (21) 2585-2000.

Impresso no Brasil

ISBN 978-85-01-11823-3

Seja um leitor preferencial Record.
Cadastre-se em www.record.com.br
e receba informações sobre nossos
lançamentos e nossas promoções.

Atendimento e venda direta ao leitor:
sac@record.com.br

Sumário

Prefácio, de Rubens Ricupero 7

Introdução: Um olhar no conjunto 15

1.
O Brasil na época de Gusmão 23

2.
Portugal na época de Gusmão 45

3.
A redescoberta do estadista. Inícios biográficos 53

4.
Diplomata de D. João V 61

5.
O secretário d'el-rei 73

6.
Uma colônia com riquezas, mas sem fronteiras 89

7.
O secretário e o Brasil 97

8.
A ilha Brasil e o rio do ouro: crítica dos mitos 115

9.
Negociações em Madri   129

10.
O Mapa das Cortes   141

11.
O Tratado de Madri e seu futuro   153

12.
Alexandre: vida e obra   167

Conclusão: O mito que nasce   177

Apêndices
Representação feita por Alexandre de Gusmão a D. João V. Fins de 1749   187
Datas de interesse histórico ou biográfico   199

Notas   205

Referências bibliográficas   213

Índice onomástico   219

Prefácio

Rubens Ricupero

Synesio Sampaio Goes Filho realizou neste livro em relação ao principal autor do Tratado de Madri o que havia feito para a formação das fronteiras do Brasil: tornou acessível ao leitor de hoje a compreensão de uma história que se convertera em algo de remoto e abstruso.

Nem sempre foi assim. Até sessenta ou setenta anos atrás, a história diplomática do Brasil parecia às vezes dominada pela história das fronteiras. Na atmosfera de justa satisfação pela solução definitiva dos problemas territoriais do país levada a cabo pelo barão do Rio Branco, multiplicaram-se os estudos das questões fronteiriças, frequentemente escritos por diplomatas de carreira com vocação de historiadores.

Um dos mais produtivos entre esses autores, o embaixador Álvaro Teixeira Soares, resumiu com felicidade o sentimento que animava tais estudos. A solução sistemática dos problemas fronteiriços iniciada sob a monarquia e concluída por Rio Branco, escreveu ele, merecia ser considerada como uma das maiores obras diplomáticas realizadas por qualquer país em qualquer época. Não havia exagero em descrever desse modo o processo pacífico de negociação ou arbitragem pelo qual se resolveu metodicamente cada um dos problemas de limites com nada menos que onze vizinhos contíguos e heterogêneos (na época do Barão, o Equador ainda invocava direitos de fronteira com o Brasil, em disputa resolvida com o Peru somente muito mais tarde).

ALEXANDRE DE GUSMÃO (1695-1753)

Passada a fase em que era moda escrever livros sobre fronteiras, o assunto perdeu grande parte do atrativo. Julgava-se que nada mais havia a dizer a respeito de problema já resolvido. Desconfiava-se de obras assinadas por funcionários diplomáticos, confundidas com a modalidade de publicações destinadas a engrandecer o Itamaraty. Livros sobre discussões limítrofes, antes tão populares, tornaram-se difíceis de encontrar e mais difíceis de ler. O estilo envelhecera, os métodos da historiografia passada davam a impressão de obsoletos, a narrativa soava monótona, demasiado descritiva, apologética, pouco crítica, cansativa na enumeração de intermináveis acidentes geográficos.

Foi nesse panorama estagnado que Synesio teve a coragem de escolher para sua tese no Curso de Altos Estudos do Instituto Rio Branco em 1982 o tema enganosamente escondido sob o modesto título *Aspectos da ocupação da Amazônia: de Tordesilhas ao Tratado de Cooperação Amazônica.* Lembro-me bem da surpresa positiva que causou a dissertação, pois fazia parte na época da banca examinadora. Fui assim testemunha do surgimento de uma vocação singular de historiador voltado para recuperar a desgastada tradição de estudos fronteiriços.

Estimulado pela recomendação de publicação da banca, o autor enriqueceu o trabalho, editado pelo Instituto de Pesquisa em Relações Internacionais (IPRI), em 1991, sob o título *Navegantes, bandeirantes, diplomatas: um ensaio sobre a formação das fronteiras do Brasil.* O livro teve o efeito de uma janela que se abria na atmosfera bolorenta da antiquada história das fronteiras, fazendo entrar o ar fresco da renovação modernizadora. Reformulado e ampliado, teve mais três edições em outras editoras.

Redigida em linguagem límpida, objetiva, expressiva na sóbria elegância, a narrativa envolve o leitor em viagem sem esforço pela fascinante evolução do território brasileiro na sua fase de expansão, de avanços e recuos na Amazônia, no Extremo Oeste, na região da bacia do Prata. Demonstra como se revelou constante a articulação do impulso pioneiro de exploradores, homens práticos determinados na busca de compensações materiais, com o trabalho cuidadoso de diplomatas e estadistas que legitimaram em instrumentos jurídicos o que não passava no início de ocupação precária de terras duvidosas.

PREFÁCIO

O desmonte da retórica apologética efetuado pela obra permitiu que apareceste a verdade de uma evolução gradual, de tentativas e erros, de afirmação progressiva das teses mais convenientes. A narrativa fiel aos fatos fez emergir do passado uma diplomacia consciente de estudo de mapas, de exploração de velhos arquivos, de construção paciente de doutrinas jurídicas adaptadas à situação de país cujos títulos de propriedade originais de boa parte de seu futuro território eram pobres ou inexistentes. O resultado final, além de verdadeiro, valorizava os méritos dos diplomatas que construíram o mapa do Brasil.

Na origem de toda essa história encontrava-se o alto funcionário da Corte portuguesa a quem se devia, mais que a qualquer outro, a definição do perfil territorial do Brasil: Alexandre de Gusmão. Brasílico, como se dizia na época, nascido obscuramente na humilde e insignificante Vila do Porto de Santos, tratava-se de personagem que atuara de modo discreto nos bastidores do poder. Permaneceu quase anônimo por longo tempo, mais de um século, apesar de um ou outro estudioso mais arguto como o barão do Rio Branco ter reconhecido o papel que desempenhara.

Coube a um exilado político no Brasil do regime salazarista, o historiador português Jaime Cortesão, a tarefa de resgatar da penumbra da história a figura de Gusmão, desentranhando do silêncio dos arquivos os documentos que praticamente revelaram ao mundo a história real que se escondia por trás da negociação do Tratado de Madri (1750). Synesio Sampaio Goes Filho, que já produzira o moderno clássico do estudo e da análise da história geral das fronteiras brasileiras, retrocede agora ao ponto de partida a fim de examinar como se chegou a preparar a maior de todas as vitórias da diplomacia luso-brasileira na consolidação da expansão territorial do Brasil, o Tratado de Madri.

Conforme afirmei no início deste prefácio, as duas realizações de Synesio — a da história completa, abrangente das fronteiras, e hoje a do Tratado de Madri e seu autor mais importante — possuem uma característica definidora comum. Ambas reexaminam com olhar crítico o volumoso material existente, e desbastam esse acervo daquilo que apresenta relevância menor para o leitor culto de nossos dias, reconstruindo com estilo contemporâneo, metodologia e linguagem atualizadas narrativas que corriam o risco de não mais serem lidas a não ser por raríssimos especialistas.

Tome-se, por exemplo, o caso da obra magna de Jaime Cortesão, *Alexandre de Gusmão e o Tratado de Madri*, publicada nos anos 1950 pelo Instituto Rio Branco em nove alentados volumes com milhares de páginas de reprodução de documentos e mapas. Quem hoje em dia se disporia a ler a obra inteira? Mesmo a edição compacta em dois tomos, restrita à vida e às realizações de Alexandre de Gusmão, publicada em 2016 pela Fundação Alexandre de Gusmão (Funag) e a Imprensa Oficial do Estado de São Paulo, estende-se por mais de oitocentas páginas de letra miúda, recheadas de longas discussões de erudição de interesse relativamente menor para o leitor médio.

Synesio não só torna a história dos limites e a de Alexandre de Gusmão acessíveis e atrativas aos leitores e estudiosos atuais. Ao modernizar e submeter a rigoroso crivo crítico tais narrativas, realiza obra original de mérito incontestável. Ao discutir as hipóteses mais especulativas a respeito de incidentes da biografia de Gusmão, a autoria pessoal das instruções que orientaram o negociador português do Tratado, concepções intelectuais que teriam inspirado as ações lusitanas, o autor pesa com cuidado os argumentos e chega a conclusões que comandam o consenso pelo realismo, prudência historiográfica e bom senso.

Essas qualidades se destacam, entre outras passagens, nas que relativizam e moderam o entusiasmo beirando ao misticismo de Jaime Cortesão ao tratar de alguns mitos da história colonial como o da célebre "ilha Brasil", um território delimitado de um lado pelo oceano Atlântico e no oeste por dois grandes rios que confluiriam para uma mítica lagoa no interior das terras sul-americanas. A sobriedade nas avaliações e juízos confere veracidade digna de fé às afirmações amparadas, na falta de documentos conclusivos, por critérios de probabilidade e verossimilhança.

O autor faz bem em chamar ensaio biográfico o estudo da vida e ação de um personagem que viveu na primeira metade dos Setecentos. Faltariam elementos probatórios para tentar reconstruir a respeito da figura de Gusmão aspectos minuciosos da infância, da formação da personalidade

PREFÁCIO

na adolescência e juventude, das leituras e experiências definidoras como pretendem às vezes realizar exaustivas biografias de personalidades mais perto de nós. Uma técnica de narrar que funcionou de modo eficaz na construção da obra foi a de alternar o tempo todo a vida de Alexandre de Gusmão e a evolução dos acontecimentos que criariam as oportunidades para suas realizações. Basta passar os olhos pelo sumário para perceber a dosagem alternada de matérias de contextualização — o Brasil, Portugal na época — com os capítulos biográficos — começos de vida, diplomata aprendiz, secretário real — voltando à colônia no apogeu do ouro, mas sem fronteiras, a relação do brasílico com sua distante pátria, os problemas do contrabando.

O estudo se revela particularmente útil no exame minucioso do que viria a ser presumivelmente a mais importante negociação territorial da história brasileira, culminando num tratado que de certa forma equivaleria a uma espécie de "escritura de propriedade" do território que forma o Brasil de hoje. Já se disse outras vezes e ressalta bastante deste livro a originalidade múltipla do Tratado de Madri. Num período em que quase todos os tratados de limites se originavam de guerras e refletiam a correlação de forças no campo de batalha, o acordo de 1750 foi exceção, negociado e concluído depois de longos anos de paz entre Portugal e Espanha.

Em contraste com a maioria dos inúmeros acordos limítrofes que o Brasil independente assinaria no futuro, o de Madri se salientou por desenhar a linha completa do mapa do Brasil ao longo de milhares de quilômetros de fronteiras terrestres. Não era o que desejavam os espanhóis, mais uma vez empenhados em somente limitar o ajuste a alguns setores de seu particular interesse, sobretudo na região da permuta de Colônia do Sacramento pelos Sete Povos das Missões do Uruguai. Graças à firme insistência dos negociadores lusos é que se conseguiu definir o que, com ajustes relativamente menores, haveria de ser na prática o perfil territorial do Brasil moderno.

O Tratado de Madri tornou possível outra originalidade da história da formação territorial brasileira: a de que ela se encontrava virtualmente terminada antes da Independência. Em termos gerais, o chamado expansionismo, que foi a rigor muito mais português que brasileiro, alcançava quase seu limite máximo na véspera da Independência. Compare-se com a expansão norte-americana, que tem início a partir da Independência de 1776, para perceber a diferença das implicações que esse fato acarretaria para o relacionamento entre o país independente — Estados Unidos da América ou Brasil — e seus vizinhos igualmente independentes — México, no exemplo norte-americano, os dez vizinhos brasileiros —, com o enorme contraste em termos de herança de ressentimentos históricos.

Vários dos estudiosos do Tratado de Madri fizeram questão de destacar que ele se adiantou a seu tempo na razoabilidade e no equilíbrio das concessões, no seu legado central, que consistiu em reconhecer de direito o que já ocorrera no terreno da prática: a supremacia da expansão luso-brasileira na Amazônia e centro-oeste da América do Sul em câmbio do prevalecimento dos interesses castelhanos na região da bacia do Prata. Talvez se deva, em última instância, a esse espírito avançado em relação à época que o tratado tenha sido tão fugaz na duração formal: pouco mais de dez anos até a anulação pelo Tratado de El Pardo (1761).

Um dos enigmas da história luso-brasileira é entender por que o governo português, principal beneficiário dessa obra-prima de sua diplomacia, se converteu, em poucos anos, num dos mais ativos fatores de sua destruição. Os historiadores alinham, é claro, argumentos e razões, que soam desproporcionalmente fracos para explicar erro tão grave de avaliação. Não é este o lugar para examinar a questão, de que procurei tratar em livro recente. De todo modo, o que vale é que, depois de vicissitudes e reveses sem conta perfeitamente possíveis de evitar, o espírito do Tratado de Madri acabaria por prevalecer. Esta constatação é seguramente a maior demonstração do gênio criador de Gusmão, capaz de sobreviver até à maligna inveja do marquês de Pombal, seu poderoso e supervalorizado rival.

Em vida, Alexandre de Gusmão não alcançou recompensa nem reconhecimento pelo que fez. Morreu no ostracismo, com dificuldades financeiras. A representação que dirigiu a D. João V em fins de 1749, pouco antes do desaparecimento do monarca, ficou sem resposta. Ele permaneceria no limbo da história até meados do século XX, quando viu finalmente apreciados e valorizados seus grandes trabalhos para a formação territorial do Brasil.

O primoroso ensaio biográfico que Synesio Sampaio Goes Filho dedica à sua memória reexamina, atualiza e ratifica, ponto por ponto, a justiça e exatidão do julgamento tardio da posteridade.

São Paulo, 16 de junho de 2019.

Introdução

Um olhar no conjunto

C'était peut-être l'homme au Royaume qui avait plus de génie.
[Era talvez o mais talentoso homem do reino.]

Conde de Baschi, embaixador da França em Portugal

Começo este ensaio biográfico com uma visão do Brasil na primeira metade do século XVIII, o tempo de vida de Alexandre de Gusmão. Era a época do ouro de Minas Gerais, das "monções cuiabanas" e das minas de Mato Grosso e Goiás. Apesar de ofuscados pelo metal precioso, os engenhos do Nordeste continuavam a produzir açúcar, até então a base econômica da colônia. Na Amazônia, a penetração pela calha do grande rio intensificava-se com dezenas de novas missões de religiosos portugueses: "drogas do sertão" chamavam-se os produtos regionais exportados, guaraná, urucum, madeiras tintoriais, âmbar, cacau, vários tipos de castanha... Era no Sul, entretanto, que estava a sede dos conflitos com a Espanha. A Colônia do Santíssimo Sacramento fora fundada em 1680, bem em frente a Buenos Aires, e se havia transformado no foco das divergências: para os espanhóis, nunca passara de um "ninho de contrabandistas", como repetiam administradores coloniais, enquanto para os lusos significava a desejada "fronteira natural" do Prata.

Em Portugal era a época de D. João V, o rei do "ouro do Brasil", das grandiosas embaixadas, das imensas procissões, dos autos de fé; mas também de grandes construções, como o mosteiro de Mafra e o aqueduto de Lisboa. Seu julgamento varia muito entre os historiadores: seria o rei "beato e devasso [...] do desbarato dos rendimentos do Brasil", como diz Oliveira Martins, ou o monarca que renovou o prestígio de Portugal de uma maneira só superada na época dos grandes descobrimentos, como pensam outros? A verdade deve estar pelo meio. Os brasileiros valorizam-no por ter assinado o Tratado de Madri, que aumentou em dois terços o território da colônia americana.

Sabe-se hoje que o responsável principal pela concepção e negociação do grande acordo foi seu secretário particular Alexandre de Gusmão, mas sem o rei nada se teria feito. Teve ele também o mérito de empregar na diplomacia ou no governo central vários "estrangeirados", como eram então chamados, depreciativamente, os portugueses que, influenciados pelo Iluminismo, pretendiam libertar Portugal das sombras da "superstição e da ignorância" (a expressão é de Alexandre). Destes, o mais conhecido é D. Luís da Cunha, embaixador nas principais cortes, que muito contribuiu durante todo o reinado para dar racionalidade à política exterior de D. João V. Citamos seu nome por seu valor próprio, mas igualmente por ser o de um dos poucos mestres de Gusmão.

Apesar do muito já escrito sobre nosso biografado, há vários fatos incertos na sua vida. Optamos pelos mais plausíveis (por exemplo: voltou ou não ao Brasil? Existe quem diga sim e quem diga não. Concordamos com esta última assertiva). Nasceu na Vila do Porto de Santos em 1695, oitavo filho dos doze de um português da região de Guimarães, cirurgião da unidade militar local, e de uma paulista com sangue indígena e provavelmente judeu. Foi durante duzentos anos mais conhecido como um influente secretário de D. João V que escrevia ousadas cartas de advertência ou repreensão aos grandes do reino. Não é difícil imaginar a reação que provocava na nobreza "castiça" (que se opunha aos estrangeirados) as flechadas venenosas de um funcionário de origem humilde. Apenas nas proximidades do século XX foi-se revelando o papel político de Gusmão, principalmente na construção do grande tratado das fronteiras continentais. O barão do Rio Branco é dos

INTRODUÇÃO

primeiros a reconhecer sua preeminência, e o historiador português Jaime Cortesão foi o consolidador da imagem de estadista.

Menino, Alexandre foi à Bahia para estudar no colégio criado pelo seu padrinho, um conhecido educador jesuítico de quem tomou o nome e o sobrenome. Com 13 anos foi para Portugal, na companhia do irmão mais velho, Bartolomeu, o notório "padre voador". Cursou Cânones em Coimbra, e aos 19 anos teve um convite que mudou sua vida. Seria por cinco anos secretário do novo embaixador em Paris, o conde da Ribeira Grande. Na então capital cultural da Europa, cursou leis na Sorbonne e teve — o que é mais importante — sua grande lição de mundo. Revelava dotes desde criança, mas a experiência parisiense foi decisiva para sua formação intelectual. Mente aberta, ávido de conhecimentos, era uma esponja para absorver os novos tempos da razão, que seriam em breve condensados na *Encyclopédie* de d'Alembert e Diderot. Quando chegou, Luís XIV ainda estava vivo, mas o mais importante é que se sentiu um contemporâneo espiritual de Voltaire (apenas um ano mais velho).

Voltando a Lisboa, consolidou a fama de intelectual e foi feito membro da recente e prestigiada Academia Real de História, que às vezes se reunia no próprio palácio do rei. Logo foi designado para servir em Roma, onde ficou sete anos. Cuidou de assuntos importantes para seu "amo", mas que agora nos parecem fúteis: a dignidade cardinalícia para os núncios em Lisboa, as vestes dos prelados da Capela Real, o título de "Fidelíssimo" para D. João V. Fez amigos prestigiosos, como o cardeal Lambertini — mais tarde o papa Bento XIV — e o cardeal de Tencin — que, regressando à França, seria ministro de Luís XV. Segundo alguns (não é nossa opinião), teria sido feito príncipe da Igreja. O certo é que passar sete anos na corte papal, naquela quadra, não era uma experiência diplomática anódina

Com 35 anos foi feito "secretário d'el-rei", como se chamava o cargo. D. João V, o mais absolutista dos monarcas lusos, era seis anos mais velho. Representava bem a sociedade do tempo e do lugar: enriquecida, mas atrasada em relação aos países que passavam pelas ondas de racionalismo e maquinismo que desembocariam na Revolução Francesa e na Revolução Industrial. Tinha ministros de Estado, mas, em geral, nos seus 44 anos de reinado, quem mandava mais eram os membros do círculo íntimo, sempre coordenados por um religioso. Sabe-se o apego que tinha pela liturgia católica, inclusive adaptando aspectos do cerimonial romano a eventos da Corte lusa. Na época de Alexandre como secretário, de 1730 a 1750, no início o principal "amigo do rei" era o cardeal da Mota e, depois de 1746, frei Gaspar da Encarnação, que, apesar do nome religioso e das vestes franciscanas, era da alta nobreza lusa.

O santista, por ser o mais competente e o mais trabalhador do círculo íntimo — é um fato impressionante a quantidade e a variedade da produção de Gusmão —, sempre teve influência nos negócios de Estado, com breves eclipses parciais. Era encarregado dos dois principais temas do reino: a Igreja e o Brasil. Participava também das relações com as potências europeias e, por ser membro do Conselho Ultramarino, da administração do Império, já enfraquecido com as perdas orientais, mas ainda extenso e multicontinental. A metrópole vivia das rendas do Brasil, e o grande problema era que este não tinha fronteiras, depois que os luso-brasileiros ultrapassaram fartamente a divisa de Tordesilhas nas novas minas do Mato Grosso, nas missões do Amazonas e no rio da Prata, onde Colônia era o *punctum dolens* das relações entre as nações ibéricas.

Cercos militares, houve cinco; ocupações, quatro, as três primeiras revertidas por acordos bilaterais: Portugal tinha uma boa diplomacia — o futuro marquês de Pombal estava em Londres, por exemplo — e contava com o apoio da Inglaterra, já a maior potência naval do mundo. Colônia (este o fato importante a reter) não era a pequena cidade uruguaia de hoje: para Madri, era um perigoso e pernicioso enclave que atrapalhava seu domínio da bacia do Prata; mas, para Lisboa (seja-nos permitido este anacronismo), era o território do Uruguai, que ajudaria na formação dos atuais estados do Rio Grande do Sul, de Santa Catarina e do Paraná.

Alexandre de Gusmão sabia — pelo menos desde 1736, quando redigiu um importante documento sobre fronteiras — que seria necessário anular Tordesilhas e procurar outras bases para um novo tratado de limites continental, que preservasse as novas riquezas do oeste e estabelecesse fronteiras seguras no sul. Condutor das negociações do tratado, iniciadas em 1746, acabou concluindo que o critério fundamental só poderia ser o da legalização da área ocupada (*uti possidetis*). A fim de evitar as incertezas sobre

INTRODUÇÃO

onde passaria a linha — na época era imprecisa a marcação das longitudes —, trouxe o argumento adicional de que as fronteiras deveriam ser rios e montanhas conhecidas ("fronteiras naturais").

Para que não fosse uma cessão gratuita, inaceitável para a outra parte, introduziu o argumento respeitável de uma compensação global: os espanhóis, no Oriente, haviam ocupado as Filipinas, que, pelo Tratado de Saragoça, de 1529, deveriam ser lusas. Havia outra permuta a ser feita. Colônia do Sacramento era por um lado algo que não podia ser tolerado pela Espanha e, por outro, de manutenção difícil e cara para Portugal. Alexandre, conhecedor de seu alto valor para os vizinhos, identificou uma excelente área de criação e agricultura, os Sete Povos das Missões (a metade oeste do Rio Grande do Sul), como o território ideal para ser trocado pela cidadela. Tarefa árdua, a de convencer os jesuítas espanhóis de que teriam de abandonar uma obra grandiosa, construída em décadas, com bonitas igrejas e 30 mil índios cristianizados. Quando finalmente os negociadores hispânicos aceitaram a troca, nos derradeiros dias da negociação, ficou assegurado que o Brasil na sua parte crítica, o Sul, teria fronteiras bem mais amplas — o que havia antes era uma estreita faixa de terra, de umas 10 léguas de largura, de Paranaguá à lagoa dos Patos. Tudo pronto para a assinatura do Tratado de Madri, o que aconteceu em 13 de janeiro de 1750.

É a este grande acordo continental que o Brasil deve a maior parte de seu território, o quinto do mundo (depois de Rússia, Canadá, Estados Unidos e China). O Tratado de Madri, apesar de sua notabilidade, logo teve que enfrentar graves crises. Em 1761, foi anulado pelo Tratado de El Pardo: os jesuítas e o marquês de Pombal tiveram muito a ver com isso. Voltou, contudo, a vigorar, em 1777, com o Tratado de Santo Ildefonso, que restabeleceu todos os seus limites, à exceção — o que era fundamental — do Rio Grande do Sul, onde os Sete Povos retornaram à soberania espanhola (sem a devolução de Colônia do Sacramento). Portugal teve de ceder: a Espanha estava relativamente mais forte na Europa e tropas de Buenos Aires dominavam o sul do Brasil. Em 1801, finalmente, durante nova guerra peninsular, luso--brasileiros ocuparam os Sete Povos, restabelecendo o equilíbrio de Madri: o acordo que parecia fenecido na infância na realidade estava começando uma longa vida.

Jaime Cortesão, desde o início de seus estudos brasileiros, fala de um vago conceito unificador, que teria estimulado a penetração dos bandeirantes além da linha demarcadora, a procura dos rios que seriam a fronteira natural da colônia: o mito da ilha Brasil. Alexandre de Gusmão, ao conseguir negociar o tratado que deu ao futuro país fronteiras interiores praticamente navegáveis, seria o estadista que transformou o mito em realidade. A situação ilhada do Brasil ficava, aliás, evidente na carta geográfica que preparou para as negociações, depois chamada "Mapa das Cortes", a primeira que apresenta o país com a forma triangular e maciça que nos é agora familiar.

Com Sérgio Buarque de Holanda e outros, não achamos que o mito da ilha Brasil tenha realmente estado na cabeça de alguns dirigentes coloniais ou inspirado um ou outro bandeirante — Cortesão estuda particularmente a "bandeira dos limites" de Raposo Tavares. Havia, sim, mapas portugueses que mostravam os dois grandes rios da colônia unidos numa lagoa central — Manoa, era um dos nomes mais comuns (o Pantanal?). Existia, igualmente, uma grande rivalidade entre lusos e hispânicos, como se vê especialmente na formação do Rio Grande do Sul, uma guerra constante, com múltiplos atores, particulares e governamentais, mas conservando a dicotomia básica espanhol-português (bem retratada na ficção por *O continente* de Erico Verissimo). O atraente mito parece mais uma tentativa de arrumar os fatos do passado numa perspectiva coerente. Mas, com ou sem mito — essa a verdade —, o Brasil é, com o mar a leste e rios a oeste, praticamente uma ilha...

Hoje sabe-se o suficiente das realizações políticas de Alexandre de Gusmão para considerá-lo um dos nossos estadistas. Oliveira Lima, no começo dos Novecentos, já o tinha como "o maior brasileiro do século XVIII". Nesses mesmos anos, ele havia sido entronizado numa galeria de vultos da política externa, no Itamaraty do Rio de Janeiro. Nas décadas seguintes, passou a ser protagonista nas melhores histórias diplomáticas, as de Pandiá Calógeras, José Carlos de Macedo Soares, Hélio Viana e Delgado de Carvalho. Em 1950, Jaime Cortesão publica a obra definitiva sobre o papel do santista no acordo que assegurou ao Brasil seu grande território.

No Itamaraty de Brasília, há apenas três bustos a demarcar a Sala dos Tratados, a mais nobre do palácio. Um deles é o de Gusmão. Bela viagem

INTRODUÇÃO

para um pobre menino, de um pequeno porto, de uma secundária província da colônia. Maquiavel dizia, com razão, que sem "virtù i fortuna" não se chega lá. Ao estudar a vida de Alexandre, o que mais se vê, entretanto, é que as conquistas vieram do trabalho intenso e da superação dos maiores preconceitos. Não é, pois, sem razão que agora é um mito.

1.

O Brasil na época de Gusmão

Antecedentes das descobertas auríferas

Durante os dois primeiros séculos da Colônia, os portugueses procuraram com afinco metais e pedras preciosas; sem grande sucesso. Encontraram algum ouro de lavagem em vários lugares, como Paranaguá, por exemplo, no atual estado do Paraná, e até perto dos núcleos habitados, como no sopé do monte Jaraguá, encostado na cidade de São Paulo. Nada parecido com as grandes descobertas que os espanhóis tinham feito na sua parte do continente americano; para falar só da mais importante, o "Cerro de Potosí", descoberto em 1554, na atual Bolívia, com as imensas reservas de prata que inundaram as burras de Madri. E isso deixando de lado as riquezas dos impérios dos astecas e dos incas. Parecia que a divisão de Tordesilhas reservara as valiosas prendas para uma só parte. Mas os portugueses não desanimaram e continuaram a procurar no seu lado um outro Peru, como então se chamava toda a parte espanhola da América do Sul. Nas palavras de Sérgio Buarque de Holanda: "o que aqui no Brasil se cuida encontrar é o Peru, não é o Brasil".[1]

Claro que surgiam novas oportunidades. No Nordeste, a cana-de-açúcar foi o produto brasileiro dos Quinhentos e, sobretudo, dos Seiscentos. Não faltou quem dissesse, com boa dose de razão, que nesta cultura estava a verdadeira mina da colônia americana. Formou-se na região, em torno dos engenhos, uma sociedade patriarcal, agrária, híbrida e escravocrata (para lembrar termos de Gilberto Freyre) que é o que mais caracteriza a Colônia no período que antecede as descobertas minerais. A cana do Nordeste foi, aliás, o primeiro grande experimento de agricultura tropical no mundo.

Mais ao sul da colônia, tendo a vila de São Paulo como foco irradiador, surgiu um movimento de penetração territorial que, para Euclides da Cunha, é o único aspecto original de nossa história. Falamos das bandeiras de preação, típicas do século XVII: grupos de homens que, das vilas de São Paulo, Parnaíba, Itu (todas no vale do Tietê), adentravam os sertões para capturar índios, que seriam utilizados como escravos em suas roças ou vendidos a outras regiões. Era o meio de vida de quem não tinha à disposição nem minas de ouro nem cana-de-açúcar.

Foram os bandeirantes que, à caça brutal do ser humano, acabaram revelando, um pouco antes de 1700 e nas décadas seguintes, os três eldorados do Brasil colonial, as minas de Cataguases, de Cuiabá e de Goiás. As primeiras, depois chamadas "minas gerais", foram as mais longevas e mais produtivas, e os caminhos para chegar lá acabaram se consolidando mais a leste de São Paulo, a partir de Taubaté e de Guaratinguetá, no vale do Paraíba. Anos depois, descobriu-se o "caminho novo", que conectava diretamente o Rio de Janeiro à região mineira, através de Petrópolis, Juiz de Fora, Barbacena (para dar nomes de cidades que foram depois nascendo no percurso); e, mais tarde ainda, começaram as penetrações a partir da Bahia, subindo o rio São Francisco.

Para ligar São Paulo às longínquas minas de Cuiabá, descobertas em 1718, surgiram as "monções", um longuíssimo sistema de navegação fluvial, de uns 5 mil quilômetros, que não encontra paralelo em qualquer outra parte do mundo. Eram comboios de canoas que uniam, numa penosa viagem de seis meses na ida (e dois, na volta), o porto fluvial de Araritaguaba (hoje Porto Feliz, no Tietê, uns 30 quilômetros acima de Itu) ao rio Cuiabá.

A descoberta de ouro na região de Goiás (o terceiro eldorado), em 1725, foi proeza do segundo Anhanguera, Bartolomeu Bueno da Silva, que já teria estado na região, muito jovem, acompanhando seu pai e homônimo. Tempos depois, começaram a aparecer nessa área central do Brasil as tropas de muares, que, durante as décadas seguintes, passariam a ser o principal meio de comunicação entre o sertão "bravo" e a costa "civilizada", entre Goiás Velho e o Rio de Janeiro, para destacar um dos caminhos fulcrais. Ao final dos tempos coloniais, eram igualmente tropeiros, e não mais monçoeiros, que faziam a ligação entre Cuiabá e São Paulo (agora via Goiás).

As "minas gerais"

Vamos nos concentrar no mais importante de nossos eldorados, a região que nos primeiros tempos se chamava minas de Cataguás ou Cataguases (nome de uma tribo de indígenas) e pertencia à capitania de São Paulo. Em 1681, a cidade deste nome passa a ser cabeça da capitania, que incluía muito do atual Sul e Centro-Oeste do Brasil.

Fernão Dias Paes, já célebre bandeirante e agora importante proprietário em Santana de Parnaíba, inicia, por solicitação da Coroa, sua viagem de sete anos (1674-81) pela região onde hoje estão as "cidades históricas" de Minas (vales dos rios das Mortes, das Velhas, do Paraopeba, do Jequitinhonha...). Tinha 66 anos, idade avançada para a época, e a jornada acaba com sua morte no arraial do Sumidouro, no rio das Velhas. Pensava que havia descoberto esmeraldas, mas, anos depois, verificou-se, em Lisboa, que eram pedras verdes semipreciosas. De qualquer forma, devassou áreas e fundou povoados na zona mais antiga do atual estado de Minas Gerais, onde seriam descobertas as minas de ouro. É dos maiores nomes do bandeirismo e aquele mais lembrado pela poesia e iconografia. Pincemos dois versos de "O caçador de esmeraldas", de Olavo Bilac:

> Violador dos sertões, plantador de cidades;
> Dentro do coração da pátria viverás!

Poucos anos após a morte de Fernão Dias, seu genro, Manuel de Borba Gato, foi um dos líderes não só de descobertas auríferas, mas também da administração dos primeiros tempos das minas. Outro nome que sempre aparece nas listas dos descobridores é o de António Rodrigues Arzão, que, tendo ido prear índios na área, em 1693, acabou descobrindo ouro; voltando a São Paulo enfermo, passou a tarefa de confirmar seus achados ao concunhado, Bartolomeu Bueno de Siqueira.

Bandeirantes paulistas foram fazendo novas descobertas, e o fato é que, ao iniciar-se o século XVIII, já havia acampamentos de mineradores em diferentes riachos da região, como o Tripuí, ao lado da futura Vila Rica de Ouro Preto. Era ouro de lavagem — faisqueiras eram chamadas os locais produtivos —, e os instrumentos de trabalho, simples bateias e almocafres (enxadas pequenas e pontudas). Só mais tarde apareceram as operações mais complexas, como os desmontes hidráulicos, que necessitavam desviar cursos d'água. A zona aurífera, de boa altitude, terras pouco férteis, clima relativamente frio, era a dos formadores de rios importantes, como o São Francisco, o Doce e o Paraná. Para se chegar a ela era necessário ultrapassar a serra da Mantiqueira, e o caminho mais antigo, o de Taubaté, era marcado por gargantas e montes: o pico do Itacolomi ("pedra com criança", em tupi) assinalava a chegada à zona das descobertas iniciais.

Em 1709, é criada a capitania independente de "São Paulo e Minas de Ouro", depois de a Coroa ter indenizado os marqueses de Cascais, donatários da antiga capitania hereditária de São Vicente. Os primeiros tempos nas minas foram de muita desordem, mas o grande conflito foi a chamada Guerra dos Emboabas (forasteiros), que opôs, em 1712, os paulistas, primitivos ocupantes, aos recém-chegados de outras regiões do Brasil. Estes, em maior número, acabaram predominando sob a chefia do português Manuel Nunes Viana, antigo administrador do latifúndio da Casa da Torre e então próspero comerciante, que chegara pelo vale do São Francisco. A paz estabelecida nunca foi completa. Agora, o foco eram as disputas entre a Coroa, interessada em receber sua cota da riqueza, e os mineradores, que queriam pagar o menos possível; o ideal era, aliás, não pagar nada, como indica o fortíssimo contrabando de sempre.

A capitania de Minas Gerais tornou-se independente de São Paulo em 1720, passando a ser diretamente ligada à capitania real do Rio de Janeiro. Nesse mesmo ano, quando a Coroa tentou estabelecer a primeira casa de fundição, para assegurar o pagamento do "quinto", a parte do ouro devida ao rei, vários mineradores protestaram, foram reprimidos, e um deles, Filipe dos Santos, enforcado e esquartejado, numa tentativa de dar exemplo.

O BRASIL NA ÉPOCA DE GUSMÃO

O contrabando era geral, e nem padres seculares se eximiam desse crime, transportando às vezes estatuetas de santos preenchidas com ouro em pó (daí a expressão "santo do pau oco"). Nem, em vários casos, as próprias autoridades encarregadas de reprimi-lo. Lembre-se aqui o incidente espetaculoso que se deu em 1728 quando, ao se abrir solenemente em Lisboa o grande baú de ferro, devidamente fechado, trancado e lacrado, com o quinto, viu-se que continha... chumbo, não ouro.

Outros sistemas de tributação foram tentados, como a capitação — pagava-se pelo número de escravos —, que vigorou de 1735 a 1751, mas nenhum deu bons resultados. Os descaminhos eram muitos. Martinho de Mendonça de Pina, um alto funcionário que em 1734 estudou o assunto por ordem da Coroa, calcula que havia anos em que esta recebia não 20%, como deveria, mas 4%. De qualquer forma a produção era tamanha (a maior do mundo até então) que sempre chegou à metrópole ouro suficiente para o dispendioso reinado de D. João V. Os números são controvertidos, mas um estudioso recente do tema, Virgílio Noya Pinto, calcula que no século XVIII foram produzidos nas minas do Brasil 876.620 quilos de ouro, o que dá uma média de 8.800 quilos por ano. Entre 1735 e 1755, no auge do rendimento, estava em torno de 15 mil; nos anos iniciais dos Setecentos e nos últimos, não chegava a 5 mil (ver gráfico no encarte).

O fato a ser guardado é que na primeira metade do século a nova capitania passou a ser o centro econômico da colônia. Atraía uma imensa população, no começo de garimpeiros, logo seguidos por agricultores, vendedores, criadores, tropeiros, aventureiros, desordeiros. Ouro Preto, por exemplo, em 1715, já tinha cerca de 15 mil habitantes. Os tempos eram rudes, as disputas por locais de mineração ("datas"), às vezes mortais, e a criminalidade imperava nas vielas dos acampamentos e nas estradas e trilhas de acesso.

Seria difícil imaginar que, passadas algumas décadas, esses turbulentos arraiais de mineradores seriam o centro da mais brilhante cultura colonial, com os poetas Cláudio Manuel da Costa, Tomás António Gonzaga, Basílio da Gama, que, entre outros, criaram a primeira manifestação literária sistêmica do Brasil, o arcadismo (é a opinião prestigiosa de Antonio Candido); e os arquitetos, decoradores e escultores que construíram as belas igrejas e outros edifícios de Mariana, Ouro Preto, Sabará, São João del-Rei, São José del-Rei (Tiradentes). Para exemplificar com três nomes: o pintor Manuel da Costa Ataíde; o mestre de obras Manuel Francisco Lisboa; e seu filho mestiço, na maturidade conhecido como "o Aleijadinho", hoje considerado o ponto mais alto do barroco brasileiro. Isso tudo ocorreria, entretanto, na segunda metade do século, quando até a capital do Brasil seria transferida de Salvador para o Rio de Janeiro (1763), exatamente por ser o porto natural de saída de Minas.

As monções cuiabanas e as minas de Goiás e do Guaporé

A vida das monções — o sistema de transporte fluvial por comboio de canoas — prolongou-se por mais de cem anos. Elas começam a aparecer logo a seguir ao descobrimento de ouro em afluentes do rio Cuiabá, cerca de 800 quilômetros a oeste do meridiano de Tordesilhas. Várias bandeiras haviam percorrido no final do século XVII o atual Centro-Oeste do Brasil. Mas foi a de Pascoal Moreira Cabral que, em 1718, aí encontrou o metal precioso no rio Coxipó-Mirim. Quatro anos depois, o sorocabano Miguel Sutil descobriu, no local onde nasceria a Vila Real do Senhor do Bom Jesus do Cuiabá, "as lavras do Sutil", que, se não foram as mais abundantes minas que se descobriram no Brasil, certamente foram as que mais facilmente produziram: os instrumentos de trabalho eram as próprias mãos. O mineralogista alemão Eschwege compara "o ouro a aflorar da terra com a nata sobrenadada ao leite".[2] Essa riqueza fácil e abundante explica o excepcional deslocamento populacional para aquelas regiões, tão distantes dos núcleos urbanos do Brasil Colônia. De São Paulo, ensina José Barbosa de Sá, o primeiro cronista das minas de Cuiabá, "se abalaram muitas gentes deixando casas, fazenda, mulheres e filhos, botando-se para estes Sertões como se fora a terra da promissão".[3] E explica também a ligação por rios que se estabeleceu entre São Paulo e Cuiabá.

Mais ainda que as bandeiras, que teriam símiles na conquista russa da Sibéria, as monções são um fenômeno exclusivamente brasileiro, nada havendo de comparável — é Afonso d'Escragnolle Taunay quem o diz — em outros continentes. O nome, que indica sua periodicidade, é tirado das monções asiáticas, os ventos chuvosos que sopram sempre no mesmo período do ano, no oceano Índico (a palavra vem do árabe *"mausin"*, estação). Canoas e canoas, dez, vinte, trinta — "em 1726 o Governador de São Paulo liderou uma monção de 308 canoas e 3.000 pessoas"[4] —, que saíam do paredão de calcário de Porto Feliz, então Nossa Senhora da Mãe dos Homens de Araritaguaba ("parede das araras", em tupi), no rio Tietê, nos meses de abril e maio, quando as águas estavam cheias e as chuvas começavam a escassear. Cinco meses depois, no mínimo, chegavam a Cuiabá, no mesmo tempo da famosa Carreira da Índia, o comboio de navios que, por 350 anos, na mais difícil e longa rota marítima da época, ligou Lisboa a Goa. A volta, apesar de ser predominantemente águas acima (Cuiabá está a 150 metros de altitude e São Paulo a 750 metros), era mais rápida porque as canoas estavam mais vazias; durava dois meses.

O percurso não poderia ser mais difícil: corredeiras e cachoeiras, onde era necessário desembarcar — às vezes carregar as cargas e as canoas —, havia mais de cem; animais selvagens e insetos hostis abundavam, e, entre estes, os relatos monçoeiros que sobrevivem destacam as várias espécies de mosquitos, dos quais os viajantes tentavam defender-se durante o dia com roupas espessas — o que era um suplício numa região geralmente quente — e à noite com mosquiteiros, dos poucos artigos de origem europeia que usavam. Os índios da região navegada eram aguerridos e muitas monções foram por eles dizimadas. Duas tribos criaram legenda: os paiaguás, excelentes canoeiros do Pantanal, que destruíram, por exemplo, a monção de Diogo de Sousa, em 1725, composta de seiscentas pessoas, da qual só houve dois sobreviventes, e os guaicurus, os terríveis índios cavaleiros originários do Chaco paraguaio-boliviano, os mais agressivos índios de que se tem notícia, talvez porque dos primeiros que conheceram os brancos, citados que são desde Dom Álvar Núñez Cabeza de Vaca, nomeado governador do Paraguai em 1540. Sempre montados, deram origem à hipótese, hoje abandonada, de que o cavalo seria autóctone do continente.

Nas canoas de um só tronco — "canoão monóxilo, escavado a fogo, machado e enxó",[5] explica o especialista Mello Nóbrega — iam até vinte pessoas. A madeira usada era principalmente a peroba, mas outros gigantes da floresta também serviam, pois o tamanho interessava mais que a resistência à umidade (a peroba, por exemplo, é muito sujeita a rachaduras). Na proa, o piloto, o proeiro (comandante), às vezes um prático, e cinco ou seis remeiros, todos de pé. Na popa, sentados, o mesmo número de passageiros que na frente; e no meio, sabiamente distribuída, a carga que seria trocada por ouro em Cuiabá. Houve mais de um roteiro para se chegar às minas, mas o mais percorrido foi o que, depois de navegar o Tietê, descia o Paraná até o Pardo; subia esse rio até o varadouro da Fazenda Camapuã, de cerca de 14 quilômetros, que levava à bacia do rio Paraguai; descia então o Taquari e subia o Paraguai e o Cuiabá, para chegar às minas e à cidade de mesmo nome.

Se era árdua a vida dos monçoeiros, mais ainda o era a dos índios depois da chegada dos brancos: "Os paiaguás resistiram ferozmente e foram mortos a tiros; os parecis eram muito dóceis e maleáveis e foram escravizados. Os bororós, que viviam a este de Cuiabá, tentaram uma política diferente [...] alguns [...] recuaram profundamente na floresta [...] outros decidiram aliar-se aos portugueses."[6] Também os bororós não viveram muito como tribo, após a morte do bandeirante António Pires de Campos, chamado por eles Pai-pirá, em 1751, sofrida como a de um grande chefe legítimo. A nota positiva é ser ele dos raros sertanistas que deixaram escritos sobre as tribos que conheceram; a negativa é que só mesmo a fuga para o mato permitia a sobrevivência de grupos diminutos e espaçados.

Vinculados às monções cuiabanas, há dois episódios de importância para a ocupação do Centro-Oeste. Um deles foi a descoberta de ouro em Goiás, em 1725, pelo segundo Anhanguera, Bartolomeu Bueno da Silva, na última bandeira típica de que se tem notícia. Era o terceiro eldorado que se revelava no Brasil, vimos, depois das "minas gerais" e das minas de Cuiabá. Preencheu o perigoso vazio populacional que havia no Planalto Central, ao norte da rota das monções, e justificou a abertura de um caminho terrestre para Goiás, mais tarde prolongado por mais 800 quilômetros até Cuiabá. Introduziu na região o que alguns autores chamam de ciclo do muar, que acabou por substituir o ciclo das monções. É essa a situação que encontra, por exemplo, o viajante e naturalista francês Auguste de Saint-Hilaire, que visitou São Paulo em 1819: "As viagens pelo Tietê, o Paraná e o Camapuã foram substituídas por outras que não são menos penosas, mas deixam maiores lucros. Parte-se de São Paulo com mulas carregadas; passa-se por Goiás, chegando-se a Mato Grosso, onde as mercadorias transportadas são vendidas."[7] No correr do século XIX, com o advento da navegação a vapor, voltou-se a privilegiar a rota aquática para chegar a Mato Grosso. Mas agora os meios de transporte eram navios e os rios, outros — o Prata, o Paraná e o baixo Paraguai. As canoas do velho Anhembi desapareceram e não voltaram mais.

O outro episódio importante — que interessa mais do ponto de vista da formação das fronteiras — foi a descoberta de ouro no rio Guaporé, cerca de 400 quilômetros a oeste de Cuiabá (pelas suas dimensões, não chega a ser um quarto eldorado). Seu protagonista foi o bandeirante Fernão Paes de Barros, que atravessou, em 1734, a região então conhecida por "mato grosso do rio Jauru", origem do nome da futura província, indo encontrar o metal precioso nas margens do Guaporé, não longe da missão jesuítica espanhola de Moxos. Passados os primeiros tempos de isolamento e dificuldades, os garimpeiros dessas franjas pioneiras passaram a receber da Coroa portuguesa o apoio necessário para se manter na área, justamente considerada castelhana pelos jesuítas espanhóis.

A conquista do oeste e as monções do norte

Em 1742, estabeleceu-se a ligação fluvial Guaporé-Belém, pelos rios Guaporé, Madeira e Amazonas, e, quatro anos depois, criou-se a capitania de Mato Grosso, com a determinação de se fundar um povoado à margem do Guaporé, por razões que hoje chamaríamos geopolíticas. Anos antes, já se cogitava, em documentos portugueses, o estabelecimento de uma vila para assegurar a presença luso-brasileira na margem direita do rio, o que só foi feito, entretanto, em 1752, com a fundação, num remanso, de Vila Bela da Santíssima Trindade, imediatamente feita capital da capitania. O Tratado de Madri, assinado dois anos antes, já legalizara a posse da área. O núcleo criado objetivava consolidar a ocupação do extremo oeste do território nacional, servindo de centro aos vários ajuntamentos de mineradores existentes naqueles confins do Brasil.

Falemos agora sobre os conflitos de soberania havidos na área. Nunca houve dúvidas na história do Brasil sobre a participação governamental na ocupação do Norte e do Sul. Belém, fundada em 1616, e Colônia do Sacramento, em 1680, são os padrões que os portugueses visivelmente colocaram nas bocas dos dois grandes rios continentais que sempre foram considerados (ou pelo menos desejados como) as fronteiras naturais da sua colônia americana. Ambas as cidades iniciaram suas vidas como fortalezas, erigidas não por movimentos espontâneos de indivíduos, mas por pensadas decisões do poder público. Mas e no Centro-Oeste? Onde estão aí nossas fronteiras naturais? E em que lugar se encontram, no meio das tropelias de bandeirantes, da mobilidade de garimpeiros, as provas concretas da ação do Estado?

A "conquista do oeste" é vista geralmente pelos autores como consequência, primeiro, das explorações bandeirantes, e, depois, da fixação desses aventureiros, agora transformados em mineradores, no interior profundo da América do Sul. Estudando-se, entretanto, a ocupação de um ponto de vista que traga mais à luz documentos da metrópole, também se podem encontrar marcos da ação do Estado, embora bem menos visíveis do que no Sul e no Norte. E, ainda, posteriores: primeiro a ocupação espontânea de bandeirantes e monçoeiros, depois o apoio estatal.

No tempo da ocupação de Mato Grosso, a colônia americana estava dividida em dois estados: o do Brasil e o do Grão-Pará e Maranhão (com capital em São Luís e, a partir de 1737, em Belém, e ligado diretamente a Lisboa). Não havia comunicação, nem física nem administrativa, entre um e outro. As ligações por mar eram extremamente difíceis e por terra praticamente não existiam, pode-se dizer, ignorando-se as pobres trilhas costeiras abertas por volta de 1700 entre São Luís e Recife. O centro da América do Sul era o grande sertão desconhecido, onde, depois dos cerrados de Goiás e de Mato Grosso do Sul, apareciam as florestas de Mato Grosso, do Pará e do Amazonas (para usar nomes atuais). Vindos do leste, os bandeirantes de São Paulo chegaram às águas amazônicas do Guaporé em 1734, pela primeira vez afastando-se da área normal de suas atividades, a bacia do Prata. Era uma consequência natural de suas antigas viagens seiscentistas pelas "vacarias", região de campos ao sul da Amazônia; lembre-se, por exemplo, que já em 1647 Raposo Tavares, na famosa jornada de São Paulo a Belém, demorara-se nessa área, notável do ponto de vista geográfico por ser onde quase se tocam os rios das duas grandes bacias continentais.

Ao penetrarem no extremo oeste do Brasil, os bandeirantes ficaram sabendo que os jesuítas espanhóis estavam por perto. É complicada, intrincada, às vezes contraditória, a relação entre o governo e a Ordem de Santo Inácio, tanto em Portugal como na Espanha, no período colonial. Como regra geral, pode-se afirmar que os de mesma nacionalidade tendiam aos mesmos objetivos. Em Chiquitos e Moxos, os missionários eram claramente defensores dos interesses do Estado espanhol, como mostra a malha de correspondência existente entre os jesuítas e as autoridades governamentais espanholas da metrópole e da colônia, sobre o perigo da invasão portuguesa na área e as medidas para contê-la. Naquele momento, os espanhóis eram mais fortes e poderiam — mas não o fizeram — enfrentar os luso-brasileiros, que, ao chegarem ao Guaporé, atingiam a fronteira mais natural que se poderia ter nesse ponto central do continente.

Os principais atores do drama histórico apareciam claramente nas fronteiras de Mato Grosso, às vésperas do Tratado de Madri: de um lado os bandeirantes, já transvestidos em comerciantes, sitiantes e garimpeiros, e, de outro, os jesuítas espanhóis; mas havia também, como coadjuvantes, os governos de Madri e de Lisboa, com seus prepostos coloniais. O que acabou prevalecendo no tratado pouco depois assinado foi a posição basicamente convergente de Portugal e dos "freelances" paulistas, na expressão do historiador americano David D. Davidson, que assim conclui: "O sucesso português na defesa, definição e integração do Oeste foi claramente o resultado da combinação dos esforços e das posições de força assumidos por cada parte frente a sua contraparte internacional."[8]

O rio Guaporé não era, como o Prata e o Amazonas, um marco excepcional, desejado como limite desde o início da colonização; mas, volumoso, navegável e desaguando no Madeira, parecia fechar o contorno fluvial do Brasil. Em 1742, houve a primeira viagem a favor da corrente de Manuel Félix de Lima, que deixou bem clara a possibilidade da comunicação entre Mato Grosso e Pará. Em 1748, João de Sousa Azevedo, a partir de Belém, vai às minas de Mato Grosso vender mercadorias e depois regressa à origem, na primeira viagem de ida e volta de que se tem notícia. Seu autor era um intrépido sertanista e um grande navegador que já havia descido, dois anos antes, todo o rio Tapajós. Mas a navegação pelo Madeira, por razões fiscais, era proibida, tendo por pouco esse primeiro "monçoeiro do norte" escapado à sina de seu precursor, Félix de Lima, que fora preso e enviado a Lisboa. Numa reversão de política, as chamadas "monções do norte", que ligaram por cerca de cinquenta anos Vila Bela a Belém, foram autorizadas e estimuladas a partir da década de 1750 e se tornaram o único meio de comunicação entre o Centro-Oeste e o Norte — ubás, chamavam-se as grandes canoas empregadas nesta rota.

As monções do norte junto com as monções cuiabanas praticamente navegam o contorno fluvial do Brasil, mas são tema pouco estudado na nossa história. O trabalho mais completo é uma tese universitária do citado David D. Davison, resumida no capítulo "How the Brazilian West Was Won", de *Colonial Roots of Modern Brasil*. Sérgio Buarque de Holanda, em *Monções*, valoriza devidamente a articulação dos dois percursos: "A função histórica dessa autêntica estrada fluvial de 10 mil quilômetros, que abraça quase todo o território da América portuguesa, supera qualquer outra linha de circulação natural do Brasil, sem exclusão do São Francisco, chamado por alguns historiadores o rio da unidade nacional."[9]

A Banda Oriental do Uruguai e o Continente de São Pedro

Frustrado o estabelecimento de "un gran Paraguay" no século XVI, o qual, se vingasse, teria costas atlânticas, e destruídas as missões jesuíticas espanholas do Guairá, do Tape e do Uruguai no começo do século XVII, o litoral que ia de Cananeia, em São Paulo, ao rio da Prata não estava ocupado em termos permanentes nem por portugueses nem por espanhóis. O ouro de alguns pontos da costa, a caça aos índios e o estímulo governamental começaram a atrair algumas levas de paulistas: Paranaguá (1648), São Francisco (1658), Curitiba (1668), a ilha de Santa Catarina (1672) e Laguna (1676) foram pontos sucessivamente ocupados no litoral, sempre na direção do sul. No atual

Rio Grande do Sul, era mais difícil, como esclarece Capistrano de Abreu: "A costa, pitoresca, elevada, opulenta de ilhas e portos até Santa Catarina, abaixa-se além, apresentando-se nua, estéril e inóspita."[10]

A vontade de chegar ao Prata era, no entanto, grande em Lisboa e no Rio de Janeiro. O governador desta cidade, Salvador Correia de Sá e Benevides, por exemplo, solicita à Coroa (e recebe, em 1647) a concessão das terras sulinas que estavam sem donatário e iam até o rio da Prata. O documento mais citado pelos historiadores brasileiros, como prova de eventuais direitos portugueses para ocupar o sul, é, entretanto, de origem papal: a bula *Romani Pontificis Pastoralis Solicitudo*, de 1676, que cria a diocese do Rio de Janeiro e lhe atribui por limite meridional o Prata.

Por várias razões, o governo português tinha decidido pouco antes de 1680 fundar um estabelecimento na margem norte do grande rio: ocupar a área livre que chegava no Prata e concorrer com os lucros do próspero contrabando efetuado por portugueses em Buenos Aires parecem ter sido os alvos imediatos; criar "condições para ulterior conquista de Buenos Aires"[11] seria o objetivo mais remoto, segundo alguns autores. O mau tempo impediu que fosse Jorge Soares, governador do Rio de Janeiro em 1678, o autor dessa façanha. Primeiro ele pensou em ir por terra, mas, avisado pelos moradores de São Paulo de que levaria uns dois anos para chegar ao Prata, com a gente e as coisas que queria levar, seguiu então por mar. Sua frota — trezentos tripulantes, embarcados em sete sumacas (pequenas embarcações de dois mastros) — sofreu muito com as condições meteorológicas na costa do Rio Grande do Sul. Não pôde prosseguir e acabou retornando a Santos, avariada e com um barco a menos.

Enquanto a expedição de Jorge Soares enfrentava esses percalços, chegou ao Rio de Janeiro Manuel Lobo, novo governador, com instruções de preparar uma armada ainda mais poderosa para ir ao rio da Prata e fundar uma colônia "dentro da demarcação e senhorio desta Coroa". Será, questionamos nós hoje, que Portugal de boa-fé acreditava que a foz do Prata estava na sua metade tordesilhana? Era possível que sim: nessa época, não se sabia marcar longitudes com precisão, e, por maior que fosse a rivalidade entre os dois países, Portugal, sem alguma base, não desafiaria tão abertamente a Espanha. Vários mapas portugueses, e mesmo espanhóis, colocavam a boca do Prata no lado português da divisa de Tordesilhas.

A armada de Manuel Lobo partiu com cerca de quatrocentas pessoas, em cinco embarcações. Em janeiro de 1680, quase em frente a Buenos Aires, desembarcou na margem oposta e deu início às primeiras construções da — para dar o nome completo — Nova Colônia do Santíssimo Sacramento. Imediatamente perceberam os portenhos a chegada dos portugueses. Infrutíferas as tentativas de desalojá-los por bem, atacaram-nos, finalmente, em agosto e, após um cerco de 23 dias, tomaram o povoado nascente, fazendo mortos e prisioneiros, entre estes o governador.

Foi a primeira ocupação espanhola da Colônia. Portugal protesta e obtém a restituição da praça, em 1681. Seria uma situação provisória, até que uma arbitragem papal esclarecesse de quem era a legítima posse da região, o que nunca foi feito. Em 1704, ocorreu o segundo ataque e a segunda vitória dos espanhóis de Buenos Aires, desta vez após um cerco de cinco meses. A permanência castelhana durou até 1715, quando o Tratado de Utrecht mandou restituir, pela segunda vez, Colônia à soberania lusa (a posse efetiva deu-se dois anos depois); o tratado devolveu a Portugal, como dizia seu texto, "o território e a colônia". As autoridades espanholas de Buenos Aires interpretaram a expressão apenas como a área coberta por um tiro de canhão disparado da fortaleza, diferentemente das portuguesas, que acreditavam que o território de Colônia deveria incluir todas as terras situadas entre a margem esquerda do rio Uruguai e o litoral, isto é, toda a "Banda Oriental" (o atual Uruguai).

Os portugueses, em 1723, tentaram fortificar-se num sítio próximo àquele onde está hoje Montevidéu, por sua situação privilegiada para o domínio da região — o melhor porto do lado norte — e por ser um passo importante na ligação terrestre Colônia-Laguna. Estabeleceram-se nesse ponto, mas meses depois tiveram de abandoná-lo. Os espanhóis não demoraram a ocupar a área, fundando Montevidéu, em 1726. A cidade foi se consolidando como o núcleo da futura nação uruguaia e, pouco a pouco, isolando Colônia do resto do Brasil.

Aproveitando-se de um incidente menor ocorrido em Madri (um preso que se refugiou na Embaixada de Portugal) e que provocou ruptura de relações diplomáticas, tropas de Buenos Aires tentaram em 1735 tomar pela terceira vez Colônia, mas esta não cedeu ao cerco, que durou 23 meses. Seu

O BRASIL NA ÉPOCA DE GUSMÃO

governador, António Pedro de Vasconcelos, "resistiu com um esforço e heroísmo que lembram algumas das mais belas páginas da história portuguesa na Índia",[12] diz Capistrano, que não costuma usar grandes palavras em vão.

Falhando a ocupação de Montevidéu, os portugueses estabeleceram-se mais ao norte, em outro ponto intermediário de importância: o escoadouro da lagoa dos Patos. Desta vez vieram para ficar, com a fundação de Rio Grande de São Pedro (hoje apenas Rio Grande), em 1737, origem do estado do Rio Grande do Sul. O primeiro nome dessa região foi "continente" de São Pedro, para distingui-lo da "ilha" de Santa Catarina.

O próximo passo foi a assinatura do Tratado de Madri, em 1750, pelo qual Portugal trocou Colônia do Sacramento pelos Sete Povos das Missões (o oeste do Rio Grande do Sul) e legalizou a posse das grandes áreas ocupadas, o Centro-Oeste e o Norte, na atual divisão regional do Brasil. Mas as divergências não cessaram. Portugal não entregou Colônia porque não pôde, com a Guerra Guaranítica, receber os Sete Povos. É de interesse lembrar seu nome completo em espanhol: "Siete Pueblos de las Misiones Orientales del Rio Uruguay" e dizer que eram parte dos trinta "pueblos" que os jesuítas espanhóis haviam estabelecido em área hoje dividida pelo Brasil, Argentina e Paraguai.

Por este conflito bélico no Sul e dificuldades de demarcação no Norte, o Tratado de El Pardo, de 1761, anulou o de Madri. Um ano depois, aproveitando-se da Guerra dos Sete Anos, entre a Inglaterra e a França, na qual as nações ibéricas tinham posições opostas, os espanhóis tomaram pela terceira vez Colônia, para restituí-la também pela terceira vez, no ano seguinte, conforme prescrevia o Tratado de Paris (que estabeleceu a paz). Em 1776, retomaram (pela quarta vez!) Colônia, e ocuparam a ilha de Santa Catarina e a parte sul do atual estado do Rio Grande do Sul, inclusive a povoação de Rio Grande. Esse período viu o adensamento populacional da área conhecida como Viamão, ao norte da lagoa dos Patos, sobretudo do seu núcleo, o Porto dos Casais — habitado originalmente por famílias açorianas —, a futura cidade de Porto Alegre.

Mencionemos mais alguns fatos posteriores ao período que estamos estudando. O Tratado de Santo Ildefonso, de 1777, atribuirá não só Colônia, mas também os Sete Povos, à Espanha; em 1801, tropas gaúchas reconquistarão os Sete Povos; já no Império, haverá, entre 1821 e 1828, a chamada "Província Cisplatina". A independência desta, nesse último ano, com o nome oficial de República Oriental do Uruguai acabará definitivamente com as ilusões lusas da fronteira natural do Prata; mas com o Rio Grande do Sul íntegro, o Brasil terá uma fronteira meridional ampla (mais de 600 quilômetros do rio Uruguai ao oceano Atlântico) e quase totalmente fluvial (o Quaraí e o Jaguarão).

O rio das Amazonas

Assegurados alguns pontos básicos da foz do Amazonas, percebeu a metrópole que teria dificuldades em ocupar sua imensa bacia sem a ajuda da Igreja: "desde os primeiros tempos, verificada a existência de multidões infinitas de tabas indígenas, das mais variadas famílias, o que permitiu a impressão de que se estava numa nova Babel, apelou o Estado para a cooperação das Ordens Religiosas."[13] E, assim, a partir de 1657, quando jesuítas fundaram seu primeiro estabelecimento no rio Negro, foram os religiosos lusos criando missões nas margens do Amazonas e de seus afluentes. Principalmente jesuítas, mas também franciscanos, carmelitas, capuchinhos e mercedários.

Ernani Silva Bruno, no volume sobre a Amazônia de sua *História do Brasil*, dá o título expressivo de "Droga, índio e missionário" ao capítulo que trata da ocupação dos vales dos rios amazônicos entre 1640 e 1755, isto é, aproximadamente entre a viagem de Pedro Teixeira de Cametá a Quito e as demarcações do Tratado de Madri. Tem razão, pois nesse período o que se vê principalmente é o entrelaçamento desses três fatores. A obra de catequese religiosa, fundamental para a ocupação portuguesa da Amazônia, foi realizada nas missões. Integradas por nacionais e apoiadas pela Coroa, elas agiam como representantes dos interesses de Portugal. Sem as drogas do sertão, não haveria, entretanto, base econômica para se estabelecer permanentemente; prova disso é que as missões que prosperaram foram as que tiveram sucesso na exploração dessas especiarias americanas, valorizadas ainda mais no século XVIII, quando já estavam muito diminuídas as possessões portuguesas no Oriente.

O BRASIL NA ÉPOCA DE GUSMÃO

Para completar a menção aos agentes principais da penetração pelo grande rio e seus afluentes, a partir do foco irradiador de Belém, é necessário citar os colonos leigos, geralmente mestiços e falantes da língua geral — como os mamelucos de São Paulo —, que eram os droguistas do sertão, às vezes integrantes das chamadas tropas de resgate (ou tropas de guerra), verdadeiras bandeiras fluviais voltadas especialmente para a preação de índios. Arthur Cézar Ferreira Reis lembra que essas tropas tinham adicionalmente o objetivo militar de "sustentar o domínio lusitano contra as incursões de franceses e espanhóis que se sucederam aos ingleses e batavos nas tentativas de apossar-se da Amazônia".[14] Mais um símile com as bandeiras paulistas.

Uma observação agora sobre o papel do Estado: a ocupação da Amazônia não foi apenas consequência da geografia, que proporcionou aos portugueses, após a fundação de Belém, em 1615, o acesso à magnífica avenida da penetração e às estradas fluviais dos afluentes do grande rio; nem foi somente obra dos indivíduos, cujos interesses, espirituais ou materiais, levaram-nos a entrar naquele imenso sertão florestal. A conquista da Amazônia teve sempre, em escalas variáveis no tempo e no espaço — mais nítida no norte, menos no sul — a orientação e o apoio da Coroa portuguesa. Disso não deixa dúvida o especialista da região acima mencionado:

A conquista do espaço, pelo que se constata do vasto documentário já divulgado, foi empresa oficial. Podemos encontrar nas expedições que subiram e desceram rios, montaram pequenos estabelecimentos civis ou aldeias missionárias, expedições realizadas por civis, militares e religiosos, uma iniciativa privada ou uma obediência a motivações imediatistas. Nem por isso, todavia, deve deixar-se de aceitar a tese de que a expansão e a consequente criação da base física foram empresa estatal. A série de cartas régias, de instruções menores que se expediram de Lisboa, concertando uma política decisivamente voltada para ampliação territorial, não admite dúvidas a respeito.[15]

A *civilização do açúcar no Nordeste*

O período de vida de Alexandre é o da maior produção de ouro; o pico desta, a década de 1740, deu-se no tempo em que era secretário particular de D. João V. Não se pode, entretanto, esquecer um outro ciclo, então obscurecido por este, mas que durou muito mais tempo, o do açúcar. Começou com a própria colonização do Brasil — o primeiro engenho teria sido fundado por Martim Afonso de Sousa, em São Vicente, em 1532 — e persiste até hoje, agora associado à produção do álcool etílico, como se vê nas usinas do Nordeste e, principalmente, nos canaviais que predominam no interior de São Paulo. Na primeira metade do século XVIII, havia uma boa produção de açúcar no chamado "velho oeste" de São Paulo, especialmente em Itu, mas a tradicional região produtora continuava a ser o Nordeste, sobretudo Pernambuco e a Bahia. Poucos foram os anos — como os da década mencionada — em que o ouro rendeu mais em exportação do que o açúcar. Não se pode esquecer também que o Brasil já tinha então, dispersa pelo território, alguma produção pecuária e exportava da Amazônia as chamadas drogas do sertão. (Ver Mapa 1 no encarte.)

Desde o século XVI, o Nordeste foi o centro do que se poderia chamar a civilização do açúcar, que tem seu livro emblemático em *Casa-grande & senzala*, de Gilberto Freyre. Por volta de 1600, Pernambuco já tinha cerca de cem engenhos, principalmente na zona da mata, junto à costa, e a Bahia um número um pouco menor, agrupados no grande recôncavo em torno de Salvador. O Nordeste estava mais perto da Europa e possuía terras de qualidade, aproveitadas em geral depois da derrubada das matas. Em certos lugares, havia a fertilíssima terra "massapê", escura, compacta, viscosa. A exploração concentrava-se numa faixa costeira cuja largura máxima não ultrapassava uns 60 quilômetros.

Ter um engenho de açúcar era uma atividade que exigia capital. Não é à toa que os primeiros senhores de engenho foram os próprios donatários. Nas gerações seguintes, muitos proprietários eram descendentes de pessoas que receberam sesmarias, o que indica poder e posses desde a origem. O produto escolhido era de fácil transporte e tinha aceitação na Europa. Na Idade Média o açúcar era uma raridade valiosa (o adoçante mais usual era

O BRASIL NA ÉPOCA DE GUSMÃO

o mel de abelha), mas com a produção das ilhas portuguesas, a Madeira em particular, foi se tornando mais comum. Os portugueses, além de dominar a técnica da produção, tinham fortes laços comerciais com os holandeses, sendo Antuérpia o mais importante centro de distribuição na Europa.

Com o passar do tempo, o engenho foi adquirindo suas características básicas. A casa-grande bem localizada, se possível num outeiro, mas sempre perto de um curso d'água; ao lado, a indispensável capela. A senzala ficava nas proximidades. Um pouco mais longe o setor produtivo, em geral composto de várias construções: a moenda, a casa da purga, a de armazenar os "pães de açúcar", para ficar no essencial. Ter um engenho, no período colonial e em boa parte do Império, era quase ser um aristocrata feudal, em tempos da Idade Média europeia. Como diz Antonil, em obra publicada em Lisboa, em 1711, bem no tempo em que Alexandre estava na cidade: "O ser senhor de engenho é título a que muitos aspiram, porque traz consigo o ser servido, obedecido e respeitado de muitos."[16] Em torno dele, a família, os agregados, a escravaria, movimentava-se a sociedade da Bahia e de Pernambuco. A miscigenação racial, que o ambiente do engenho permitia e até estimulava, gerou um dos elementos básicos da economia açucareira, o mulato. Muitos deles eram mestres de açúcar, feitores, maquinistas, carpinteiros...

Pouco antes das invasões holandesas em Pernambuco (1630-54), o Brasil era o maior produtor de açúcar do mundo, e foi exatamente por isso que estas se deram. As décadas seguintes à retomada do território tiveram seus momentos de crise — as ilhas do Caribe haviam se tornado fortes concorrentes —, o que entretanto não impediu que o Nordeste continuasse a ser a região rica do Brasil. Desenvolveram-se aí as elites mais influentes da Colônia, e que assim permaneceram até o advento do café, por volta de 1850, já no reinado de D. Pedro II. Temporariamente ofuscadas por Minas Gerais: do ponto de vista econômico, durante a primeira metade do século XVIII — *A idade do ouro do Brasil*, para lembrar o livro de Charles Boxer, publicado em 1960, até hoje básico —; e culturalmente, pelo vigor literário e arquitetural, na segunda parte da centúria.

Com a ajuda de Capistrano de Abreu, vamos fazer uma apreciação geral da colônia nas décadas posteriores ao Tratado de Madri, a obra magna de

Alexandre de Gusmão, que deu corpo unificado às dispersas capitanias. A população mal passaria de 1 milhão por volta de 1750, mais ou menos a metade da que tinha Portugal. A maioria era mestiça, mulatos nas cidades da costa, mamelucos em São Paulo e na Amazônia, sendo que os negros, uma das três raças constitutivas, predominavam. Não estamos falando dos ameríndios em geral, uns 4 ou 5 milhões em 1500, então entre 500 mil e 1 milhão. Números todos discutíveis: lembre-se que o primeiro censo demográfico brasileiro só foi feito bem mais tarde, em 1872. O que é preciso dizer é que, em 1789, para fixar um ano, e exatamente o da Inconfidência Mineira (e o da Revolução Francesa), o complexo de inferioridade que havia dos "brasílicos" ou "mazombos", como eram então chamados os nascidos no Brasil, em relação aos reinóis estava já bastante atenuado. Vale a pena ler diretamente o mestre cearense:

> Os triunfos colhidos nas guerras contra os estrangeiros, as proezas dos bandeirantes dentro e fora do país, a abundância de gados animando a imensidade dos sertões, as copiosas somas remetidas para o governo da metrópole, as numerosas fortunas, o acréscimo da população influíram consideravelmente sobre a psicologia dos colonos. Não queriam, não podiam mais se reputar inferiores aos nascidos no além-mar, os humildes e envergonhados mazombos do começo do século XVII. Por seus serviços, por suas riquezas, pelas magnificências da terra natal, contavam-se entre os maiores beneméritos da coroa portuguesa.[17]

Será que haveria entre os nascidos na colônia ou os que aqui fizeram sua vida algum sentimento de ligação forte com a terra, que poderíamos chamar de nativismo? Certos historiadores veem-no já nas guerras de libertação de Pernambuco, na década de 1650, o que é bastante discutível. Parece mais identificável o nativismo em algumas revoltas regionais do fim do século XVIII. Em todas elas, entretanto, eram os problemas tipicamente locais que predominavam.

Na época de Gusmão, a primeira metade desse século, era difícil imaginar-se um grande apego ao país natal. Para começar, havia dois estados, o do Brasil e o do Grão-Pará e Maranhão, que praticamente não se comunicavam; o mesmo acontecia entre as capitanias hereditárias que os compunham. Não é sem razão que os ingleses chamavam as possessões lusas na América "the Brazils". Nem mesmo a língua portuguesa era compartilhada por todos, pois em São Paulo e na Amazônia, isto é, na maior parte do Brasil, falava-se mais a "língua geral".

Diz bem a historiadora Mary Del Priore, referindo-se ao período pré-independência: "O Brasil era como um arquipélago, com diferentes províncias, cada qual com seus interesses políticos e econômicos particulares."[18] Faltavam, pois, elementos de identidade comum entre os moradores das várias regiões. Estas eram, ademais, frouxamente articuladas no que concerne às ligações físicas: precária navegação de cabotagem, dificultosas trilhas florestais e encachoeiradas estradas fluviais (à exceção da Amazônia). É fato que os da terra já tinham feito muito e não se julgavam tão menores que os nascidos em Portugal; mas ainda não parecia ser o bastante para se sentirem irmanados pelo que se poderia chamar de nativismo. O que se pode perguntar é se o Tratado de Madri, unindo todas as regiões ocupadas e fechando o conjunto com uma bem identificada linha de limites, não teria contribuído para seu nascimento?

E, para finalizar, uma observação sobre este capítulo, mas que na verdade extravasa para todo o livro. Pernambuco e Minas Gerais mereceriam as mais longas considerações em um trabalho que fosse mais geral sobre o século XVIII. Não é o caso aqui, por estarmos focando a ocupação do território brasileiro na parte hispânica da divisão de Tordesilhas. Por isso damos prioridade à fundação de Colônia do Sacramento, à ocupação de Cuiabá e do Guaporé e à penetração pelo rio Amazonas, regiões fundamentais para o estabelecimento da linha de limites do Brasil — áreas de orogênese (do grego "horoi", limite da cidade), para usar um termo recentemente cunhado pelo geógrafo e diplomata francês Michel Foucher.

2.

Portugal na época de Gusmão

O rei do ouro e dos diamantes

Depois do tempo das Grandes Navegações (a era dos descobrimentos), foi o longo reinado de D. João V (1706-50) o outro auge da história lusa. Nunca após os sucessivos reinados de D. João II e D. Manuel I (1476-1521) Portugal atingiu tal nível de riqueza e prestígio internacional; nem o faria em tempos posteriores. A personalidade do monarca é, entretanto, controvertida, tendo alguns historiadores deixado mais uma caricatura que uma fotografia. É o caso de Oliveira Martins, que emprega expressões duras, repetidas por muitos. Um rei "balofo, carola, perdulário"[1] são adjetivos que usa; um rei mais preocupado com as questiúnculas de sua capela privada do que com os grandes problemas de Portugal e de seu Império (outros adjetivos menos usuais, aplicados ao rei pelo historiador, são espaventoso, bolônio e sibarita).

Na verdade, D. João V teve filhos naturais, alguns de freiras (os três meninos de Palhavã — nome do palácio onde moravam — eram os mais conhecidos), exagerava nas honras devidas a sua "real pessoa" (o que se empenhou para receber do papa o cognome de "Fidelíssimo"!) e se ocupava muito com temas que julgava importantes, mas que hoje nos parecem obscurantistas (milagres, superstições, feitiçaria...). E de fato usou boa parte do ouro do Brasil para enriquecer as igrejas do reino ou abrilhantar as famosas "entradas oficiais" de seus embaixadores nas principais cortes europeias. Deixou, entretanto, notáveis construções: o Palácio-Convento de Mafra é sua maior obra arquitetônica; em Lisboa, o Aqueduto das Águas Livres, a mais importante; e, em Coimbra, a Biblioteca da Universidade, a mais bonita. A principal acusação é, pois, não ter aproveitado os ventos dourados do Brasil para reforçar a base econômica do reino.

Outros historiadores têm uma visão mais favorável do rei, que tinha também o título de "o Magnânimo". José Hermano Saraiva frisa a ausência de elites "em todos os campos: na cultura, na arte, na política, na economia";[2] o monarca representava, portanto, as classes altas defasadas de Portugal. Saraiva lembra ainda que a Igreja tinha o monopólio da educação e era muito numerosa: nem nas cidades italianas havia tantos padres. Um terço das terras produtivas, acrescenta o historiador, pertencia a irmandades e ordens. A. H. de Oliveira Marques, embora critique no monarca o pendor de "copiar Luís XIV e a corte francesa", reconhece que, apoiado "em uma hábil diplomacia, dispondo de bons trunfos pela sua prosperidade econômica, Portugal reafirmou o lugar que lhe competia entre as nações como Estado respeitado, cuja independência não suscitava mais dúvidas".[3] Mas essa independência, não se pode esquecer, vinha ao preço de uma forte subordinação comercial e industrial à Inglaterra.

Duas palavras sobre a aristocracia e o clero são suficientes para confirmar que os hábitos de D. João V não destoavam da sociedade que o cercava. Na época dos descobrimentos e das conquistas orientais, a nobreza, em boa parte, era empreendedora e belicosa. Basta lembrar que, na base da alta qualidade poética de *Os Lusíadas*, há notáveis fatos históricos, reconhecidos por historiadores de outras nações. No século XVIII, entretanto, os aristocratas eram mais uma classe de proprietários e rentistas, cuja maior preocupação estava em manter intactos seus privilégios. Claro que havia exceções, e os dois condes de Ericeira, pai e filho, são sempre citados, no período, como fortes defensores da criação de uma indústria em Portugal. Nobres portugueses — essa a regra geral — eram conhecidos, até fora do país, pela mania de ostentar. O rei não estava sozinho.

O catolicismo jesuítico controlava a educação, não só nos níveis primário e médio, mas também na Universidade de Coimbra. A origem social da maioria dos bispos e cardeais era a nobreza, e, portanto, não havia grande diferença de mentalidade entre os dois "estados", como se dizia. Nas camadas mais baixas do clero, o fanatismo e as práticas religiosas primitivas predominavam, o que, aliás, estava em sintonia com a mentalidade da gente simples, em grande parte rural. A Inquisição, que hoje merece geral repúdio, era considerada necessária pelos estamentos dirigentes, e bastante popular entre o povo comum. Quantos espectadores assistiam com prazer aos autos de fé!

Jaime Cortesão é dos historiadores que mais deixam uma imagem agradável de D. João V, que subiu ao trono com 17 anos e fora criado entre mulheres e frades, como explica, condescendente: "Carecia inteiramente de experiência dos homens e dos negócios. Era de compleição nervosa, impressionável e tímido, dotado de nobreza e bondade natural, capaz de ímpetos de energia e até de longa tenacidade no querer."[4] Cortesão reconhece defeitos, mas ressalta traços positivos do caráter do monarca, como interessar-se pelas ciências e cercar-se de servidores competentes, inclusive de fora da aristocracia, como é o caso emblemático de Alexandre de Gusmão.

Ele herdara do pai, D. Pedro II — o rei que consolidou a monarquia absoluta — uma situação difícil, que vamos focar a seguir, referindo-nos ao Tratado de Methuen. No longo reinado joanino, de 44 anos, foram negociados dois outros tratados, que também veremos: os de Utrecht e o de Madri — que será objeto de um capítulo especial. Pelo Tratado de Methuen (o nome é o do negociador inglês), de 1703, Portugal trocava vinhos por panos e manufaturas. A Inglaterra estava às vésperas da Revolução Industrial e Portugal, que já não era forte no setor, ficou pior ainda com a entrada de produtos melhores e mais baratos. Depois, quem controlava não só a produção, mas também o transporte, inclusive do "vinho do porto" — para exemplificar com o principal produto português, que com esse nome ficou então conhecido em toda a Europa —, eram os ingleses. Na linguagem sempre expressionista de Oliveira Martins, Portugal virou uma "fazenda" da Inglaterra...

Os Tratados de Utrecht (na verdade são vários, dois deles interessando a Portugal, os de 1713 e 1715) marcaram o fim da Guerra de Sucessão na Espanha, iniciada em 1700, quando Carlos II, "el hechizado", morreu aos 34 anos, sem deixar descendentes diretos. Último rei da dinastia dos

Habsburgos, ele havia indicado como sucessor um Bourbon, o duque d'Anjou, neto de Luís XIV. A Áustria, que tinha como candidato o arquiduque Carlos, não aceitou a solução. Irrompeu, então, uma guerra que durou treze anos e envolveu praticamente todas as nações europeias. O candidato francês acabou por ficar, como Filipe V, rei da Espanha, mas a principal vencedora foi a Inglaterra, que viu ampliadas suas atividades comerciais e marítimas no mundo e recebeu benefícios territoriais, inclusive na Europa, como a posse de Gibraltar. Portugal, depois dos titubeios habituais, ficou do lado certo, o inglês, e teve vantagens no Brasil: viu reconhecida como fronteira marítima norte o rio Oiapoque, e conseguiu a devolução de Colônia do Sacramento. Os dois negociadores portugueses foram o conde de Tarouca e D. Luís da Cunha, este por todos considerado uma das grandes cabeças políticas do país. Era um "estrangeirado", e vamos ver o que isso significa, até porque é o mentor de Alexandre de Gusmão nas artes do governo e das relações internacionais.

A Paz de Utrecht teve consequências que lembram às da Paz de Westfália, de 1648, que pôs fim à Guerra dos Trinta Anos. Westfália enfraqueceu o Santo Império, deu autonomia a várias regiões germânicas e criou a moderna Europa das nações. Utrecht estabeleceu o ambiente de relativa tranquilidade e prosperidade que vigoraria por décadas. Para Portugal, consolidou a aliança inglesa, necessária à manutenção do seu Império, já praticamente perdido no Oriente (só restavam enclaves, como Goa, Malaca, Macau, Timor), mas que ainda existia na África e era cada vez mais pujante na América do Sul.

As tradições envelhecidas e o novo Iluminismo

Na Inglaterra, novas perspectivas intelectuais apareciam, valorizando a razão em detrimento da tradição. John Locke (1632-1704) pôs em evidência as vantagens da liberdade de pensamento e da tolerância para com ideias diferentes, posição contrária aos regimes de poder absoluto e ao controle da Igreja sobre a educação e a escrita. Mas era da França que vinham as teorias mais "subversivas". Voltaire (1694-1778) foi o campeão da luta contra os governos sem regras e a religiosidade atrasada, que predominavam na

PORTUGAL NA ÉPOCA DE GUSMÃO 49

Europa (sobretudo na Espanha e em Portugal). Não estava sozinho: o século XVIII é o século dos "enciclopedistas" (Chambers, na Inglaterra; Diderot, Montesquieu e d'Alembert, na França), que pretendiam que o pensamento livre iluminasse a sociedade e guiasse a conduta dos homens. O "Século das Luzes" afinal viera, acreditavam esses pensadores. Todos os temas deveriam ser examinados racionalmente, até onde fosse possível. Alguns, como Diderot, chegavam ao ateísmo, o crime maior para a visão do mundo que vinha da Idade Média, mas que ainda era predominante nas elites, e geral entre os camponeses, a grande maioria da população.

Em Portugal chamavam-se estrangeirados os intelectuais que haviam vivido boa parte da vida fora do país e assimilado as "perigosas ideias francesas", como se dizia. O mais conhecido era D. Luís da Cunha, estrategista da política internacional, de persistente influência durante todo o reinado de D. João V. Além de negociador do Tratado de Utrecht, foi embaixador em vários países europeus, tinha ideias muito claras sobre a necessidade de se estabelecer os limites do Brasil, e, de certa forma, foi o mestre dos dois — igualmente estrangeirados — maiores executores políticos sucessivamente de D. João V e de D. José I: um, secretário do rei, nunca passou formalmente a ministro (Alexandre de Gusmão); o outro foi o mais poderoso primeiro- -ministro que Portugal já teve no período anterior à República (o marquês de Pombal). Alexandre consultava frequentemente o diplomata, autor das célebres "Instruções" — dadas ao sobrinho, Marco António de Azevedo Coutinho, às vésperas de este se tornar ministro —, um verdadeiro plano de ação política que seria, anos depois, aproveitado por Pombal. Como curiosidade, lembre-se que a indicação do controvertido marquês como possível ministro e a ideia de transferir a sede do Império para o Rio de Janeiro, então mera capital de província, foram de D. Luís (o padre Vieira teria sido o primeiro a aventar a hipótese de uma mudança continental).

O termo "estrangeirado" inclui não só diplomatas, mas também aqueles que saíram de Portugal para ficar a salvo das garras da Inquisição, como dois dos mais célebres médicos do tempo, Jacó de Castro Sarmento (tradutor, em 1735, do *Novum Organum*, de Roger Bacon) e António Ribeiro Sanches (colaborador da *Encyclopédie* de D'Alembert e Diderot). Vários eram "cristãos-novos", expressão que designava os judeus que, para não serem expulsos do país, converteram-se ao cristianismo. Para estes havia igualmente a designação de "marranos", mais ofensiva por implicar uma falsa conversão; em árabe, quer dizer "anátema", mas em espanhol tem também a acepção de "porco".

Para a renovação dos estudos universitários até então dominados pelos jesuítas, que se deu no período pombalino, foi muito importante o livro *O verdadeiro método de estudar*, publicado em 1746, por Luís António Verney, que vivia em Roma. Havia também estrangeirados que moravam em Lisboa, como o luso-brasileiro Matias Aires Ramos da Silva, autor de um dos livros mais conhecidos do século, *Reflexões sobre a vaidade dos homens*, e sua irmã Teresa Margarida Orta, que escreveu um dos primeiros romances da língua portuguesa, *Aventuras de Diófanes* (um dos personagens centrais — o racionalista, conselheiro do rei — era inspirado em Alexandre).

No fundo o que queriam todos era colocar Portugal no caminho do progresso; o que denunciavam, o atraso em relação à cultura científica europeia. A Inglaterra, a Holanda e os setores bem-pensantes da França eram os modelos. Alexandre, com suas fórmulas expressivas, falava da necessidade de se resgatar o país submerso nas "ondas do mar da Ignorância e da Superstição".[5] O desenvolvimento das ciências não se faz com dogmas do passado, mas sim com a observação dos fenômenos e a realização de experiências, era o que diziam os bem-pensantes do século.

Vamos reprisar alguns fatos e adiantar outros. D. João V, rei do auge do absolutismo, representava, sim, a cúpula de uma sociedade atrasada; mas, para ser justo, é preciso lembrar pelo menos duas verdades: vários estrangeirados foram seus auxiliares ou seus embaixadores; e o próprio rei esteve envolvido pessoalmente em projetos de *aggiornamento* científico. Neste campo, basta lembrar que se colocou no centro dos esforços de renovação dos estudos geográficos e cartográficos em Portugal, especialmente necessários para manutenção da colônia brasileira, que, avançando muito além de Tordesilhas, passara a ter sérios conflitos territoriais com as vizinhas colônias espanholas.

A vinda ao reino dos então chamados "padres matemáticos", principalmente para localizar com latitudes e longitudes as posições exatas de Colônia do Sacramento, das minas de Cuiabá e das missões do rio Solimões, está dentro desses esforços de preparação técnica do país, que tiveram efeitos benéficos na futura negociação do Tratado de Madri. Eram eles os jesuítas napolitanos Domingos Capassi e João Batista Carbone: este ficou em Lisboa e se transformou em próximo colaborador do rei; o primeiro foi ao Brasil, em 1730, em companhia do inaciano português Diogo Soares, e aí permaneceu até a morte, em 1736 (o padre Soares continuou trabalhando até 1748). A missão era elaborar um *Atlas do Brasil*, hercúleo trabalho que não se completou, mas propiciou a feitura de dezenas de levantamentos cartográficos, com latitudes e longitudes precisas, de várias regiões da colônia.

Deixemos D. João V, por ora. Voltaremos a ele em diversos momentos deste trabalho, mas queremos já dizer que, quaisquer que sejam seus defeitos, foi o rei que propiciou o crescimento territorial do Brasil. O que não é pouca coisa.

3.

A redescoberta do estadista. Inícios biográficos

O desconhecido revelado

Em 1942, o historiador Afonso Taunay reconhecia a importância de nosso personagem, mas lamentava o pouco conhecimento que se tinha de sua biografia e de seus trabalhos: "o que sobre Alexandre de Gusmão existe, fragmentário e sobretudo deficiente, apenas representa parcela do estudo definitivo que, mais anos menos anos, se há de fazer deste brasileiro imortal, figura de primeira plana de nossos fastos."[1]

Era realmente difícil encontrar alguma obra sobre o santista que desse uma ideia não só de seus trabalhos literários — poesias, traduções, libretos, um dicionário de rimas, uma peça de teatro —, mas também de seus trabalhos governamentais. A mais conhecida fora publicada no Porto, em 1841, com 263 páginas: *Coleção de vários escritos inéditos, políticos e literários de Alexandre de Gusmão*, coligida por José Manuel Teixeira de Carvalho. Bem mais fácil era ler, em revistas, antologias, cursos de literatura, as afamadas cartas do secretário do rei, sempre tidas como das mais originais do século XVIII. Além de seu valor artístico — simples e diretas, contrastavam com a linguagem pomposa do tempo —, as cartas surpreendiam pela liberdade com que o redator admoestava personalidades relevantes da Corte. Reescritas, remendadas, amputadas, até hoje são comumente encontradas em arquivos de Portugal.

Andrée Rocha, professora da Universidade de Coimbra responsável pela publicação recente de um grupo de 32 cartas de ofício e 41 particulares, assim explica por que são tão notórias: "É provável que a celebridade dessas mensagens políticas ou administrativas se deva, em grande parte, ao despejo [intrepidez] com que Alexandre de Gusmão tratava pessoas altamente colocadas, e aos comentários pouco lisonjeiros que tecia relativamente à atuação dos poderosos."[2]

Camilo Castelo Branco, romancista que divide com Eça de Queirós as preferências máximas dos leitores lusos, é autor de um conhecido *Curso de literatura portuguesa* onde dá destaque literário excepcional ao escritor de cartas: "Na esperteza da observação, na solércia [engenho] da crítica e para quem antepõe estudos sociológicos a perluxidades [prolixidades] linguísticas, o secretário de D. João V excede a António Vieira e a Francisco Manuel de Mello."[3] Mas o que chama ainda mais a atenção é que ele prossegue com grandes elogios, agora, políticos: "Todas as encomiadas providências de Sebastião de Carvalho [o marquês de Pombal] acerca da moeda, das companhias na América, das Colônias, das indústrias nacionais, das obnóxias [estranhas] distinções entre cristãos-novos e velhos, das minas do Brasil encontram-se nos escritos de Gusmão."[4]

No que concerne aos trabalhos realizados no governo, o romancista está perto da verdade; mas, é claro, nenhum personagem da monarquia portuguesa pode comparar-se em poder decisório a Pombal. Quanto às virtudes de epistológrafo, o exagero é tipicamente camiliano. Compará-lo com o padre Vieira, "o imperador da língua", como diz Pessoa, é excessivo. Fidelino de Figueiredo, importante crítico do século XX, põe as coisas nos seus devidos lugares: "a afoiteza da linguagem, quase insolente, com que o secretário se permitia advertir e censurar os grandes do Reino, em nome do soberano, é que fez as delícias de Camilo e de outros leitores do século XIX."[5] É, na verdade, como estadista que Alexandre ficará na nossa memória; mais que o literato.

Fixemo-nos na História do Brasil. Os estrangeiros que, no século XIX, melhor escreveram sobre nosso país, o inglês Robert Southey e o alemão Gottfried H. Handelmann, nada dizem sobre Alexandre de Gusmão. Já no século XX, Capistrano de Abreu, que redigiu, na opinião de muitos, as mais reputadas páginas sobre os tempos coloniais, ignora-o por completo. Assim também Caio Prado Jr., cuja obra-prima, *Formação do Brasil contemporâneo*, é exatamente um estudo sobre a Colônia, que inclui a ocupação do território. O maior historiador brasileiro dos Oitocentos, Francisco Adolfo de Varnhagen, pródigo em longos comentários sobre tantas pessoas, dedica a Gusmão não mais que duas linhas; mas que na verdade lhe fazem justiça. Ao mencionar seu papel no Tratado de Madri, diz: "Do lado de Portugal, quem verdadeiramente entendeu tudo nessa negociação foi o célebre estadista brasileiro Alexandre de Gusmão."[6]

No final do século XIX, aparece o barão do Rio Branco, sempre certeiro nos assuntos relacionados à formação de nossas fronteiras. Em algumas de suas *Efemérides brasileiras*, publicadas inicialmente no *Jornal do Commercio*, dá o valor devido a Gusmão. Escrevendo sobre o Tratado de Madri, por exemplo, é preciso e conciso: "o verdadeiro negociador foi o ilustre paulista Alexandre de Gusmão, embora seu nome não figure no documento."[7] Na defesa do Brasil na Questão de Palmas, refere-se várias vezes a Alexandre, e não deixa dúvidas sobre sua importância política.

Em 1916, o embaixador A. G. de Araújo Jorge, na mocidade íntimo colaborador de Rio Branco, publica na *Revista Americana* um longo artigo (40 p.) — "Alexandre de Gusmão, o avô dos diplomatas brasileiros" — onde, já no título, nacionaliza de vez o servidor público lusitano. Além de traços biográficos do santista, desenvolve um excelente estudo dos antecedentes do Tratado de Madri, concentrado em Colônia do Sacramento. Vale a pena adiantar a síntese que faz do acordo:

> Pelas suas cláusulas, Portugal cedeu à Espanha Colônia do Sacramento e a margem esquerda do Amazonas, a oeste da boca mais ocidental do Japurá; renunciou aos seus direitos sobre as ilhas Filipinas; e desistiu do preço pago à Espanha pelas Molucas em 1529, consoante os termos do acordo de Saragoça celebrado com Carlos V. A Espanha concordou em reconhecer todas as posses portuguesas na América do Sul e em ceder o território da margem esquerda do Uruguai, ao norte do Ibicuí, onde os jesuítas tinham estabelecido sete missões com trinta mil índios catequizados.[8]

J. Pandiá Calógeras, em 1927, publica *A política exterior do Império*, onde, nos capítulos iniciais, julga muito favoravelmente as ações de Gusmão na dura luta pelo Tratado de Madri. Na década de 1930, o Alexandre-estadista começa a entrar nas histórias gerais do Brasil, especialmente nas diplomáticas. Os historiadores que devem ser destacados são José Carlos de Macedo Soares, Hélio Viana e Delgado de Carvalho, o primeiro chanceler, os dois últimos professores do Instituto Rio Branco, do Ministério das Relações Exteriores. A grande obra sobre o secretário do rei estava ainda para vir e seu autor foi outro professor do Rio Branco, Jaime Cortesão. Médico de formação, literato na mocidade e historiador e cartólogo na vida adulta, Cortesão foi um dos asilados políticos do tempo de Salazar que vieram para o Brasil. Depois de estadas na França e na Espanha, morou no Rio e em São Paulo, de 1940 a 1957, e escreveu notáveis livros sobre a penetração e a ocupação do território brasileiro: *Introdução à história das bandeiras*, *Raposo Tavares e a formação territorial do Brasil* e *História do Brasil nos velhos mapas*. Deixamos por último sua obra maior, *Alexandre de Gusmão e o Tratado de Madri*.

O livro foi publicado pelo Itamaraty em nove volumes, os primeiros em 1950. Pela farta documentação inédita que traz à tona, não tem paralelo em nossa historiografia. Resgata definitivamente a ação de Alexandre como formulador político e negociador diplomático. Tem cinco partes, as quatro iniciais com dois volumes cada, a quinta um só. Com uma média de 450 páginas por tomo, chega-se a quase 4 mil páginas (uns vinte livros como este que o leitor tem em mãos). A primeira parte, um apanhado geral, foi escrita integralmente pelo historiador; a segunda é composta de originais de Gusmão; a terceira trata dos antecedentes do tratado; a quarta da negociação; a última da execução. Estas quatro partes finais trazem documentos, muitos com introduções, comentários ou notas da lavra de Cortesão.

A obra não é propriamente uma biografia de Alexandre, mas um longo e denso estudo de suas contribuições para o Tratado de Madri e uma análise dos precedentes e consequentes deste. Diz o mestre português que só trata de Gusmão "na medida em que interessa a sua maior criação",[9] mas, na verdade, as informações que divulga extravasam sua autolimitação. De qualquer forma, depois desta obra, o santista não é mais uma enigmática "éminence grise" do incensado círculo íntimo de D. João V; tem assegurada sua posição de estadista.

Jaime Cortesão é dos raros historiadores seminais, isto é, de grande originalidade, que não copiam os outros e são por todos copiados. Avança, entretanto, teses controvertidas, e nós vamos criticar, oportunamente, uma de suas favoritas. Estamos falando do "mito da ilha Brasil", a ideia-força de que haveria na América do Sul um território de nítidos contornos fluviais, percebido pelos tupis, conquistado por bandeirantes e legalizado pelo Tratado de Madri. Limitemo-nos agora a dizer que as opiniões do professor português são sempre interessantes, mas nem todas estão provadas. Às vezes o pesquisador denotado da maturidade parece não conter o poeta patriótico da mocidade... os dois envoltos nas névoas sebastianistas de um mítico Portugal.

Infância e juventude

São poucas as informações sobre os primeiros anos de Alexandre de Gusmão. E nem sempre coincidentes. Vamos adotar as que nos parecem mais verossímeis. Nasceu em Santos, no ano de 1695. Não se sabe o dia nem o mês. Foi o nono filho dos doze que teve o português Francisco Lourenço com sua mulher Maria Álvares, de antigas raízes na capitania de São Vicente. Ele era o cirurgião do "presídio", isto é, da guarnição militar local, e provinha da região de Guimarães, na província do Minho, terra de forte emigração para o Brasil. Ressalte-se que oito filhos foram religiosos, o que só se explica pela época, lugar e estamento econômico. E que, além do nosso personagem, houve mais dois irmãos com vidas e obras relevantes, o padre Bartolomeu de Gusmão, o famoso "padre voador", bastante influente em certo período na corte de D. João V e considerado o inventor do aeróstato (veículo que se eleva no ar a gás, como os balões e os dirigíveis), e o padre Inácio Rodrigues, um dos grandes na arte do sermão (a parenética), tão valorizada nas cortes da época.

Com 7 anos foi enviado à Bahia para ser educado no Seminário de Belém, em Cachoeira, no recôncavo baiano, fundado e dirigido pelo célebre jesuíta

Alexandre de Gusmão, seu padrinho, do qual tomou o nome e o sobrenome (seu irmão Bartolomeu igualmente adotou o nome de família). Educador conceituado e escritor de ensaios morais, o inaciano seria amigo do pai de Alexandre, talvez até parente da mãe, que tinha Gusmão como sobrenome de um de seus avôs. Era uma escola secundária com disciplina rígida e alunos de batina; prestigiosa e disputada, era o que de melhor havia na colônia.

A inteligência precoce de Alexandre foi aí revelada; mas também o traço crítico de seu temperamento. Cortesão descobriu uma avaliação final do seu período no colégio, favorável, mas que terminava com uma assertiva nem tanto: "puer studiosus, ingeniosus, sed valde nebulo."[10] Tradução: "menino estudioso, engenhoso, mas muito tratante". "Não muito confiável", poderíamos dizer, atenuando a última qualificação; embora também se possa traduzir "nebulo" por um adjetivo mais forte, "velhaco", como o faz Cortesão. Algum dirigente escreveu a sentença, talvez o próprio diretor. De qualquer forma não foi indicado para a carreira eclesiástica, como acontecia com muitos da escola.

Em 1708, com 13 anos, depois de ter também passado pelo Colégio de Belas Artes da Bahia, seguiu para Portugal, muito provavelmente com seu irmão dez anos mais velho, o padre Bartolomeu Lourenço, para usar o nome que prefere José Saramago em *Memorial do convento*, que tem no padre um de seus personagens principais e dos mais fantasiosos. Nunca mais Alexandre voltaria à terra natal. Em compensação, poucos fariam tanto por ela.

Nesse ano, o irmão mais velho se matriculou na Universidade de Coimbra. Alexandre também o fez, logo depois, em 1712. Tinha 16 anos e lá ficaria quase três. No período anterior a sua matrícula, deve ter estudado sob a supervisão de Bartolomeu, que já era homem de grande cultura, com particular interesse pela ciência. Não é à toa que o autor do elogio fúnebre de Alexandre em 1753, Miguel Martins de Araújo, fala de sua propensão para a filosofia experimental, como se dizia, e ainda afirme que deixou estudos "sobre o Sistema do grande Newton", o que deve corresponder à realidade, embora não se conheçam hoje tais trabalhos.

Em Coimbra, cursou direito romano e cânones e deve ter se destacado, pois foi convidado para ser secretário do novo embaixador português na

França. Era uma função importante, seguramente ambicionada por jovens talentosos, em especial se bem-nascidos — a diplomacia de então era especialidade dos aristocratas —, o que não era nem de longe o seu caso. É cabível imaginar que o prestígio do "padre voador" junto a D. João V tenha influído na escolha. Diz-se também que ele já era apreciado pelo monarca desde 1710, quando fez uma poesia que o agradou, na ocasião em que a Coroa comprou dos herdeiros do conde de Monsanto a capitania de São Vicente. Indicações, simpatias, habilidades, tudo é possível; mas é óbvio que, se Alexandre não tivesse demonstrado especiais virtudes de inteligência e diligência, em particular no manejo da língua, não teria sido convidado para tal função.

4.

Diplomata de D. João V

Missão em Paris

Em 1713, Portugal e França assinaram o acordo que punha fim às divergências com relação à Guerra de Sucessão na Espanha. Foi um dos acordos de Utrecht e foi benéfico ao Brasil: o limite extremo norte, disputado pela França, era fixado no rio Oiapoque. Por outro acordo, este com a Espanha, em 1715, Colônia do Sacramento era restituída aos portugueses. O apoio inglês rendia frutos a Portugal. Mas nenhum dos dois países, França e Espanha, sentia-se justiçado; assinaram premidos pelas circunstâncias. A França voltaria a contestar a fronteira pelo Oiapoque, assunto que só seria resolvido com o laudo arbitral de 1900 (a Questão do Amapá).

A Espanha, com seu novo rei, agora da dinastia dos Bourbons (Filipe V, neto de Luís XIV), continuava descontente com a existência de uma fortaleza lusa — base de um possível ataque — bem em frente a Buenos Aires; e mais ainda — agora, pura realidade, não remota hipótese — porque por aí passava um intenso contrabando, especialmente da prata de Potosí. O controle do grande rio era, ademais, um objetivo geopolítico (para usar um termo de hoje) incontornável.

Os espanhóis haviam assinado o acordo que devolvia Colônia, sim, mas interpretavam as palavras "território e Colônia" do seu texto como se toda a possessão portuguesa fosse contida no pequeno círculo de um tiro de canhão dado do centro da fortaleza. Ao contrário de Portugal, que interpretava "território e Colônia" como abrangendo toda a área do Uruguai dos nossos dias.

Era o final do reinado de Luís XIV, e os tempos não estavam tão róseos para a França. Mas ela ainda era a maior potência da Europa, e o reinado do Rei Sol — modelo de tantos reis, em especial de D. João V — foi considerado por futuros historiadores como um dos grandes períodos da história. Não é sem razão que o século XVII é chamado em alguns livros *Le siècle de Louis XIV*, para lembrar o título de uma célebre obra de Voltaire, talvez o mais importante pensador da época (nasceu um ano depois de Alexandre). A língua de Molière, Racine, Corneille e La Rochefoucault era considerada a língua da cultura e dominava o mundo europeu. Os tratados internacionais eram escritos em francês ou, se em mais de uma língua, tinham esta como a referência em caso de dúvida.

O novo embaixador em Paris deveria, pois, ser bem escolhido. E não faltavam títulos a D. Luís Manuel da Câmara, conde da Ribeira Grande, moço de apenas 29 anos (dez anos mais velho que Alexandre). Prestigiado recentemente por proezas militares — fora o bem-sucedido defensor de Campo Maior, numa das muitas guerras com a Espanha —, era da alta aristocracia portuguesa. Talvez ainda mais importante, sua mãe era da família dos príncipes de Rohan, uma das primeiras da França, o que seguramente lhe facilitaria contatos na Corte parisiense. Não se sabe se o conde-embaixador conhecia pessoalmente Alexandre, que herdara do irmão Bartolomeu importantes relações em Lisboa (o marquês de Fontes e o duque de Cadaval, ambos do Conselho de Estado, para dar dois exemplos). A indicação de alguém de 19 anos para tal função talvez viesse do próprio D. João V, e nomeações futuras e outras benesses parecem bem avalizar esta hipótese.

Em abril de 1714, o conde e seu secretário partiam de Lisboa com destino a Paris. As viagens de então, a cavalo ou em carruagem, demoravam semanas, meses, e esta incluiu uma estada de um quadrimestre em Madri. O embaixador tinha também instruções de cumprimentar o novo monarca espanhol, Filipe V, e passar em revista as relações diplomáticas entre os dois países. Era a primeira oportunidade de Alexandre familiarizar-se com os problemas bilaterais. E o maior deles chamava-se Colônia do Sacramento.

Para muitos de nós, hoje, ao se ver a pequena cidade de Colônia no Uruguai, parece um exagero afirmar que aí estava o ponto sensível das relações entre as potências ibéricas; que ela seria o assunto mais discutido, de longe, nas futuras negociações de um acordo geral de fronteiras, que já se começavam a entrever. É que Colônia do Sacramento não era um núcleo isolado; era, na visão portuguesa, a desejada fronteira platina. Ou, nas palavras de Capistrano de Abreu, "o limite austral do Brasil".[1]

Insistamos no tema. Colônia significava a possibilidade de Portugal apossar-se da margem norte do rio da Prata e fazer dela a divisa sul do seu império americano. Vinha de décadas um expressivo contrabando da prata peruana pela fortaleza; mas a possibilidade de uma invasão a Buenos Aires — não esqueçamos a velha aliança de Portugal com a Inglaterra, já então a maior potência marítima do mundo e quase sempre inimiga da Espanha — não era tema a descartar-se. Fazendo um pouco de futurologia, lembremos que Colônia, com as dimensões que almejavam os lusos, ajudaria na formação territorial do Rio Grande do Sul, de Santa Catarina e do Paraná.

Menino pobre de Santos, estudante aplicado, mas já irreverente de Cachoeira, adolescente de Lisboa e universitário de Coimbra, o recém-nomeado secretário do embaixador chegava afinal a Paris, depois dos meses de Madri. Muita mudança para pouca vida, mas certamente esta — viver na capital da Europa — terá sido a experiência mais marcante na formação de sua personalidade. Era outubro de 1714, Luís XIV estava no seu último ano de vida. Em tragédias sucessivas e mal explicadas, perdera o filho, o neto e o bisneto mais velho — seus três herdeiros sucessivos. O seguinte, o futuro Luís XV, era uma criança doentia de 3 anos, que muitos achavam que não sobreviveria. A Guerra da Sucessão não fora boa nem para a França nem para a Espanha: em Madri havia um rei francês, é verdade, mas ambos os países estavam desgastados. Não era a melhor quadra para a nação gaulesa, embora todos os reis da terra continuassem a olhar para a Corte de Versalhes com admiração e deslumbramento. Viver em Paris, para um jovem brilhante como Alexandre, era abrir os olhos para a cultura mundial.

Como o conde-embaixador tinha acesso à alta nobreza — tanto pela situação familiar como pelo fato de que seu rei não media custos para prestigiar os representantes nas capitais europeias mais importantes —, é fácil imaginar que o secretário também ficasse conhecendo os grandes personagens da fase final da corte do "Roi Soleil" e inicial da Regência. Exatamente o período em que o duque de Saint-Simon, em suas celebradas *Mémoires*, pinta o quadro de um realismo comportamental e uma sinceridade psicológica tais, que só encontra paralelo na obra ficcional de Balzac e de Proust (na opinião da especialista Geneviève Manceron). O assunto mais importante da embaixada era a mediação que Luís XIV estava tentando entre a Espanha e Portugal, e o ponto sensível desta era Colônia do Sacramento. Pelo Tratado de Utrecht (que seria negociado no primeiro ano de Alexandre em Paris), a Espanha concordara em restituir a fortaleza, mas impondo restrições, aventando a possibilidade de troca e dando a ele uma interpretação muito restritiva. Queria no fundo que Colônia fosse um enclave bastante dispendioso, para que Portugal um dia o abandonasse. O acordo era para os espanhóis uma solução provisória, forçada pelo conjunto das negociações. Não há documentos que registrem a participação de Alexandre nestas, mas é certo que ele, já um conhecedor do assunto, com sua competência e seus dotes de redator, não deixaria de ser acionado por seu chefe.

De sua estada na França, o texto mais conhecido é sobre a "entrada oficial" do seu embaixador em Paris, uma daquelas relações típicas do Portugal de D. João V. Ocorrida após um ano de preparação, foi tão espetacular que está mencionada nas memórias de Saint-Simon. Era 18 de agosto de 1715, e Luís XIV — o mais "royal" dos reis — agonizava, entre intrigas cortesãs, com malcheirosa gangrena em Versalhes (morreria em 1º de setembro). Carruagens douradas, diplomatas de fardão, cocheiros uniformizados, fâmulos em ricas librés, cavalos ajaezados... aqueles requintes que, em nossos tempos democráticos, parecem tão descabidos. Sem falar nas moedas com a efígie do rei português atiradas ao povo. Gusmão descreve tudo com vívidos pormenores, e, se o texto pode parecer áulico e exagerado, é porque não conhecemos outros do mesmo tipo (há, aliás, um segundo relato, por pena diferente, dessa mesma "entrada" que mostra o bom gosto e a contenção da linguagem do primeiro).

Vamos reproduzir pequeno trecho do secretário: "cinco magníficos coches, cada um puxado por seis cavalos de cores diferentes; lacaios que atiravam para o povo das ruas parisienses dez mil moedas de prata e duzentas de ouro."[2] E fazer dois comentários pessoais. Primeiro: o Museu Nacional dos Coches de Lisboa é um dos melhores do mundo. Os seus mais bonitos exemplares são da época de D. João V, e o mais luxuoso destes, o Coche da Coroa, é exatamente o que o conde da Ribeira Grande estava utilizando. Estaria Alexandre num dos coches da aparatosa "entrada"? Segundo: o luxo, a riqueza, o demasiado... eram mais a exceção — algumas embaixadas, em certos lugares, no período deste rei — do que a regra geral. Na literatura histórico-diplomática dos séculos XVIII e XIX, na verdade, o que aparece com frequência são episódios de carência das representações de Portugal no exterior, como lembra o historiador Rogério de Souza Farias.

Procurando resquícios da presença de Alexandre na embaixada, Jaime Cortesão encontrou um documento curioso, para dizer o mínimo: o boletim de ocorrência de uma delegacia de polícia. Dizia respeito ao fechamento de uma casa de jogos ("tripot") do jovem secretário. O incidente é insólito e seguramente seria inapropriado para um diplomata de hoje... Naquela época e naquele local, existiam elementos atenuantes. É famosa a jogatina que tomou conta de Paris em certa fase da Regência de Filipe de Orléans (1714-22). Até nas finanças públicas se jogava, pois era o tempo das experiências heterodoxas (e que terminaram mal) do financista escocês John Law. Sobre assuntos mais edificantes, o historiador português não detectou vestígios de Gusmão. Igualmente nada existe dos estudos jurídicos que o santista fez na Sorbonne. Mas não há dúvida sobre a seriedade destes, logo reconhecidos pela Universidade de Coimbra, quando da volta de Alexandre a Portugal, depois dos cinco anos de Paris.

A estada em Lisboa entre duas proveitosas viagens

A jornada de volta de Paris a Lisboa foi particularmente importante para Gusmão porque feita, no trecho inicial Paris-Madri, na companhia de D. Luís da Cunha. Ele estava em Londres há vários anos e havia sido designado para o posto de embaixador em Madri. Passara por Paris, e aí foi levado pelo conde da Ribeira Grande a uma audiência com o regente Filipe de Orléans; era um personagem de prestígio europeu, sendo por isso cabível a entrevista.

Seguramente foram relevantes para a formação política de Alexandre os longos dias de contato diário com D. Luís, na estrada e na estada em Madri; o início de uma amizade e de uma troca de ideias que durariam até a morte do experimentado diplomata em 1749.

Não era uma relação entre iguais: um, velho e prestigiado sábio dos assuntos de governo; o outro, jovem e ambicioso aprendiz das lides diplomáticas. D. Luís tinha 57 anos, de família nobre, com grandes trabalhos já realizados; Alexandre, 24, nascera em lar modesto, numa pequena vila colonial, e apenas começava sua carreira de servidor público. Aquele tinha olho clínico e reconheceu neste as qualidades que permitiram uma colaboração intelectual profícua. Na verdade, tinham em comum o que era o mais importante: a capacidade de formular planos e a persistência para executá-los. A viagem Paris-Madri deve ter durado umas duas semanas, a estada em Madri, um pouco mais, e os dois "hommes d'esprit", como se dizia, devem ter falado de tudo. Depois de Coimbra e da Sorbonne, que curso de aperfeiçoamento para o futuro estadista!

Gusmão partiu de Madri para Lisboa carregando documentos, e também encarregado de transmitir ao rei e a seu ministro (Diogo de Mendonça) as informações orais que nem em papel secreto queria D. Luís colocar. Era a iniciação do santista nos problemas fundamentais da política exterior de Portugal. Aliar-se mais à França ou à Inglaterra? Haveria o perigo iminente de nova guerra luso-espanhola? Valeria a pena gastar tantos recursos com a Colônia do Sacramento? Como dar fronteiras seguras ao Brasil, que, com as descobertas minerais, ia ficando cada vez mais importante?

Em Lisboa, Alexandre permaneceu um ano e meio, à espera de um novo posto diplomático. Uma das primeiras tarefas foi revalidar os títulos jurídicos da Sorbonne na Universidade de Coimbra. Seu primeiro biógrafo, Martins de Araújo, fala da brilhante aprovação perante banca de quatro lentes: "na incorporação que fez na Universidade de Coimbra, mostrou um exatíssimo estudo do Direito Pátrio, a que unia o dos Romanos".[3] Trabalhos posteriores mostram seu conhecimento das obras de Grotius (*Le droit de la guerre et de la paix*) e de Pufendorf (*Le droit de la nature et des gens*), grandes internacionalistas do tempo. Começava a se destacar intelectualmente na sua terra, inclusive mantendo contatos com a Academia de História, recém-fundada pelo monarca e da qual em alguns anos seria membro eminente. Seu irmão Bartolomeu assessorava diretamente o rei nas relações com Roma e Alexandre ajudava, o que seguramente permitiu que D. João V o conhecesse melhor. Naquela época os governos eram muito menores do que agora, e, até a morte de Diogo de Mendonça Corte Real, só ele era ministro de Estado. Os negócios estrangeiros, setor ao qual Alexandre estava vinculado, eram parte das atribuições do ministro, e é também possível que ele tenha aí colaborado.

Portugal preparava-se para participar no Congresso de Cambrai e nomeara como seus representantes os mesmos diplomatas de Utrecht, D. Luís da Cunha e o conde de Tarouca. Gusmão, nos seus verdes 25 anos, foi então designado secretário da delegação, o que prova que seus conhecimentos internacionais e sua capacidade de trabalho já eram reconhecidos. Ao fim de alguns meses, viu-se que os lusos não seriam convidados a participar da reunião internacional, e, assim, nosso personagem tem outro destino. Igualmente de relevo: Roma!

A sede do papado era então mais importante que hoje, principalmente por sua influência religiosa, mas também por ser a capital dos Estados Pontificais, peça importante do xadrez político europeu. O papa, apesar dos movimentos protestantes dos Quinhentos, das guerras religiosas dos Seiscentos, dos livres-pensadores dos Setecentos, continuava a ser o árbitro dos conflitos entre os reinos católicos, que ainda predominavam no Ocidente: o Sacro Império Romano-Germânico, a Espanha, a França, sem esquecer que Portugal, mesmo com as perdas no Oriente, acumulava ouro e diamantes e conservava um grande império colonial. Além disso, D. João V era a imagem mais próxima de um "roi prête", sempre cercado de cardeais, arcebispos, bispos, monsenhores, arciprestes, arcediagos. Só faltava mesmo, para lembrar Machado de Assis, o protonotário do *Dom Casmurro*...

O cerimonial da Corte lusa inspirava-se no de Luís XIV, que por sua vez fora elaborado pelos cardeais Richelieu, ministro do pai, Luís XIII, e Mazarin, ministro da rainha-mãe, Ana da Áustria, e dos seus primeiros anos de reinado. Uma só ilustração. O "grand léver" do Rei Sol (o levantar-se da cama público, pois havia um anterior, privado, só para os príncipes de sangue), com a sequência de nobres passando-lhe luxuosas vestimentas, era, claramente, uma adaptação da cerimônia de paramentar os altos prelados, nas missas solenes.

D. João V tinha sérios problemas a tratar na corte papal, e por isso era ali que estava sua maior embaixada. Na ida para Roma, Alexandre passou por Madri, Paris e Turim. Na capital francesa, para onde D. Luís havia retornado, teve outras proveitosas conversas com quem foi "um dos raros mestres portugueses de Alexandre de Gusmão".[4] Assuntos não faltariam a homens tão cultos e tão interessados nos problemas internacionais de Portugal. Eles reconheciam como o mais grave destes o estabelecimento, nas possessões americanas de Portugal, de uma fronteira que preservasse as riquezas há pouco reveladas.

D. Luís acabava de enviar a Lisboa um mapa "científico" da América do Sul, isto é, com latitudes e longitudes, de autoria do maior geógrafo da época, Guillaume Delisle, o qual mostrava claramente que as terras do cabo Norte, as minas de Cuiabá e Colônia do Sacramento estavam a oeste do meridiano de Tordesilhas. Era preciso então encontrar novas bases para a negociação territorial com a Espanha, diferentes da linha de 1494. Começavam a aparecer nas mentes dos melhores quadros do Conselho Ultramarino as ideias da posse na América, como base da legalização do território. O argumento — Alexandre acrescentaria mais tarde — estava dentro de um quadro de compensações globais, que levava em conta os ganhos territoriais indevidos dos espanhóis no Oriente (as Filipinas).

A caminho da Itália, Alexandre, por instrução do rei, teve uma estada de semanas em Turim, na corte do duque de Saboia e rei da Sardenha. Dirigido por um monarca de grandes dotes, Vítor Amadeu II, o ducado preparava-se para ter na Itália o mesmo papel unificador que a Prússia teria na Alemanha (se se admite este raciocínio *post factum*). O soberano fora admitido para participar do Congresso de Cambrai, onde podia ser um aliado das causas portuguesas, e tinha, como D. João V, um relacionamento complicado com o papado, com o qual disputava o predomínio na área da educação. Acabava de inaugurar o Palácio da Universidade, para onde tinha atraído renomados professores de outros estados italianos, "que aí introduziram o novo espírito racionalista, matemático e experimental do século".[5] Outra boa vivência para o "Chevalier de Gusman", como o chamam documentos estrangeiros da época, com razão, pois D. João V acabara de fazê-lo Cavaleiro da Ordem de Cristo.

Missão em Roma

Gusmão chegou a Roma em março de 1721 e lá ficaria até outubro de 1728. O papa Clemente XI (1700-20) havia morrido; o novo papa era Inocêncio XIII (1721-24), e seu sucessor seria Bento XIII (1724-30), para mencionar os papas da estada do santista na cidade. Aproveite-se para dizer que durante o longo reinado de D. João V houve um total de cinco papas: os três mencionados e os que os sucederam, Clemente XII (1730-40) e Bento XIV (1740-58). Não estão todos eles entre os mais poderosos pontífices e merecem, por exemplo, apenas poucas linhas, e não particularmente elogiosas, na prestigiada *Histoire des papes et du Vatican*, coordenada por Christopher Hollis. Inclusive Bento XIV, um dos mais eruditos religiosos que ascenderam ao trono de São Pedro. A maré era vazante, como explica o especialista Ferdinand Maass: "Nenhum pontífice da época teve suficiente força para defender seus direitos e suas possessões."[6] Não havia mais papa capaz de obrigar um rei a fazer penitência em Canossa (como fez Gregório VII com o imperador Henrique IV, em 1122). Após viver em Paris, a capital do absolutismo, mas também do racionalismo, nada melhor do que conhecer Roma para quem quisesse uma completa aula de mundo, na primeira metade do século XVIII.

Não faltavam assuntos para serem tratados na cidade papal a um representante de um rei tão vinculado a temas religiosos como D. João V. Vamos citar três, aos quais o monarca atribuía grande importância. O primeiro, e mais urgente, pois o problema estava-se dando nesse ano de 1721, era o capelo cardinalício automático aos núncios em Lisboa: ao terminar sua missão em Portugal, desejava o rei que os representantes papais fossem aquinhoados com o título de cardeal, como acontecia em Viena, Paris e Madri. Uma questão de prestígio real, e nessas o monarca não cedia. O caso específico era o do núncio D. Vicente Bichi, que estava deixando a capital portuguesa e não recebera o capelo; o novo núncio, monsenhor Firrao, havia sido nomeado e estava tendo dificuldades para entrar em Portugal.

O segundo assunto dizia respeito ao status e às vestimentas especiais dos clérigos da Capela Real, a igreja diretamente ligada ao rei. D. João V queria transformar seu local de culto privado numa igreja patriarcal, com padres que parecessem altos dignitários eclesiásticos. Para isso deveriam ter vestes condizentes, e os nomes específicos das partes destas permeiam os documentos trocados entre Roma e Lisboa: batinas, manteletes, roquetes e — o mais citado — fanones, como se chamam as duas tiras que pendem das mitras episcopais. Em carta privada, o papa Bento XIII ironizava os desejos do monarca luso, dizendo que ele queria "distinções próprias de cardeais, para enfeitar os ridículos padres de sua igreja patriarcal."[7] Concedeu, entretanto, muito do que o generoso rei pediu...

O terceiro, mas não menos importante tema, era um título eclesiástico a ser dado a D. João V. Ele já era apodado de "o magnânimo", mas desejava outro, digamos mais internacional, que foi afinal conseguido: "o fidelíssimo". Se o rei da França era "cristianíssimo" e o da Espanha "católico", não havia por que o monarca de um período tão opulento da história lusa ficar por baixo.

Temas assim podem parecer hoje fúteis, e é difícil imaginar que uma mente tão aguda como a de Alexandre de Gusmão se ocupasse durante sete anos de títulos, vestimentas, penduricalhos. E, ainda, sem ser dos representantes mais graduados. Em Roma havia o embaixador, um grande fidalgo, André de Melo e Castro, conde das Galveias, e também integrava a missão, como enviado especial, Pedro da Mota, irmão do cardeal João da Mota e Silva, então influente ministro *in petto* de D. João V (o próprio enviado seria depois ministro). E estavam lá igualmente os irmãos José Jorge e José Correa, que se ocupavam das questões financeiras (o monarca tinha grandes despesas em Roma, algumas confidenciais); sem falar nos altos prelados portugueses que praticamente viviam em Roma, a começar pelos cardeais D. Nuno da Cunha (inquisidor-mor em Lisboa) e D. José Pereira de Lacerda, ricamente dotados pela Coroa.

Há dois fatos a ponderar, em favor da relativa relevância do nosso biografado em Roma. Primeiro, os assuntos eclesiásticos eram fundamentais para o monarca luso, o que valorizava todos os agentes que se ocupavam deles; segundo, Alexandre já era um especialista nessas questões e sem dúvida aperfeiçoou-se nelas e nas artes da negociação com a corte papal nos sete anos nos Estados da Igreja. Formado em cânones em Coimbra, logo antes de viajar a Roma, realizou — é uma curiosidade que damos aqui — algumas gestões para ser padre, como o eram seis de seus irmãos (tinha ainda duas irmãs freiras). Durante a vida, elaborou vários estudos sobre religião e as relações com o Vaticano, uma de suas ocupações prioritárias, mais tarde, quando secretário do rei.

Há quem diga — é controvertido — que lhe foi oferecido pelo papa Bento XIII o título de Príncipe da Igreja, o que seria impensável se não tivesse alguma projeção. A fonte é Martins de Araújo, outros repetem e o embaixador Araújo Jorge até explica que Gusmão não pôde aceitar a honraria por não ter havido a necessária concordância de D. João V. Teve — isto é incontroverso — amigos de relevo na cúria, como o cardeal Lambertini, mais tarde o papa Bento XIV, de quem Thomas Macaulay dizia ser o mais sábio dos duzentos e cinquenta sucessores de São Pedro, e o cardeal de Tencin, seu correspondente durante anos, futuro ministro de Luís XV (e irmão da marquesa de Tencin, a personagem mais conhecida da família: amante do regente, tinha um célebre *salon* e era a mãe do enciclopedista d'Alembert — bebê abandonado na escadaria de uma igreja e nunca reconhecido).

As relações entre Lisboa e Roma eram intensas, às vezes tensas, e foram rompidas em 1728. O tal capelo cardinalício foi a causa principal. Todos os membros da embaixada voltaram para Lisboa, e o rei não teria ficado satisfeito com a missão como um todo, demorando para receber pessoalmente cada um deles. Se foi bem isso, não duraram muito as ressalvas reais. É verdade que os irmãos financistas nunca mais recobraram sua importância na Corte joanina (foram acusados de desonestidade, com toda razão, segundo Alexandre), mas os outros, algum tempo depois, receberam novas e importantes funções. A começar pelo nosso biografado, que logo restabeleceu contato com o rei e, o mais importante, em 1730 foi nomeado secretário particular. Alguns autores falam secretário "da puridade", o que dá uma ideia de segredo; foi cargo havido no passado, mas que não corresponde à notoriedade que Alexandre sempre teve.

5.

O secretário d'el-rei

Primeiro-ministro ou escriba do monarca?

Se tentássemos definir a função do secretário d'el-rei — assim o chamavam na época — chegaríamos à conclusão de que é uma missão impossível. Não há uma descrição *in abstrato*; era o que o rei quisesse, e a vontade real variava no tempo. Alexandre foi o mais famoso secretário que um monarca português já teve. É preciso voltar aos tempos de D. Afonso VI (tio de D. João V) para se ter no conde de Castelo Melhor um "escrivão da puridade" com funções parecidas. Como nunca se tornou ministro — durante um longo período D. João V só teve um ministro de Estado, e à morte deste, em 1736, passou a ter três, o dos Negócios do Reino, o da Marinha e o dos Estrangeiros —, a historiografia do século XIX tendeu a diminuir sua importância política, fazendo-o mais um personagem literário, notado pelas cartas ousadas que escrevia a mando do rei ou por conta própria.

Vimos que pouco a pouco os historiadores foram valorizando o papel político do santista, o que chegou a seu ponto culminante na obra de Jaime Cortesão. E hoje é quase uma unanimidade na historiografia luso-brasileira destacar sua ação nas tratativas que levaram à assinatura do Tratado de Madri, o texto fundamental para a legalização de cerca de dois terços do território atual do Brasil; o único documento da História Universal que dividiu um continente. Falamos "quase" pois há ainda um ou outro autor que não atribui protagonismo a Gusmão no acordo de 1750. O mais conhecido destes é Pedro Soares Martínez, que escreveu na década de 1990 uma alentada *História diplomática de Portugal*, onde trata o secretário mais como escriba do que como articulador político. Houve reação às posições do historiador português. Vamos mencionar a de Luís Ferrand de Almeida, por ser ele uma autoridade na formação das fronteiras sul, e por terem seus comentários resultado num valioso pequeno livro, *Alexandre de Gusmão, o Brasil e o Tratado de Madri*.

Vejamos os principais argumentos de Martínez e a refutação, a nosso ver irretorquível, de Ferrand de Almeida. Por uma questão de hierarquia, "nem o rei, nem os secretários de estado, nem os diplomatas que tiveram a seu cargo as negociações, aceitariam de Gusmão quaisquer sugestões situadas a nível de ação política"[1] — esta é a tese central de Martínez, do qual citaremos mais duas afirmações. Não parece a ele convincente o fato de que todos os manuscritos referentes às negociações eram da pena do secretário; pois cabia a este, diz, "por longo tempo, a correspondência oficial de D. João V".[2] A defesa do tratado, um ano após sua assinatura e em resposta às críticas de António Pedro de Vasconcelos, é documento definitivo sobre as vantagens do acordo e revelador de profundos conhecimentos da geografia física e humana do Brasil. Martínez simplesmente o atribui "às conhecidas jactâncias de Gusmão".[3]

Permitam-me um comentário pessoal: o autor admira D. João V e se irrita com o posicionamento crítico dos "estrangeirados" sobre a Corte; além disso, considera inaceitável o fato de que, em cartas pessoais, o próprio secretário particular ridicularize "o amo", a quem deve tudo. Numa palavra, não tem afinidade com a visão dos iluministas, nem simpatiza com a personalidade irreverente do santista.

Melhor que uma impressão individual, são os argumentos sólidos que Ferrand Almeida traz para provar o protagonismo de Alexandre nas negociações de Madri, ocorridas entre 1747 e 1750. Vamos resumi-los. O essencial é que se conheça o sistema de governo de D. João V: assumindo em 1706, com 17 anos e sem contato prévio com os negócios de Estado, o monarca, depois de um começo titubeante, foi ficando crescentemente cioso de suas funções reais. Governou a maior parte de seu longo reinado com um só ministro, e, à morte deste, com três secretários de estado. Teve sempre um ministério íntimo — dois ou três nobres ou religiosos de sua relação pessoal — que em vários períodos tiveram mais poder que os ministros oficiais.

Na época de Alexandre na Corte (1730-50), havia o cardeal da Mota, uma espécie de coordenador deste grupo. Depois de sua morte, em 1747, herdou a função frei Gaspar da Encarnação, franciscano, sim, mas da alta aristocracia lusa. Como Alexandre sempre foi o mais trabalhador e o mais entendido em vários assuntos, especialmente os do Brasil, suas ações eram por isso desejadas (embora às vezes restringidas) pelo cardeal da Mota. Quanto a frei Gaspar, ele abertamente reconhecia a competência e a capacidade de trabalho de Gusmão. O secretário era, ademais, desde 1743, membro do Conselho Ultramarino, onde igualmente ninguém disputava sua primazia em questões brasileiras.

Vamos a outras razões de Ferrand de Almeida, por ordem cronológica. Em 1749, Gusmão fez uma "representação" a D. João V, onde resume seus trabalhos como secretário particular. Fala de suas tarefas "brasileiras", realizadas durante tantos anos, em especial dos resultados notáveis que advirão com a próxima assinatura do acordo geral de fronteiras na América do Sul. "A cena tão mudada" fora principalmente conseguida "com estudo e trabalho do suplicante".[4] O documento deveria ser secreto, mas vazou imediatamente, e as pessoas nele citadas tomaram conhecimento. Ora, continua o historiador, os personagens que participaram das negociações de Madri — frei Gaspar, o secretário de Estado, o embaixador em Madri, a própria rainha Bárbara de Bragança — refutariam as afirmações de Alexandre se não fossem verdadeiras.

Agora, alguns testemunhos de observadores externos. O embaixador do Sacro Império, conde de Starhemberg, em despacho de 12 de fevereiro de 1751, atribuía o tratado à influência decisiva de frei Gaspar e de Alexandre de Gusmão junto ao rei adoentado. O negociador espanhol D. José de Carvajal, em carta privada de 20 de maio de 1751, assim critica a posição do futuro marquês de Pombal: "considerou conveniente a seus interesses pessoais destruir a opinião de um influente ministro de sua Corte que, por dominar o assunto, conduzira a mão e a caneta no curso da negociação."[5] O "influente ministro" era Alexandre, e sua mão e sua pena haviam conduzido as negociações, como afirma ninguém menos que o próprio adversário dos portugueses em Madri. O cônsul francês em Lisboa, M. de Duvernay, em 30 de novembro de 1751, assim oficia a Paris: "O Senhor Gusmão, que teve uma grande participação no governo anterior, ainda é consultado algumas vezes, em especial sobre os assuntos de Roma, dos quais vem tratando há vinte anos, e sobre a execução do tratado de fronteiras e comércio na América." Acrescentava o cônsul que Gusmão era acusado de "levar muito longe suas ideias, mas ninguém subestimava os altos níveis de sua aplicação, inteligência e conhecimentos".[6]

Sobre a importância de Gusmão nas decisões governamentais de modo geral, acrescentemos as opiniões seguintes. Oliveira Lima, talvez o nosso historiador que mais conhece a história de Portugal, tinha-o em grande conta. Sílvio Romero diz ser ele o maior nome político do período colonial. E, para finalizar, citemos dois prestigiados historiadores portugueses contemporâneos. José Hermano Saraiva: "O rei viveu nos últimos anos paralítico e os ministros eram, como ele, velhos e cansados. Havia uma exceção: Alexandre de Gusmão, um 'estrangeirado', que em tempos vira Portugal submerso pelas ondas da superstição e da ignorância."[7] A. H. de Oliveira Marques: "Alexandre de Gusmão, nomeado secretário particular e *primeiro-ministro, praticamente* [o destaque é nosso], entre 1730 e 1750."[8]

Em resumo, na formação territorial do Brasil não há nada mais importante do que o Tratado de Madri; na concepção e redação deste, o papel central é de Gusmão. O secretário d'el-rei tinha, pois, pelo menos neste caso, muito mais as funções de um ativo primeiro-ministro do que de um simples escriba.

As célebres cartas

Nosso personagem, por dois séculos, digamos, de sua morte, em 1753, à publicação de *Alexandre de Gusmão e o Tratado de Madri*, em 1950, foi mais conhecido por suas cartas do que por seus trabalhos políticos. Hoje, sobretudo para os brasileiros, não há dúvida de que sua tarefa fundamental foi realizada no tratado; mas duzentos anos de prioridade das cartas bem merecem que nos concentremos um instante sobre elas. A variedade de versões que existem em nossos dias dá margem a dúvidas sobre o texto correto. Elas circulavam em exemplares individuais ou em pequenos maços, copiadas, recopiadas, adulteradas. O autor da *Coleção de vários escritos inéditos, políticos e literários de Alexandre de Gusmão*, a que já nos referimos, apresenta 45 epístolas, e previne que são as que julgou mais corretas, sendo que há várias outras "dispersas [...] infelizmente muito desfiguradas com erros e alterações consideráveis".[9] Julga que as cartas, a parte "mais vulgarizada de suas composições, são um testemunho irrefragável de seus grandes méritos e geral estimação".[10] Não tem simpatia pelo reinado de D. João V, "em que o fanatismo e a maliciosa ignorância tanto exaltaram",[11] e admira o epistológrafo: "tudo Alexandre combateu, o seu ardor não esfriou, a sua crítica foi sempre severa, o seu ânimo franco e desabusado."[12]

O século XVIII foi uma época de cartas, e há vários escritores portugueses que só por elas estão nas histórias literárias. Para mencionar contemporâneos de Gusmão, José da Cunha Brochado, Ribeiro Sanches, o abade António da Costa e o "Chevalier" de Oliveira — nomes hoje apenas lembrados por especialistas. As de Alexandre sobreviveram por serem originais, divertidas, únicas nas reprimendas a altos mandatários. É a crítica veemente e a caricatura forte que fazem um grande escritor como Camilo Castelo Branco julgar a correspondência de Alexandre de modo tão favorável. A professora Andrée Rocha publicou, em 1981, uma coleção de 73 cartas, com uma excelente introdução, que termina com uma síntese que vale a pena reproduzir: "Político mordaz, cortesão cético, original figura de estadista e de homem, Gusmão deixou-nos um epistolário revelador dos problemas e das fraquezas duma Corte em decadência, que lhe dá pleno direito de figurar na Literatura portuguesa."[13]

Vamos a uma amostra das "célebres cartas", como dizem tantos, procurando as versões mais autorizadas. São todas do período em que era secretário do rei, a maioria escrita em nome deste (cartas de ofício). Algumas realmente ordenadas por D. João V, outras seguramente concebidas por Gusmão, que tinha autonomia para isso. De uma forma ou de outra, eram sempre, pelo estilo vigoroso, pela pancada certeira, pela ironia sarcástica, atribuídas ao "escriba". Principalmente nos últimos anos do reinado. A animosidade que causavam é facilmente imaginável.

Uma carta quase completa, para começar e por ser curta, dirigida ao reitor e aos dirigentes da Universidade de Coimbra, que não teriam tratado uma "royalty" (parente próximo do rei) com a deferência devida:

> Eu, El-Rei, vos envio muito saudar.
>
> Vi a consulta que fizestes sobre o formulário dos atos de meu sobrinho D. João Carlos. E como é certo que as regras estabelecidas para se graduarem na Universidade não compreendem as pessoas reais, nem as que lhes são imediatas, vos estranho muito [...] porque destes a conhecer a fraqueza dessa Universidade na ignorância que tendes para poder tratar com pessoas de alta qualidade. Fazei também estudo político, que é preciso aos homens que desejam ser sábios, se quiserdes merecer a minha proteção.
>
> Lisboa, a 4 de abril de 1741.[14]

Alguns trechos de cartas selecionadas. A Rodrigo Xavier Teles de Meneses, 4º conde de Unhão, que teve um secretário preso por contrabando, em 21 de março de 1741:

> Por agora se satisfaz S. Majestade com mandar que V. Exa. cumpra as Ordenações do Reino, juntamente com as suas Leis Extravagantes, e faça ler a cada dia ao seu secretário quinze ou vinte parágrafos, a que V. Exa. assistirá, por espaço de seis meses...[15]

A M. de Chevigny, embaixador da França em Lisboa, em 8 de maio de 1747, que reclamava por resposta a uma comunicação oficial:

> E ainda que El-Rei se ache desobrigado de dar satisfações, me ordenou dissesse a V. Exa. que já respondera a Sua Majestade Cristianíssima [Luís XV] há mais de seis meses, por haver tratado da matéria o seu Ministro de Estado [o cardeal Fleury] com o Embaixador D. Luís da Cunha. Pelo que

não pode V. Exa. queixar-se dos procedimentos desta Corte, mas sim dos de França cujo Ministro esqueceu que V. Exa. era seu embaixador e se achava encarregado deste negócio.[16]

A carta seguinte, de 20 de agosto de 1748, é notável por ter sido escrita a Pedro da Mota e Silva, então secretário de Estado do reino, acusado por alguns de não os receber nas horas normais do expediente:

> A Sua Majestade têm sido presentes os grandes incômodos que sentem as pessoas que procuram V. Ex. [...] é o mesmo Senhor servido ordenar-me que advirta V. Ex. de que os dias foram feitos para trabalhar e as noites para dormir...[17]

A epístola dirigida a outro grande aristocrata do reino, D. António d'Almeida, conde do Lavradio e governador-geral de Angola, em 21 de março de 1747, não fica atrás em ousadia, como se vê já nas primeiras palavras:

> El-Rei Nosso Senhor está informado que V. Exa. governa esse Reino à maneira dos Pachás da Turquia...[18]

Citemos agora três cartas privadas. Na primeira, de 2 de maio de 1740, ele não aceita ser incluído numa coleção de autores — *Catálogo de portugueses eruditos*, organizada pelo abade Diogo Barbosa Machado — alegando que não escrevera ainda nada de relevo, e deixando, na cabeça de quem a lê hoje, a ideia de que fora convidado mais por sua posição na Corte do que por seu valor literário:

> Alguns amigos me fizeram a mercê de espalhar no público um conceito vantajoso dos meus estudos; porém como estes, enquanto não se derem a conhecer pelas obras, dependem da mui pia fé para se acreditarem, não devo atribuir o estabelecimento daquela fama senão à benevolência dos que me favorecem; pois até o presente não tenho mostrado composição por onde adquiri-la. E fazendo as contas com meu talento, suponho que a perderia de todo, se saísse à luz algum volume. Suposta esta verdade, que sou obrigado a

confessar ainda que me cause confusão, discorro que também V.M. se tem deixado enganar com aquela não merecida opinião, e que seria estranhado à exação [exatidão] e à boa crítica de V.M. contar na "Biblioteca Lusitana" entre os autores um indivíduo que não o é.[19]

Para finalizar, trechos de duas epístolas a seu mestre e amigo D. Luís da Cunha. Na primeira, de 2 de fevereiro de 1747, dá satisfações a D. Luís, que insistira para que Alexandre fizesse compreender a D. João V que era oportuno ter uma presença maior nas tratativas entre as cortes europeias. Ele fala das dificuldades em levantar o assunto e ridiculariza ministros, amigos destes e o próprio rei:

Primeiramente o Cardeal da Mota me respondeu: Que a proposição de V. Exa. [...] não era conveniente. Enquanto falávamos na matéria, se entreteve com seu irmão, Secretário de Estado, que estava na mesma casa a alporcar [enxertar] uns craveiros; que até isso fazem ali, fora do lugar e tempo próprio. Procurei falar a S. Exa. Reverendíssima mais três vezes, primeiro que me ouvisse, e o achei contando aparições que traz o Padre Causino em *La Corte Santa*, cuja história ouviam com grande atenção o Duque de Lafões, o Marquês de Valença, Fernão Martins Freire e outros. Respondeu-me que Deus nos tinha conservado em paz e que V. Exa. queria nos meter em arengas; que era tentar a Deus. Finalmente falei a El-Rei (seja pelo amor de Deus!). Estava perguntando ao Prior da freguesia quanto rendiam as esmolas das almas pelas missas que se diziam por elas. Disse-me: que a proposição de V. Ex. era muito própria das máximas francesas com as quais V.Exa. se havia naturalizado; e que não prosseguisse mais.[20]

Na outra carta, provavelmente do mesmo ano, ironiza as opiniões dos altos prelados que cercavam o rei, que acabara de despachar cinco navios para o Oriente, onde os portugueses só colhiam derrotas nas últimas décadas:

O [cardeal da] Mota disse: "Esta esquadra há de atemorizar a Índia." Sua Exa. Reverendíssima [outro cardeal] acrescenta: "Há de fazer bulha na Europa." E o reitor [jesuíta] de Santo Antão: "Tomara já ler os progressos escritos com miudeza pelos nossos padres!" É o que se passou na Junta...[21]

Prosa e verso

Alexandre não ficou só nas cartas, no campo da literatura. Fez poesia — até publicou um dicionário de rimas — e traduziu autores franceses, como Molière, e italianos, como Metastásio. Do francês adaptou à situação local a peça *George Dandin*, mas a modificou tanto que parece um original. Chama-se *O marido confundido* e trata das agruras de um rico burguês do Porto que se casa com uma aristocrata, que o despreza e o trai abertamente. Alexandre consegue recriar em português a graça do grande comediógrafo. Veja-se esta conversa do pobre marido com os arrogantes pais de sua mulher, o Morgado de Bestiães e D. Pabúlea:

> O Morgado: Que razão tendes, genro [de se queixar da sua mulher]?
> D. Pabúlea: Olá, haveis de falar nesses termos de uma coisa em que tiveste tanta conveniência!
> O genro: [...] V. Sas. estavam com seus negócios mui malparados, e o meu dinheiro serviu a emplastrar muitos calotes. Mas a mim não me dirão que me aproveitou. Salvo se foi para arruinar-me de todo, havendo de suprir por outra parte aos apetites e fanfarrices de minha mulher.
> O Morgado: Como não é nada a vantagem de vos achares aparentado, pelos Penates de Bestiães, com os Farroupins, Carrascos, Mazarefes e Marramaques? Não é nada? Marramaques? E por minha mãe, com os Cucufates, Esporões e Babosas de Carcaveira? Não é nada?
> O genro: Já V. S. me tem explicado isso algumas vezes, vamos por ora ao que...
> O Morgado: E por minha avó paterna com as casas de Sapagal, de Pentieiros e de Pousada de Saramagos.
> O genro: Valha-me Deus! Sei isso de cor, tratemos agora...
> D. Pabúlea: Não, mal sabeis vós quem são os Senhores da Honra de Jarretas de quem eu nasci...[22]

Não são muitas as poesias de Alexandre que sobrevivem. Vamos reproduzir o soneto "A Júpiter, Supremo Deus do Olimpo", que alia à beleza literária um típico pensamento iluminista, que seria perigoso no Portugal de então, se o Deus mencionado — de cuja existência duvida — fosse o dos cristãos. Chama Júpiter de "Numen", vocábulo latino que significa divindade (nume, em português, palavra que ainda se vê em expressões como "nume tutelar").

Numen que tens do mundo o regimento,
Se amas o bem, se odeias a maldade,
Como deixas com prêmio a iniquidade,
E assossegado o são merecimento?

Como hei de crer qu'um imortal tormento,
Castigue a uma mortal leviandade?
Que seja ciência, amor ou piedade
Expor-me ao mal sem meu consentimento?

Guerras cruéis, fanáticos tiranos,
Raios, tremores e as moléstias tristes
Enchem o curso de pesados anos;

Se és Deus, se isso prevês, e assim persistes,
Ou não fazes apreço dos humanos
Ou qual dizem não és; ou não existes.[23]

Fala-se também de três óperas compostas por Gusmão. Certamente libretos, pois não se conhece sua capacitação para a música. Referências há em vários autores, até os títulos são conhecidos: "A paciência de Sócrates", "La finta pazza" e "La risa de Demócrito"; mas não foram até hoje encontrados os respectivos textos. O conde de Ericeira, na saudação a Alexandre por ocasião da entrada na Academia de História, em 1732, refere-se aos seus estudos científicos, igualmente desaparecidos. Seriam estes rumores sem fundamento? Seu irmão Bartolomeu era um inventor e pesquisador e foi seu tutor; alguma base haveria.

O poder, o judaísmo e o catolicismo

Em 1730, Alexandre começa em suas funções de secretário particular do mais absolutista dos reis de Portugal. Durante os vinte anos seguintes, isto é, até a morte de D. João V, o santista passa a ser das pessoas mais influentes do reino. Oliveira Lima escreveu uma peça, *O secretário d'el-rei*, na qual

O SECRETÁRIO D'EL-REI

nosso personagem é procurado por pessoas que desejam sua intervenção em assuntos graves, até de vida ou morte, e goza da intimidade do monarca, que, às vezes, vai até sua sala para conversar. É uma ficção, mas deve refletir a realidade que o historiador conhecia bem.

Nesse longo período seu poder variou, conforme a autoridade que lhe dava o rei, a qual, de qualquer forma, era sempre ressentida por aristocratas e burocratas. Quando tinha todos os títulos para ser ministro, à morte de D. João V — antiguidade, conhecimentos, sucesso com a assinatura do Tratado de Madri e, o mais importante, a amizade do príncipe herdeiro D. José —, apareceu um outro estrangeirado, o futuro marquês de Pombal, que acabaria por se impor, por 27 anos, como o ditador da política portuguesa. Com este poder e esta longevidade, só há paralelo com António de Oliveira Salazar, ministro da Fazenda de 1928 a 1930 e, daí para a frente, presidente do Conselho de Ministros até sua doença, em 1968 (sempre havia o presidente da República, um veterano militar que mandava pouco; menos que D. José I).

Alexandre era um protegido — valido, dizia-se então — de D. João V, que reconheceu seus talentos desde que o bem jovem santista chegou a Portugal (o rei era seis anos mais velho que ele). Seu irmão maior, Bartolomeu, o famoso padre voador, já gozava da simpatia do monarca e, às vezes, tinha funções de secretário. Este irmão, uma espécie de tutor, era também homem de grande inteligência e criatividade, sendo considerado por Afonso Taunay um notável cientista experimental, que fez pesquisas com aparelhos mais leves que o ar (aeróstatos) antes dos irmãos Montgolfier, geralmente considerados os inventores dos dirigíveis. É provável que o padre Bartolomeu tenha ajudado a ascensão do irmão mais moço, seu colaborador nas tarefas a ele atribuídas por "seu amo", para usar um tratamento da época.

Até 1736, vimos, havia uma só alta autoridade nomeada pelo rei: o ministro Diogo de Mendonça Corte Real. Ele morava no Palácio Real, o velho Palácio da Ribeira (destruído no terremoto de 1755), no Terreiro do Paço, à beira do Tejo. Alexandre era também morador. Natural que as intrigas começassem. Diferença de idade, de nível funcional e, sobretudo, de situação social: um, grande aristocrata; outro, oriundo de uma família pobre, de um canto sem importância da colônia americana. Desaparecido o ministro, a situação de Alexandre inicialmente piorou, mas foi se modificando, e houve épocas em que sua participação era decisiva, sobretudo no que concernia ao Brasil (lembremos que ele foi feito membro do Conselho Ultramarino em 1743). Nosso personagem sempre fez parte do grupo de colaboradores informais do rei (o círculo íntimo), que geralmente tinha mais poder que a estrutura formal de governo. No *inner circle* também havia rivalidades, e, por exemplo, era mais difícil a vida de Gusmão com o cardeal da Mota, o alter ego do monarca de 1740 a 1746, do que com a nova "eminência", frei Gaspar da Encarnação, conhecedor de suas qualidades de servidor público.

Desde o início, as atividades básicas de Alexandre referiam-se à Igreja e ao Brasil. Naquelas, tinha a concorrência do núncio, dos cardeais e de uma infinidade de prelados (Portugal era, ainda mais que a Espanha e os reinos italianos, o país dos padres). Quanto ao Brasil, pelo menos em conhecimentos, sempre foi o papa. Aqui vamos falar da Igreja, pois nosso país merecerá capítulos posteriores. Era a época da Inquisição, e as guerras religiosas que devastaram a Europa não estavam longe. A Paz de Westfália, de 1648, amenizara a situação, mas o mundo europeu ainda estava seriamente dividido entre católicos e protestantes, e os judeus, nos países católicos, eram perseguidos e condenados. O próprio D. João V era espectador de autos de fé. Lembremos a morte na fogueira, em 1739, do importante dramaturgo António José da Silva, o Judeu, nascido no Brasil.

Este tema evoca uma acusação que perdurou durante toda a vida de Alexandre como secretário do rei e era sempre empunhada por seus adversários e inimigos: ele seria um "marrano", como se dizia, isto é, um judeu que fingia ser católico... Não esqueçamos que as inimizades eram muitas, tanto por seus anos de poder quanto por seu estilo assertivo, às vezes agressivo. Abordemos o assunto a partir do trecho de uma carta de um companheiro de Alexandre na missão portuguesa em Roma. É de 1725, e da autoria de Pedro da Mota, irmão do cardeal, e ele mesmo futuro ministro, dirigida a outro futuro ministro, Marco António de Azevedo Coutinho. Cito nomes e títulos para se ver o nível elevado a que chegavam as acusações. Vamos à carta: "O homem negro ou queimado e magro, sempre parece que teve a mesma disposição. Não duvido, contudo, que esta última penitência, em castigo dos seus pecados, lhe denegrisse mais a pele, fazendo que se lhe vejam mais os ossos, que quanto ao interior já está conhecido."[24]

A carta é sibilina, de humor negro e pesadamente crítica. Não foi difícil a pesquisadores da Torre do Tombo identificar Gusmão como o personagem de que se falava. A expressão "negro ou queimado" pode fazer alusão à origem de Alexandre, nascido nos trópicos ou ao lado mameluco da mãe; e também às fogueiras inquisitoriais. A "última penitência" refere-se ao grande escândalo que ocorreu no período da missão em Roma: o irmão e mestre, e igualmente protegido do rei, o padre Bartolomeu de Gusmão fugira de Portugal e se convertera ao judaísmo! Estava acompanhado de outro irmão, frei João Álvares de Santa Maria, acusado do mesmo crime, gravíssimo na época por se tratar de um conhecido jesuíta, e de grande repercussão política pelas relações com D. João V. Passemos a palavra a Jaime Cortesão: "Em novembro do ano anterior, falecera em Toledo, depois duma longa crise de apostasia por judaísmo, que terminara em loucura, o Padre Bartolomeu Lourenço. O escândalo, embora abafado, fora enorme. Não faltavam provas. E era lógico fosse explorado entre diplomatas, por competidores e inimigos de Alexandre."[25]

Numa irmandade de tantos religiosos, na qual o padrinho e protetor era um famoso inaciano, não seria absurda a acusação de judaísmo? Naqueles tempos, não, porque tudo poderia ser considerado um torpe disfarce, aos olhos de inquisidores e na boca de faladores... Dois notáveis historiadores, o português João Lúcio de Azevedo, em *O poeta António José da Silva e a Inquisição*, e o brasileiro Afonso de E. Taunay, biógrafo do padre voador, trataram do judaísmo nesse tempo e nesse local, mas não se posicionaram sobre Alexandre. Parece certo que a fuga de Bartolomeu estava relacionada a inquéritos do Santo Ofício, em processo movido contra vários judeus, alguns nascidos no Brasil, mas que viviam em Lisboa.

Há documentos do inquisidor-mor, o cardeal da Cunha, pedindo informações sobre o padre Bartolomeu. No final da vida, quando de sua apostasia, ele já não estaria tão bem da cabeça, tendo delírios de grandeza sobre sua máquina mais leve que o ar, sobre como ela mudaria o mundo. José Saramago, que estudou a vida e conheceu o relato da viagem de fuga escrito por frei João (de apenas 23 anos quando acompanhou o irmão maior), na sua ficção, *Memorial do convento*, apresenta o padre voador como um cientista bem relacionado na Corte, simpático, bondoso e desvairado.

Alexandre sempre se relacionou com membros da comunidade israelita de Portugal. Era um iluminista que achava ridículas as questões de pureza de sangue da nobreza lusa (escreveu até um estudo em que pretendia provar que não havia em Portugal quem não tivesse sangue judeu). Um humanista que se revoltava com a sanguinária perseguição do Santo Ofício. Fatos como esses e uma pesquisa sobre os antecedentes Álvares da mãe levaram Jaime Cortesão a concluir ser muito provável que Alexandre tivesse mesmo ascendência judaica; pelo menos de um de seus avós maternos (é conhecida a presença de judeus na capitania de São Vicente).

Notemos que a vontade de aprender e a visão crítica bem podem indicar uma tendência não incomum entre judeus cultos. Num livro recente, *O espírito do judaísmo*, Bernard-Henri Lévy diz: "Os judeus vieram ao mundo menos para crer do que para estudar; não para adorar, mas para compreender."[26] Para este autor, o gosto pelo conhecimento, a reflexão moral e a liberdade de espírito — virtudes de Gusmão — representam bem mais o judeu do que a fé no Deus das escrituras hebraicas (o Torá). Spinoza, Marx, Freud, Einstein não discordariam tanto; já os ortodoxos...

Nossa opinião: Alexandre de Gusmão tinha amigos judeus e condenava a Inquisição. Não há base para a acusação — não incomum na Corte — de que era um criptojudeu. Era, sim, um católico com visão crítica, bastante influenciado pelo racionalismo francês, o que igualmente provocava forte reação da ortodoxia da Igreja. Veja-se este trecho de sua "Relaxação das Ordens Religiosas em Portugal", em que se insurge contra a mania de milagres que permeava a sociedade portuguesa:

> Todos os Santos Padres afirmam que os milagres não são o caráter e sinal da santidade, porque São João Batista, o maior entre os filhos dos homens, não fez algum, conforme o testemunho de Jesus Cristo. São José, pai putativo do mesmo Deus, e muitos varões que foram chefes da Cristandade, não os fizeram; nem o forte da Igreja é esse para as suas canonizações; a vida humilde, os costumes inocentes e a imitação de Jesus Cristo é o que dá motivo a serem proclamados Santos. Santo Agostinho diz que as virtudes são a semente da Fé e que os milagres só servem para estabelecer a Religião entre os infiéis, fazendo-os conhecer o Poder Divino.[27]

Será que o fato de nunca ter sido ministro — com seu domínio dos assuntos fundamentais do reino — não seria devido às suspeitas que sempre cercaram Alexandre e das quais o rei seguramente estaria a par? Poderíamos lembrar que Benjamin Disraeli foi o primeiro-ministro favorito da rainha Vitória. Mas era outro século, outro país, e o ministro, um judeu batizado na fé cristã, estava perfeitamente integrado nas classes dirigentes. Terminou a vida na Câmara dos Lordes, como conde de Beaconsfield, e recusou o raríssimo título de duque (como Winston Churchill também o faria, quase um século depois). Enfim, certeza não há, mas tudo indica que algum sangue hebreu corria nas veias da irmandade santista que deu o que falar, naquelas ruas tortas e sujas da Lisboa da primeira metade do século XVIII. Que seriam endireitadas depois do terremoto de 1755 — a "baixa lisboeta" — por um inimigo de Alexandre, o futuro marquês de Pombal, igualmente estrangeirado e detestado pela grande nobreza.

Uma palavra final sobre a Igreja. Já sabemos que Portugal era o país europeu com maior número de clérigos e que o rei se comportava como um pontífice, apreciando ser cercado por cardeais e bispos, e tendo até freiras como amantes. Obviamente, ele valorizava muito as relações com o "colega" de Roma. Uma de suas distrações prediletas era, aliás, montar um quebra-cabeça de grandes proporções que reproduzia a Basílica de São Pedro. Os cardeais que estavam mais próximos de D. João V seguramente se ocupavam de temas religiosos, mas o setor burocrático encarregado deles era da competência de Alexandre. Quase padre, com oito irmãos religiosos, sete anos de atividades em Roma, especialista em direito canônico, não faltavam títulos para tal atividade.

Como o Brasil era sua outra competência específica, vê-se que os dois temas básicos do governo estavam sendo cuidados prioritariamente pelo santista. Em várias ocasiões ele intervinha, ademais, em assuntos europeus, e o mais notável exemplo é o documento chamado "grande instrução", que preparou em 1740 para ser enviado aos embaixadores de Portugal, sobre os pontos essenciais da política externa lusa, em especial se a aliança inglesa deveria ser mantida a todo custo ou se uma aproximação maior com a França não seria mais desejável. Compreende-se, pois, que um historiador do relevo de Oliveira Marques considere-o, na prática, o verdadeiro primeiro-ministro entre 1730 e 1750.

Já vimos a participação de Alexandre, na fase romana, em assuntos que nos parecem hoje superficiais, como as vestimentas dos membros da Capela Real, e outros um pouco mais relevantes, como títulos reais e ascensão ao cardinalato. Do longo período como secretário, os documentos mais divulgados são o estudo, já mencionado, de cerca de vinte páginas, sobre as ordens religiosas e textos sobre sua conduta num episódio um pouco descabido de uso de força militar num conflito entre monjas do Mosteiro de Santa Clara, em Santarém, algumas de origem brasileira, outras de famílias "castiças". A abadessa, em 1749, ano da intervenção, era uma sobrinha de Alexandre, Brígida Vitória de Gusmão, e não faltaram nos críticos do episódio as velhas acusações de judaísmo que cercavam a família, as quais tinham sido estimuladas pela apostasia de Bartolomeu.

O incidente das clarissas foi um fato desgastante para o secretário e no momento culminante de sua vida profissional, quando estava tudo encaminhado para a assinatura do grande acordo de fronteiras na América do Sul. Uma nódoa na capa de glória: pequena, sim, mas que talvez tenha contribuído para que não se tornasse ministro, após a morte de D. João V. A religião não era mesmo o assunto que imortalizaria nosso personagem.

6.

Uma colônia com riquezas, mas sem fronteiras

O território

Desde os primeiros tempos da colonização, havia uma vaga ideia de que o Prata e o Amazonas eram as fronteiras naturais do Brasil. No Norte, os espanhóis nunca contrariaram esse entendimento, até porque reconheciam que só os portugueses estavam por ali (São Luís é de 1615; Belém, de 1616) e apenas eles poderiam enfrentar os outros europeus que tentavam se fixar no intrincado delta amazônico. A fundação de Caiena, em 1634, barrava a subida portuguesa pela costa, que aí tinha um sentido noroeste. Mas a entrada pelo caminho real do rio Amazonas ficava escancarada aos lusos. Durante a União Ibérica, para dar um exemplo sempre lembrado, foi criada a capitania do Cabo Norte, em 1637, atribuída ao capitão Bento Maciel Parente. Isso era um reconhecimento implícito da soberania lusa na área.

Nos Setecentos, a imensa região amazônica firmou-se como o território favorito das missões religiosas. Por volta de 1700, os jesuítas espanhóis liderados por um dos grandes missionários das Américas, o padre Samuel Fritz, chegaram a se instalar no Solimões, mas foram logo rechaçados rio acima pelos portugueses e voltaram para suas missões de Maynas. Nessa área, no rio Solimões, até para evitar conflitos com membros da mesma ordem, as autoridades lusas apelaram para os carmelitas, que estabeleceram vários núcleos, os últimos deles próximos da foz do rio Javari (as missões de

São Pedro e São Paulo). Por um dos Tratados de Utrecht, o de 1713, como sabemos, Portugal se assegurava da fronteira do rio Oiapoque, mas essa decisão nunca foi bem aceita pelos franceses, até a vitória arbitral do barão do Rio Branco, nos primeiros anos da República.

No Sul era diferente. Sempre os castelhanos se opuseram à penetração portuguesa na região do rio da Prata. A fundação da Colônia do Santíssimo Sacramento, em 1680, foi um ato ousado de D. Pedro II, o qual teve pronta reação e levou à primeira das quatro ocupações da cidadela (as três primeiras foram recuperadas diplomaticamente por Portugal). Por outro dos Tratados de Utrecht, este de 1715, a Espanha pela segunda vez restituiu "o território e a Colônia", numa formulação linguística que o governador de Buenos Aires interpretou como um pequeno círculo em torno da fortaleza (seu raio seria o tiro de canhão), e não toda a área da Banda Oriental (o futuro Uruguai).

Se concordavam os espanhóis com a divisão de Tordesilhas passando pela boca do Amazonas, jamais o fizeram no que diz respeito ao Prata. A linha poderia estar entre Cananeia e Laguna, mas não na boca do grande rio do sul; nem pensar, portanto, que poderia estar rio acima, no meridiano de Buenos Aires. Os lusos insistiam em se apossar da margem setentrional do Prata, como já vimos, e tentaram se fixar, em 1723, na elevação privilegiada de Montevidéu, mas não conseguiram manter-se aí e foram logo substituídos pelos portenhos — fato que teve consequências importantes na ocupação da então chamada Banda Oriental do Uruguai. Anos mais tarde, em 1737, conseguiram estabelecer-se, sim, bem mais ao norte, na saída da lagoa dos Patos, com a fundação do Forte do Rio Grande de São Pedro, origem da cidade de Rio Grande (e do futuro estado do Rio Grande do Sul).

No atual Centro-Oeste, as coisas eram ainda mais intrincadas, depois das descobertas de ouro na região do rio Cuiabá (1718), a oeste de qualquer tentativa de fixação da linha de Tordesilhas pelo interior do continente. Com as posteriores descobertas no rio Guaporé (1734), as também chamadas minas do mato grosso, pior ainda. Um século antes, os espanhóis já haviam reagido às incursões dos sertanistas de São Paulo nas reduções do Guairá, situado num meridiano cerca de 300 quilômetros a leste de Cuiabá e a 700 de Guaporé. Agora, não podiam ter dúvidas de que os mineradores paulistas tinham ultrapassado os limites de 1494.

O que deu certeza científica da grande penetração portuguesa foi o mapa da América do Sul de Guillaume Delisle, de 1721. Aí ficava claro que todo o rio Amazonas, o atual Centro-Oeste do Brasil e Colônia do Sacramento estavam na parte espanhola da divisão das 370 léguas. Não é difícil imaginar a insegurança que passaram a ter as autoridades lusas sobre as reais dimensões da colônia americana, e exatamente na época em que o metal precioso aparecia em abundância, depois de duzentos anos de procura. A situação parecia, pois, bem complicada, o que valoriza a diplomacia de D. João V por ter conseguido negociar um tratado territorialmente tão inclusivo como o de 1750.

A cartografia

No período das descobertas, o reino luso estava na vanguarda da arte de fazer mapas. Note-se por exemplo que, dos quatro mapas-múndi mais notáveis do século XVI, segundo um especialista de nossos dias, Jerry Brotton, dois foram feitos por geógrafos portugueses, o de Cantino, de 1502 — tem o nome do espião italiano que o adquiriu clandestinamente em Lisboa —, e o de Diogo Ribeiro, de 1525 (os outros dois são dos germânicos Martin Waldseemüller, 1507, e Gerardus Mercator, 1569). Sem os mapas, não seria possível navegar pelos oceanos do mundo, proeza em que também os lusos foram pioneiros. Com o passar do tempo, a situação foi mudando para pior. Dois séculos depois, os governantes coloniais foram surpreendidos ao saber que um francês, sem acesso ao Brasil, tinha feito um mapa que eles não seriam capazes de fazer. Pelo menos reagiram, e aqui é preciso frisar que o rei, tão atacado por tantos, esteve no centro do salutar movimento.

D. Luís da Cunha, no ofício em que enviava o mapa de Delisle, ponderava ser necessário recriar a cultura cartográfica em Portugal e recebeu a seguinte resposta do secretário de Estado Diogo de Mendonça: "o que V.S. aponta sobre este particular é tão judicioso que S. Majestade se conformou com o seu parecer."[1] Os limites da colônia americana eram um grande problema, e o rei se convenceu da necessidade de dar bases técnicas a sua diplomacia territorial.

Para começar, seria necessário que viessem especialistas estrangeiros, já que no país eram inexistentes. Em contato com a Ordem de Santo Inácio, conseguiu-se que viessem de Nápoles dois "padres matemáticos", para usar a expressão que os identificava em Portugal, os jesuítas Giovanni Battista Carbone e Domenico Capacci, chegados a Lisboa em 1722. O padre Carbone ficou trabalhando em Portugal e se tornou um colaborador próximo do rei, que gostava de astronomia e criou um observatório no Convento de Santo Antão. O padre Capacci viajou ao Brasil em 1729, acompanhado do jesuíta português Diogo Soares. A ideia era fazer um *Novo Atlas da América Portuguesa*. O projeto não foi totalmente executado, mas os dois padres fizeram vinte mapas de locais escolhidos. Para dar dois exemplos, a Colônia do Santíssimo Sacramento e as minas da região de Vila Rica de Ouro Preto.

Vários bandeirantes haviam desenhado mapas de outras áreas — é bem conhecido, por exemplo, o mapa de Simão Bueno, de 1747, identificando o longo caminho que, partindo da lagoa dos Patos, chegava à feira de Sorocaba, em São Paulo, e prosseguia até Minas Gerais. Os dos jesuítas foram, entretanto, os primeiros que tinham as longitudes calculadas cientificamente. Todos esses mapas, desde os mais artesanais até os mais precisos, serviram, poucos anos depois, para Alexandre de Gusmão supervisionar a elaboração do "Mapa das Cortes".

No reino, os estudos cartográficos também progrediram, e surgiram vários engenheiros competentes em topografia e cartografia, em especial o engenheiro-mor Azevedo Fortes. Sob o impulso dele, as academias militares tornaram-se um viveiro de competentes especialistas em ciências geográficas, alguns deles mais tarde empregados na administração da colônia, como António Rolim de Moura Tavares e Luís de Albuquerque de Melo Pereira e Cáceres, no Mato Grosso, e José da Silva Pais, no Rio Grande do Sul.

Os limites fluviais

Desde as últimas décadas dos Quinhentos, teria o governo português, ora representado por atentos funcionários da Coroa, ora por administradores locais de tirocínio, a noção da impropriedade do meridiano das 370 léguas

UMA COLÔNIA COM RIQUEZAS, MAS SEM FRONTEIRAS 93

como divisa do Brasil. Nos primeiros anos dos Seiscentos, os bandeirantes o desrespeitavam, especialmente em suas incursões sobre as aldeias jesuíticas do Guairá. No final da União Ibérica, em 1639, houve a viagem a contracorrente pelo rio Amazonas, que levou Pedro Teixeira até Quito; na volta ele fundou um núcleo habitacional "nas bocainas do rio do ouro" — o Aguarico, um afluente do Napo, em pleno Equador atual, diziam muitos — para marcar a divisa entre as duas soberanias ibéricas. Em 1680, houve a fundação de Colônia do Sacramento, a 250 quilômetros da atual Punta del Este (cabo de Santa Maria), onde começa a foz do Prata. E na primeira metade dos Setecentos, foram reveladas as minas de Cuiabá e do "mato grosso" (no rio Guaporé), bem a oeste do meridiano de Tordesilhas. Ficava claro, então, que este limite não permitia a existência de um Estado economicamente viável e com fronteiras seguras.

As ideias de um território mais amplo, com rios como divisas, teriam, pensam alguns, bases indígenas. Vejamos. Nos contatos iniciais com os tupis-guaranis — a grande nação que dominava a costa leste, o Paraguai (esta província espanhola tinha uma área bem maior que o moderno país) e outras regiões, como a dos cambebas (ou omáguas), no rio Solimões —, os colonos portugueses haviam assimilado a noção de alguma contiguidade das terras habitadas pelos falantes da língua tupi. Se o colonizador aprendeu o idioma, adquiriu hábitos, incorporou práticas familiares, como o "cunhadio" (a união com uma mulher indígena integrava o branco a sua tribo), por que não absorveria a ideia de uma certa unidade territorial das terras em que as tribos tupis por milhares de anos vaguearam? Cortesão, o propugnador destas noções, explica: "Povos dotados duma grande capacidade de expansão, não possuiriam os tupis-guaranis uma cultura geográfica, ainda que rudimentar, correspondente a sua área de deslocação? E não haveriam comunicado [...] aos europeus [...] uma noção de unidade do território, incompatível com o Tratado de Tordesilhas?"[2]

O país dos tupis-guaranis, onde se falava o idioma que os jesuítas gramaticaram na língua geral — havia um ramo paulista, chamado "abanheenga", língua de gente, e outro amazonense, "nheengatu", boa língua, até hoje falado em microrregiões, como a de São Gabriel da Cachoeira —, seria uma ilha limitada a leste pelo oceano Atlântico e a oeste por um rio da bacia do Prata (o Paraguai?) e um "grande rio do norte". A origem de ambos seria uma lagoa, bem no centro do continente, que em tempos e mapas diferentes teve variados nomes: Xaraés, talvez o mais comum, Eupana, Paytiti, Dourada, Manoa etc.

Inicialmente, o rio do norte foi identificado como o Tocantins, e, assim, a lagoa de origem estaria no planalto Central. A visão de uma ilha Brasil alongada na direção norte-sul e quase totalmente dentro das 370 léguas de Tordesilhas estava, aliás, bem de acordo com a ideia, que persistiu por anos, de uma América do Sul mais estreita do que é. Isso explica os documentos espanhóis que falam do perigo que poderiam significar as excursões dos "portugueses de San Pablo", situada a 50 quilômetros do mar, para Potosí, o centro da riqueza hispânica, nos Andes, como se o planalto de Piratininga ficasse perto do altiplano boliviano (está a uns 2.000 quilômetros em linha reta).

Com o correr do tempo e o melhor conhecimento do território, a ilha Brasil foi se dilatando para o oeste e o "rio do norte" passou a ser identificado não mais com o Tocantins, e sim com o semicírculo fluvial Guaporé-Madeira-Amazonas. Em outras palavras, o território imaginado foi adquirindo uma forma vagamente parecida com a atual.

Citemos um trecho, surpreendente pela precisão, do padre Simão de Vasconcelos, superior da Companhia de Jesus em meados do século XVII, em que ambas as concepções da ilha Brasil estão presentes, a estreita e a alargada, e no qual se frisa a origem indígena do mito:

> Contam os índios versados no sertão, que bem no meio dele, são vistos darem-se as mãos estes dois rios [afluentes do Prata e o Tocantins] em uma lagoa famosa ou lago fundo [...] e que desta grande lagoa se formam aqueles grossos braços que abarcam e torneiam todo o sertão do Brasil [...] Verdade é que, com mais larga volta, se avistam mais ao interior da terra [o Prata e agora formadores do Amazonas], encontrando não águas com águas, mas avistando-se tanto ao perto que distam somente duas pequenas léguas, donde com facilidade os que navegam corrente acima num destes rios, levando as canoas nas costas naquela distância entreposta, tornam a navegar corrente abaixo pelo outro: é esta volta, com que abarcam estes dois grandes rios, de duas mil léguas de circuito.[3]

UMA COLÔNIA COM RIQUEZAS, MAS SEM FRONTEIRAS   95

Há base física para as duas ilhas Brasil, a estreita e a dilatada. Na área do Distrito Federal, encontram-se, quase se tocando, as nascentes de rios das bacias do Prata e do Araguaia-Tocantins (e também a do São Francisco). Nas proximidades de Planaltina, no Parque das Águas Emendadas, existe o que um folheto da Secretaria de Agricultura do governo do Distrito Federal chama, provavelmente com algum exagero, "um dos mais extraordinários fenômenos hídricos do mundo". Nas extremidades de um pântano apertado e esticado na direção norte-sul, nascem dois córregos que vão lançar suas águas, o do norte no rio Maranhão, tributário do Tocantins, e o do sul no rio São Bartolomeu, que pertence à bacia do Paraná. Caso se quisesse forçar mais a coincidência do mito com a realidade, poderia ser lembrado, primeiro, que o pântano pode ter sido uma lagoa, e, depois, que bem próximo existe uma, a histórica lagoa Bonita, sempre mencionada por visitantes ilustres do Planalto Central, como o historiador Francisco Adolfo de Varnhagen, em 1877, um dos precursores de Brasília, e o geógrafo Luís Cruls, que, em 1892, demarcou o retângulo do futuro Distrito Federal.

Como no caso anterior, também existe uma realidade territorial a apoiar o mito expansionista, agora dilatado, desde que se considere o "grande rio do norte" como a sequência dos rios Guaporé, Madeira e Amazonas. No sudoeste de Mato Grosso realmente existe uma quase união das bacias platina e amazônica: os rios Alegre, afluente do Guaporé, e Aguapeí, formador do Paraguai, correm paralelos e em sentido oposto, por vários quilômetros, separados por uma estreita faixa de terra de umas "duas pequenas léguas", como diz o padre Vasconcelos (uns 15 quilômetros). Aí existem diversos varadouros, sempre lembrados quando se discutem projetos de união das bacias do Prata e do Amazonas. Um governador de São Paulo, Souza Coutinho, em 1772, fez atravessar uma canoa dum rio ao outro, para mostrar que o Brasil poderia ser considerado uma ilha. A velha ideia de um lago de origem comum tanto do Amazonas como do Prata igualmente pode ter tido base física nas várias lagoas do alto Paraguai, próximas da região drenada por ambas as bacias, ou, o que é mais provável, no próprio Pantanal, um imenso lago nos períodos das cheias.

Em resumo: ocupações territoriais, mapas artesanais ou científicos, ilhas Brasil mais ou menos amplas... o certo é que, na primeira metade do século XVIII, os luso-brasileiros haviam ultrapassado de muito a linha de Tordesilhas. E que, quanto mais a colônia enriquecia, mais incertos ficavam seus limites. Era preciso fazer algo, sob o risco de perder tudo. Diz bem Capistrano: "A rápida extensão do Brasil pelo Amazonas, no Mato Grosso até o Guaporé, e agora no Sul urgiu a necessidade de atacar de frente a questão de limites entre as possessões portuguesas e espanholas, sempre adiadas, sempre renascentes."[4] Portugal soube preparar-se, "atacar de frente" o problema e, afinal, chegar a um acordo de fronteiras bastante satisfatório, como veremos a seu tempo.

7.

O secretário e o Brasil

A capitania de São Paulo e a vila de Santos

Às vezes se estranha falar de São Paulo quando se trata das minas da região de Ouro Preto, de Cuiabá, do Guaporé ou de Goiás; ou quando se trata de Curitiba ou de Laguna. É porque se esquece que a capitania de São Paulo, nesse período da nossa história, compreendia toda a região onde iriam se constituir os atuais estados de Mato Grosso, Mato Grosso do Sul, Goiás, Paraná, Santa Catarina e o Rio Grande do Sul. Como também se estranha, quando se discute a formação de nossas fronteiras, falar-se tanto de Colônia, aquela pequena cidade uruguaia... É que Colônia significava muito mais que uma fortaleza nas margens do Prata; seu território era o Uruguai, cuja posse provocaria a consolidação do Sul do Brasil. E mais ainda, tinha valor estratégico por estar numa área onde os espanhóis, primeiro sediados em Assunção, depois, em Buenos Aires, eram mais fortes; sem falar nos jesuítas das missões.

Um ou outro historiador já propôs o nome de "Paulistânia" para essa São Paulo ampliada. Vamos dar uma ideia da evolução da província natal de Gusmão. A Capitania de São Vicente era o nome inicial, e seu primeiro donatário foi Martim Afonso de Sousa, o fundador, em 1532, da primeira vila do Brasil, exatamente São Vicente. Foi também o primeiro "português de alta estirpe",[1] como diz Roberto Pompeu de Toledo, em *A capital da solidão*, que subiu os 700 metros da serra do Mar (podia acrescentar que era amigo do rei e seria vice-rei da Índia), chegando ao planalto de Piratininga, onde, em 1554, seria estabelecido o colégio dos jesuítas, núcleo da futura cidade de São Paulo.

Quem já vivia lá em cima, nu e com suas mulheres índias, era João Ramalho, estabelecido no local onde se desenvolveria o arraial de Santo André, cuja população seria depois transferida para São Paulo. No fim desse primeiro século, o descobrimento do ouro de lavagem, em várias áreas da capitania, acabou por atrair a presença do governador-geral D. Francisco de Sousa, grande interessado em pesquisas minerais; foi, entretanto, a caça aos índios a atividade que acabou predominando, e São Paulo passou a ser a "boca do sertão".

Os Seiscentos foram o tempo das bandeiras, que, começando pelas cercanias do planalto, acabaram por devassar muitas áreas dos atuais Sudeste, Centro-Oeste e Sul do Brasil. No meio do século, houve conflito dos herdeiros dos primitivos donatários — Pero Lopes de Sousa, irmão de Martim Afonso, tinha a capitania de Santo Amaro, que estava encravada na de São Vicente —, o marquês de Cascais e o conde de Vimeiro. Na vila de São Paulo também houve uma quase guerra civil entre dois grupos familiares, o dos Pires e o dos Camargos. Curiosamente, nada disso impedia a atividade fundamental dos moradores de São Paulo e outras vilas próximas: adentrar os sertões em bandeiras, às vezes à procura de metais preciosos, mais frequentemente para escravizar indígenas. No interior, Taubaté, no vale do rio Paraíba, e Santana de Parnaíba e Itu, no do Tietê, eram rivais de São Paulo em população; no litoral, a dupla Santos-São Vicente concorria com São Paulo em prestígio político.

Na primeira metade do século XVIII — tempo de vida de Alexandre de Gusmão —, a capitania de São Paulo, resultante das antigas capitanias de São Vicente e Santo Amaro, passou por vicissitudes territoriais. Nos primeiros anos, atingia o auge de sua extensão, com os descobrimentos minerais (Minas Gerais, Mato Grosso e Goiás) e com as bandeiras de povoamento que chegaram até Laguna. Teria algo próximo de 3,5 milhões de quilômetros quadrados, pouco menos da metade do território atual do Brasil. Em 1709, a Coroa comprou a capitania do donatário de então, o marquês de Cascais. Ela passou a se chamar capitania de São Paulo e Minas de Ouro, até 1720, quando Minas veio a se tornar uma capitania à parte. O processo de desmembramento continuou. Santa Catarina, em 1738, e o Rio Grande do Sul, em 1742, passaram à jurisdição do Rio de Janeiro. Em 1748, criaram-se as capitanias de Goiás e de Mato Grosso.

A capital estava empobrecida e exaurida, e a capitania de São Paulo, agora bastante diminuída, foi anexada, em 1748, à capitania real do Rio de Janeiro. Restaurada em 1765, perdeu em 1830 o Paraná, ficando praticamente com as divisas que tem hoje. Redescobriu, entretanto, na segunda metade dos Setecentos, uma certa prosperidade com a produção de açúcar para exportação; não foi tanta, mas preparou a infraestrutura — por exemplo, tornando carroçável o acesso a Santos — para o grande ciclo do café, iniciado por volta de 1850 (quando a nova zona em torno de Campinas veio somar-se à tradicional zona produtora de Vassouras).

Uma palavra sobre a cidade natal de Alexandre. A "Vila do Porto de Santos", como então se dizia, era uma pequena povoação por volta de 1700, quando o menino brincava pelas ruas arenosas que contornavam mangues (só no final do século XIX foram construídos os seis canais saneadores que até hoje balizam a cidade). Ficava na ilha de São Vicente, praticamente encostada no território continental, ao lado da vila de São Vicente (hoje ambas as cidades mantêm sua independência, mas formam uma conurbação). Fora fundada em 1543 por Brás Cubas, que procurava um porto melhor que o de São Vicente. A sua vocação comercial existiu, pois, desde os primórdios da colonização (em 1550, já tinha uma alfândega). Até meados do século XVIII, havia plantações de cana nos seus arredores — lembre-se que o primeiro engenho do Brasil foi instalado por Martim Afonso nas imediações, o Engenho do Governador, depois chamado Engenho dos Erasmos.

O porto era bom, mas a ligação com o planalto, muito ruim. Subir a serra do Mar era uma tarefa e tanto! A áspera trilha dos indígenas não tinha melhorado muito desde os tempos de Anchieta, que o considera numa carta o pior caminho que há no mundo. Noutra, afirma que por ele "dificultosamente podem subir nenhuns animais e os homens sobem com trabalho e às vezes de gatinhas".[2] Em meados do século XVIII havia o transporte de mercadorias por mulas, mas tudo tão difícil que o normal era por índios de carga. O litoral na região de Santos não tem mais de 10 quilômetros de largura; depois há a grande muralha da serra do Mar, sendo que as terras acima, a mais de 700 metros de altitude, caem lentamente em direção ao interior do continente.

A vila portuária desenvolveu-se um pouco mais a partir de 1792, quando foi inaugurada a chamada "Calçada do Lorena", um piso de pedras juntadas que passou a cobrir o "caminho do mar", então retificado e melhorado, para permitir o tráfego de carroças. Foi, entretanto, o café, na segunda metade do século XIX, que transformou Santos num grande porto (hoje o maior da América Latina). Com o café, veio a estrada de ferro Santos-Jundiaí ("São Paulo Railway", na origem), aberta ao tráfego em 1867, que se tornou a mais importante via econômica do Brasil.

Alexandre de Gusmão é considerado por Sílvio Romero e outros como o maior brasileiro dos tempos coloniais; José Bonifácio de Andrada e Silva, na opinião geral, é o estadista da nossa Independência. Ambos de Santos, apenas dez anos separam a morte de um do nascimento do outro (1753 e 1763, respectivamente). Em mais uma coincidência, os dois tinham irmãos de forte personalidade e grande presença pública: os padres Inácio Rodrigues, famoso orador sacro, e Bartolomeu de Gusmão, num caso; os políticos António Carlos e Martim Francisco, no outro. "Excusez du peu", pode dizer hoje um santista justamente orgulhoso de compartilhar a cidade com grandes estadistas e seus ilustres familiares. Isso para não falar da marquesa de Santos, que nasceu em São Paulo, mas recebeu seu título em homenagem à vila para onde o príncipe D. Pedro cavalgou logo depois que a conheceu (no sentido bíblico), em agosto de 1822. Na volta de Santos, já no planalto de Piratininga, "do Ipiranga às margens plácidas", aconteceu o Sete de Setembro.

Ouro e contrabando: o quinto e a capitação

Nos assuntos brasileiros, de que o responsável primeiro era Gusmão, dois temas dominavam a pauta dos dirigentes metropolitanos: as minas da região de Ouro Preto e a Colônia do Santíssimo Sacramento. Vamos falar primeiro do ouro e dos diamantes "mineiros", e, de passagem, do ouro de Mato Grosso e de Goiás. O grande problema de Lisboa era organizar a produção e impedir (ou diminuir) o contrabando. A vida adulta de Alexandre, digamos de 1720 a 1753, coincidiu com a grande produção das minas de Ouro Preto, de Cuiabá, do Guaporé e de Goiás (aproximadamente a metade do total produzido em todo o século). A vasta colônia americana, que vivia da cana-de-açúcar, passou a priorizar o ouro; capitais locais e da matriz emigravam para o centro do continente; os empreendedores, os aventureiros e a escravaria, como sempre, acompanharam as riquezas. Até a capital do Brasil acabou trasladada para um ponto mais próximo da produção e exportação mineira.

Fora pequenas descobertas de ouro de lavagem em vários pontos, a colônia foi, quanto a ouro e prata, uma decepção para a metrópole, até quase 1700. Pelo menos em comparação com as riquezas que os espanhóis acharam na sua metade tordesilhana. Foi só nos primeiros anos do século XVIII, como vimos, que os cofres de Lisboa começaram a se encher com as barras douradas que fariam de D. João V um dos monarcas mais ricos da Europa e devolveriam a Portugal certa proeminência, perdida há muito, desde quando Camões, depois de cantar as grandezas do reino e do império, lamentara a decadência na epopeia publicada em 1572:

> No mais, musa, no mais, que a Lira tenho
> Destemperada e a voz enrouquecida,
> E não do canto, mas de ver que venho
> Cantar a gente surda e endurecida.
> O favor com que mais acende o engenho
> Não no dá a pátria, não, que está metida
> No gosto da cobiça e na rudeza
> Duma austera, apagada e vil tristeza.

> (Canto X, estrofe 145)

Na verdade, se se fosse escolher outro tempo de prestígio mundial português, agora já menos no Oriente, este seria o do mais longo reinado da história lusa, o do "Fidelíssimo", para citar o título papal que custou tanto esforço a Gusmão.

O contrabando do ouro era enorme, principalmente por ser o preço oficial bem menor que o do mercado. Alguns autores calculam que a Coroa arrecadava, nos primeiros anos dos Setecentos, não o "quinto" devido, mas algo como o quinto do "quinto". Já vimos que o mais recente estudioso da produção aurífera do Brasil, Virgílio Noya Pinto, calcula que nos Setecentos ela "totalizou 876.620 quilos, de que perto de 30% foram extraídos entre 1735 e 1755".[3] Com modernos métodos informáticos, ele chega a um número que não está longe — uns 5% menos — daquele de autores antigos como o barão de Eschwege e Pandiá Calógeras. As quase novecentas toneladas produzidas no século dão uma média de aproximadamente nove toneladas por ano. É muito ouro... e isso sem falar nos diamantes, descobertos em boa quantidade no arraial do Tijuco (atual Diamantina), em 1729.

Os pláceres de Minas Gerais concentravam-se no sudeste do seu território — região das hoje chamadas cidades históricas, Ouro Preto, Mariana, Sabará, São João del-Rei, São José del-Rei —, e mais tarde houve descobertas mais para o norte, em Serro Frio e Minas Novas. O imposto inicial, como vimos, foi o quinto, e os escusos descaminhos eram bem mais transitados que a estrada real do fisco. Para tentar diminuir o contrabando, Alexandre de Gusmão foi o principal elaborador de uma nova forma de receita, a capitação, que durou de 1734 a 1751. Por esse tempo, ocupavam-se da mineração cerca de 80 mil homens, um terço da população da capitania, avaliada em 240 mil pessoas (dados de João Ribeiro). Para se ter uma ideia da decadência da produção aurífera, minguante por toda a segunda metade do século, lembre-se que, quando da Independência, em 1822, trabalhavam nas minas menos de 5 mil pessoas. Foi a pobreza que se abateu sobre as cidades históricas de Minas que as conservou: não havia dinheiro para as reformas e construções deformadoras. Salvou-se a beleza!

A capitação não veio assim de repente ou só para aumentar as rendas da matriz. Estava no meio de um movimento para tornar mais racional e menos inquisitorial a ação de Lisboa na colônia, especialmente nas minas. Destaque-se um parecer de 1730, que bem se poderia chamar de testamento político, de António Rodrigues da Costa, membro do Conselho Ultramarino, exatamente o excelente servidor público que Alexandre substituíra na Academia de História. O conselheiro não se

A produção de ouro em anos específicos do século XVIII (em toneladas)

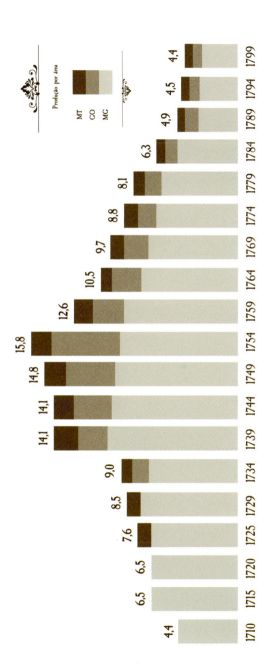

Nos Setecentos, Minas Gerais foi responsável por cerca de 70% da produção de ouro no Brasil, Goiás, 15%, e Mato Grosso, 10%. Os restantes 5% provinham de regiões não indicadas, como a Bahia, por exemplo.

Mapa I. Economia do Brasil no século XVIII

No século XVIII, Portugal já havia perdido para a Holanda a maior parte de seu Império no Oriente. O Brasil era agora, com os descobrimentos auríferos, a nova joia da coroa. O mapa indica também as outras riquezas. Repare-se que metade do território era de regiões inexploradas (apenas uma ou outra vez penetradas).

Mapa 2. A ilha Brasil na carta de João Teixeira Albernás (1640)

A ilha Brasil é frequente nos mapas portugueses. Neste é claríssima a fronteira constituída por rios que nascem numa lagoa central (Xaraés é o nome mais comum). Como o mapa tem o sul do continente deslocado para leste — outro fato comum —, qualquer linha divisória que fosse traçada a partir da foz do Amazonas incluiria a do Prata na parte lusa.

Mapa 3. A ilha brasileira de Jaime Batalha Reis
(1896)

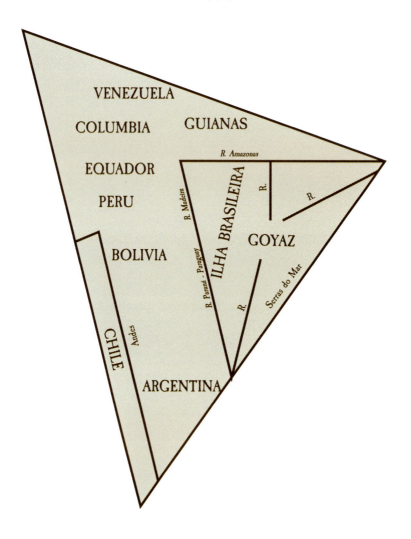

Curioso mapa de linhas retas: o triângulo da "ilha brasileira", no interior do triângulo sul-americano, é limitado por rios das bacias do Amazonas e do Prata. Do centro do mapa, "Goyaz" — hoje podemos pensar no Planalto Central —, partem três rios não nomeados: um afluente do Amazonas (o Tocantins?), outro do Paraná (o Uruguai?) e o terceiro na posição aproximada do São Francisco.

Mapa 4. Mapa de D'Anville (1748)

Simplificação da *Carte de l'Amérique méridionale*, a qual tem precisas marcações de longitudes e latitudes e não desvia o continente para leste, como faziam os mapas portugueses. Há centenas de localidades nomeadas no mapa original. Aqui só quisemos destacar, com a linha vermelha, o limite entre as colônias ibéricas. Veja-se que, na parte norte, a linha não se prende a acidentes geográficos, e, no sul, só deixa uma estreita faixa de terra ao Brasil.

Mapa 5. O Mapa das Cortes (1749)

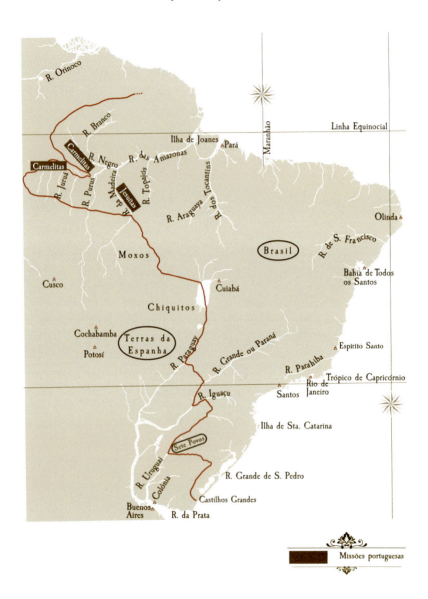

Se imaginarmos o meridiano de Tordesilhas passando por Belém (Pará), Cuiabá e Rio Grande de São Pedro, a parte espanhola ocupada pelos portugueses representaria menos da metade do território hoje brasileiro, e não cerca de dois terços, como é a realidade. Na Amazônia, destaque-se a presença das missões portuguesas, como a justificar um *uti possidetis*, digamos, religioso.

Mapa 6. Mapa das Cortes sobre um mapa atual

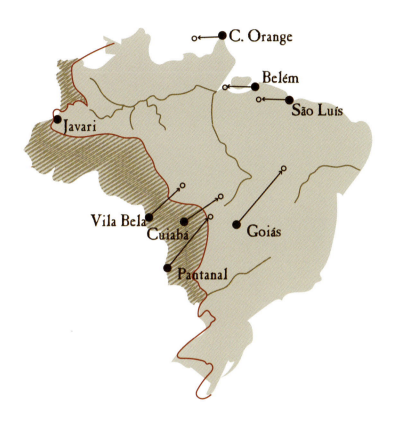

● Posição correta num mapa atual
○ Posição indicada no Mapa das Cortes

O Mapa das Cortes diminui bastante a área ocupada pelos portugueses: veja-se a larga faixa de terra existente entre sua linha de limites a oeste e a de um mapa atual. É interessante também examinar locais escolhidos deste colocados naquele: há um sistemático encurtamento de longitudes (o Pantanal, por exemplo, estaria em Goiás, e não em Mato Grosso). Na Amazônia a situação é diferente: o mapa segue o de La Condamine, que tem erros involuntários que favorecem os portugueses (encurta, por exemplo, o rio Amazonas).

Mapa 7. Variações da fronteira sul

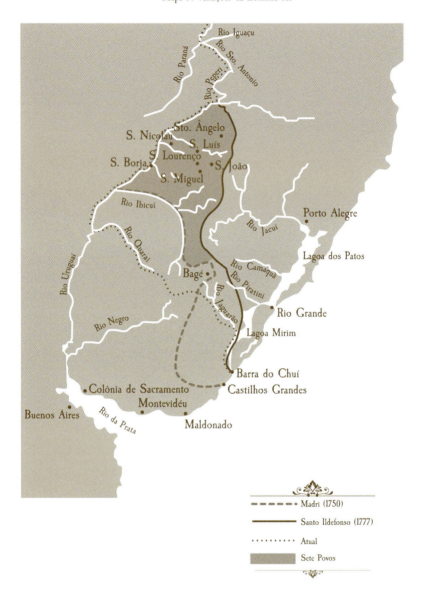

- - - - - Madri (1750)
───── Santo Ildefonso (1777)
·········· Atual
▨ Sete Povos

As fronteiras ao sul do Brasil foram as que mais se modificaram na história. Com o Tratado de Madri, fixaram-se numa linha que ia de Castilhos Grandes ao Ibicuí. Com o Tratado de Santo Ildefonso, a região dos Sete Povos foi perdida — e, na guerra de 1801, recuperada. Os limites atuais equivalem aos de Madri — desceram do rio Ibicuí ao Quaraí a oeste, e subiram do monte de Castilhos ao arroio do Chuí a leste.

limita a apontar os males da administração portuguesa, com suas ações "iníquas, abomináveis e tirânicas",[4] mas ainda aponta as medidas para corrigi-las, especialmente com a nomeação de funcionários honestos e competentes. É curioso que nessa longínqua época ele mencione que se a metrópole continuasse a tratar duramente a colônia, esta tenderia à revolta, talvez até à independência.

Não se sabe exatamente a repercussão do documento, mas houve a coincidência da nomeação de vários dirigentes de grande qualidade logo após o relatório. Alexandre se fortalece como encarregado do "dossier" Brasil, o conde das Galveias vai governar Minas, e o conde de Sarzedas vai para São Paulo; para intendente do Serro Frio (onde estava o distrito diamantino) é nomeado Rafael Pires Pardinho, modelo de servidor público. Nesses mesmos anos de 1730 a 1733, vai para o Rio de Janeiro, que evoluía rapidamente para ser a futura capital, Gomes Freire de Andrade, um de seus mais prestigiados governadores. E foram também enviados para o Brasil alguns administradores de inegável competência, dos quais o mais conhecido é José da Silva Pais, o fundador de Rio Grande, a âncora do futuro Rio Grande do Sul.

É nesse contexto que o rei recebe das mãos do seu secretário o projeto que muda por completo o sistema de tributação do ouro. Em 1735, aprova-o, depois de submetê-lo à apreciação de uma comissão *ad hoc*. O pagamento do quinto tinha sido um contínuo descalabro, e a corrupção na colônia era extensa e profunda, sem poupar agentes da Coroa. Existiam várias modalidades de tributação. O secretário estudou-as todas e redigiu novas regras: as da taxação por bateia, isto é, por escravo minerador. Alargou o princípio, de forma a torná-lo genérico, eliminando as exceções de que os servos da nobreza e da igreja desfrutavam. Em outras palavras, estabeleceu uma tributação verdadeiramente "per capita".

Há críticas à capitação; na verdade, haveria a qualquer tipo de imposição tributária. Jaime Cortesão tem dela uma visão favorável, sobretudo pela relativa paz que proporcionou em Minas Gerais: "O sistema de capitação, malgrado seus defeitos, teve a inestimável vantagem de abrir uma trégua na crise interna do Brasil, que permitiu ao autor do projeto entregar-se à solução da crise externa e de fronteiras. Graças a ele, e durante os dezesseis anos da sua aplicação, as Minas transformaram-se no seguro e tranquilo manancial, com o que foi possível acorrer aos magnos problemas da definição dum Estado-continente dentro de um mundo novo em formação."[5]

O novo imposto durou até os primeiros tempos do marquês de Pombal. Problemas houve: o contrabando diminuiu, mas, claro, extinto não foi; afinal a sociedade tributada e a corporação arrecadadora não podiam ser tão diferentes. Parece, entretanto, que foi uma solução razoável para aqueles tempos. Contribuiu para uma relativa calmaria política nas minas: note-se terem ocorrido antes e depois capitação — não durante — as duas maiores revoltas regionais, a de Filipe dos Santos, em 1719, e a de Tiradentes, em 1789.

A Colônia da discórdia

Impressiona quem estuda os antecedentes e as negociações do Tratado de Madri a quase exclusividade que os historiadores dão a Colônia do Sacramento; e o restante, o Centro-Oeste e a Amazônia — pergunta-se —, os famosos 2/3 do território nacional? Era esse enclave, ademais, nas décadas de 1720, 1730, 1740, o tema básico das relações conflituosas entre as potências ibéricas e o assunto primordial das embaixadas portuguesas em Londres, Paris e Haia, capitais das nações mediadoras da disputa. Há duas explicações complementares para o aparente exagero. Primeiro, como vimos, a Colônia de então não era a pequena cidade uruguaia de hoje, mas sim a âncora das fronteiras naturais desejadas — mas nunca conseguidas — pela monarquia lusa. Depois, a região do rio da Prata — o controle de sua navegação, a posse das duas margens — era o que realmente interessava à Espanha, no lado atlântico da América. Defender o resto das divisas era mais tarefa das missões jesuíticas confrontantes, pensavam os espanhóis, e estas tinham periódicos conflitos com colonos e governantes. Poucos anos depois da assinatura do tratado, em 1767, os jesuítas foram expulsos da Espanha e suas colônias (de Portugal, a expulsão datava de 1759).

Sem nos importar com repetições e acrescentando novos dados, vamos rever a saga de Colônia, que tinha um daqueles longos nomes oficiais do passado, quase sempre de origem religiosa: Nova Colônia do Santíssimo

Sacramento. Nada é mais conturbado na evolução histórica do Brasil colonial do que a situação política daquela fortaleza. Cercos militares por forças espanholas, houve cinco: quatro bem-sucedidos com a tomada da praça e um a duras penas resistido por quase dois anos. Uma diplomacia habilidosa e o apoio inglês conseguiram que três vezes Colônia fosse restituída aos lusos (a quarta invasão espanhola foi, digamos, legalizada pelo Tratado de Santo Ildefonso, de 1777).

Com o Tratado de Madri, as lutas pela sua posse deveriam cessar; ou assim parecia. Mas houve ainda duas invasões (a terceira e a quarta). E há quem ache que em Colônia está o núcleo das futuras divergências entre o Brasil Imperial e seus vizinhos do sul. São as famosas "Questões Platinas" do Império, que só cessariam na República, com Rio Branco e o laudo arbitral de 1895, que confirmou a posse da região de Palmas ao Brasil (os argentinos chamam essa disputa territorial de "La Cuestión de Misiones").

Foi o governador do Rio de Janeiro, Manuel Lobo, quem fundou Colônia, em 1680, por instruções de Lisboa. A ideia de ocupar a margem norte do Prata não era nova: os portugueses alegavam a prioridade da descoberta, e, nos Seiscentos, foram plantando vilas costeiras naquela direção. Iguape, em São Paulo, foi a primeira, e Laguna, em Santa Catarina, a última, sempre no sentido do sul. Tinha havido, ademais, em 1647, a doação de uma nova capitania a um descendente de Mem de Sá e Estácio de Sá, cuja família continuava dominante no Rio (era Salvador Correia de Sá e Benevides); os limites sul desta chegavam ao cabo de Santa Maria, onde hoje está Punta del Este, reservando a Coroa para si as terras que ficassem "da boca do rio para dentro". E, o que era então mais importante, o papa, no mesmo ano, pela bula "Romanis Pontificis Pastoralis Solicitudo" estabelecera a jurisdição do bispado do Rio de Janeiro "até o rio da Prata pela costa marítima e terra adentro".

Outro velho argumento português era que a linha de Tordesilhas deveria passar nas proximidades de Buenos Aires, como se vê em vários mapas e se lê em muitos documentos. Todas as alegações lusas para se estabelecer no Prata eram controvertidas, mas, sem dúvida, naquela época, havia razões para defendê-las; não seria gratuitamente que D. Pedro II de Portugal desafiaria seu "primo e irmão" Carlos II da Espanha.

No mesmo ano da fundação, a fortaleza foi tomada. Em 1681, restituída, para se aguardar a decisão arbitral do papa, que nunca foi concluída, embora houvesse reuniões de especialistas e mapas propondo soluções. Durante a Guerra da Sucessão na Espanha, Colônia foi outra vez conquistada, em 1704. Mas por um dos Tratados de Utrecht, em 1715, voltou aos portugueses. Agora com um problema: os espanhóis interpretavam a expressão "território e Colônia", que consta do tratado, como significando o raio de um tiro de canhão de 42 polegadas. Em 1726, os portenhos se estabeleceram num ponto estratégico da margem norte do Prata: Montevidéu. O ato — como o futuro mostrou — foi fundamental para a não realização do sonho português de dar limites platinos ao Brasil.

Autoridades locais de Colônia se esforçaram muito e a matriz não poupou gastos: no seu entorno fundaram-se estâncias de gado, estabeleceram-se destacamentos militares, criaram-se núcleos populacionais. O fato, entretanto, é que Colônia nunca conseguiu ser muito mais que um entreposto comercial e uma fortaleza; nunca conseguiu estabelecer ligações seguras com o sul do Brasil. Isso estamos dizendo agora, com o conhecimento do que ocorreu no passado: nos Setecentos, tudo era dúvida; possibilidades havia para os dois lados, o futuro estava aberto...

Em 1735, rebentou outra guerra entre as potências ibéricas. O motivo parecia fútil, uma briga de empregados da embaixada lusa em Madri com policiais que transportavam um prisioneiro. Na verdade, refletia o desagrado da corte madrilena, sobretudo da rainha Isabel Farnésio — a forte personalidade do casal real —, com a situação de Colônia. De qualquer forma, o embaixador, que curiosamente se chamava Pedro Álvares Cabral, ficou ofendido e pintou o quadro com tintas escuras. O orgulhoso rei de Lisboa achou que era questão de princípio e não poderia transigir (um bom "case study" para diplomatas). Escaramuças na Europa e, de novo, cerco a Colônia no nosso continente, de impressionantes 23 meses. Com a paz negociada, retiraram-se os atacantes.

Durante a guerra, aconteceu um fato importante. Foi enviada a Colônia para tentar tomar Montevidéu uma esquadrilha lusa; não conseguiu fazê-lo, mas o "fringe benefit" da expedição foi que o chefe das tropas terrestres (havia também um comandante naval), o brigadeiro José da Silva Pais, fundou, na volta, em 1737, no sangradouro da lagoa do Patos, chamado impropriamente de "rio grande de São Pedro", a fortaleza de São Pedro, que se tornaria o núcleo de expansão do futuro estado federativo.

Estamos friamente arrolando datas e fatos, mas a realidade era bem mais viva e sofrida. Neste último cerco, para ficar numa só descrição, a cidadela foi muito danificada pelos bombardeios e sua "campanha" foi arrasada. Vejamos o que diz um estudioso das fronteiras sulinas:

> Os exércitos espanhóis, hispano-americanos e missioneiros destruíram tudo o que havia em um raio de 150 quilômetros em torno da praça-forte [...] Levaram consigo cerca de oito mil cavalos, noventa mil cabeças de gado, inclusive bois carreiros e de arado, uma centena de carros de boi, dois mil alqueires de trigo, as mós dos moinhos de vento, cinquenta escravos lavradores [...] destruíram casas, estâncias [...] e arraiais inteiros, como os de Veras, das Vacas e da Capela de Couro.[6]

Um fato interessante acontecido durante esses tempos foi a aparição de um tipo humano muito característico de nossa história, o gaúcho. Cortesão explica:

> Desde os fins do século XVII e, mais que tudo, depois da terceira fundação de Colônia, em 1716, os portugueses haviam criado no Território de Colônia, vaga expressão que abrangia as regiões que hoje se dividem entre o Uruguai e o Rio Grande do Sul, uma economia nova e um gênero de vida próprio, dos quais, pela colaboração do espanhóis de Buenos Aires, Santa Fé e Corrientes veio sair um tipo social específico, o do gaúcho, que se tornou comum aos dois estados...[7]

Só faltou a menção aos indígenas, parte importante da etnia gaúcha.

A macrorregião sulina tinha diversas "vacarias", como as do Uruguai, do Mar, dos Pinhais (onde hoje está a cidade de Vacaria)... Eram planícies cobertas de gramíneas, que logo se encheram de boa quantidade de bovinos e equinos, cuja origem é incerta. Há quem favoreça as missões jesuíticas destruídas por bandeirantes no século XVII, há os que veem

Colônia como a fonte básica do grande rebanho. Com o gado, apareceram os gaúchos — "gauchos" no Uruguai e Argentina —, todos anteriormente chamados gaudérios. Quase sempre a cavalo, de vida errante pelas amplas pastagens, sós ou em temidos grupos sujeitos à autoridade de um caudilho. Vários viajantes coloniais contam, surpreendidos, que os gaúchos matavam bois apenas para se aproveitar dos cascos e chifres, as primeiras partes que tinham valor comercial; ou só para fazer um churrasquinho individual, deixando todo o resto jogado nos campos. Sua fama não era boa entre os moradores das vilas, que os viam, nas palavras de Capistrano de Abreu, como uma "prole sinistra [...] ainda não assimilada à civilização".[8]

Desde o começo dos Setecentos havia uma ligação por terra entre Colônia e Laguna. Era uma trilha primitiva, costeira, que passava pela praia de Castilhos. Meses de viagem! Para dar uma ideia, apenas entre Castilhos e o forte de Rio Grande gastavam-se duas semanas. Um ativo comerciante de couros, e depois de gado, distinguiu-se como abridor de caminhos: Cristóvão Pereira de Abreu. Foi dos primeiros a levar boiadas inicialmente a Curitiba e, em continuação, a Sorocaba, que pouco a pouco se afirmava como o centro distribuidor de gado grosso, como se dizia, por todo o país, especialmente para Minas Gerais. Em 1732, Cristóvão "levou duas mil cavalgaduras (cavalos e mulas) até Sorocaba, dois mil quilômetros ao norte".[9] Há mapas primitivos desses caminhos desde 1703, data do "roteiro" de Domingos da Filgueira. Entre os mapas aproveitados por Alexandre para construir o seu, que seria utilizado nas negociações do Tratado de Madri, existe um muito interessante do bandeirante Simão Bueno, de 1747, com o caminho — para usar a linguagem do mapa — da "Laguna de los Patos a San Pablo" e sua continuação até "las Minas Generales de Oro".

O secretário era a pessoa que mais de perto acompanhava estes assuntos no reino. Sempre pedia informações e mapas a quem fosse ao Brasil. Isso desde o começo de suas funções governamentais. Vamos ilustrar, reproduzindo trecho de carta a um graduado funcionário enviado em missão às minas, em 1743:

O SECRETÁRIO E O BRASIL

Recomendo, pois, a Vossa Mercê que nas viagens por terra e por água; pelas nossas povoações e pelas dos índios [...] queira ter o trabalho de escrever e riscar tudo quanto vir, e ainda escrever o mais que souber por pessoas fidedignas [...] o ponto fixo nos terrenos, lagos, rios e fontes...[10]

Três anos depois, em 1746, continuava a se informar sobre as ocupações portuguesas, como se vê nesta missiva do governador do Maranhão ao cardeal da Mota:

[Alexandre de Gusmão] me pediu com instância notícias exatas do Rio da Madeira e das Minas de Mato Grosso situadas em meio dumas vertentes que desaguam no mesmo rio [...] fiz as diligências possíveis por conseguir sobre essa matéria as notícias mais próximas da verdade, e ordenei ao Secretário deste governo que as reduzisse em um mapa que faço presente a Vossa Eminência...[11]

Alexandre dedicou-se bastante a outro assunto importante para a segurança das fronteiras sulinas. As cabeças mais lúcidas que estavam no Brasil, como Gomes Freire de Andrade e José da Silva Pais, logo perceberam que não bastavam algumas centenas de soldados para garantir a posse da nova província do Rio Grande de São Pedro. Era necessário povoá-la com colonos. Ora, os Açores tinham uma população que excedia a capacidade de produção de alimentos das ilhas; nada mais lógico do que promover uma emigração, focada no sul do Brasil. A colonização por açorianos, depois de inícios esporádicos e tentativos, tornou-se um projeto complexo e articulado: enviar a Santa Catarina e ao Rio Grande do Sul 4 mil casais, que teriam ao chegar condições de produção (ferramentas, gado, alimentos) e apoio habitacional. Talvez a metade desse número tenha aportado no Brasil, o que já é muito para a época. Há diversos documentos da lavra de Gusmão pormenorizando o plano e acompanhando a execução no terreno.

Foi a primeira emigração organizada da nossa história, e, para provar sua envergadura, basta ver agora, duzentos e cinquenta anos depois, sobretudo em municípios próximos da ilha de Santa Catarina, a persistente influência açoriana na fala das populações, em seus hábitos, festas e habitações. Lembre-se também que não é à toa que o primeiro nome de Porto Alegre foi Porto dos Casais.

A *"dissertation"* de Alexandre

O santista começou a trabalhar com o rei em 1730. Dois anos depois, a Academia de História, recém-fundada por D. João V, incumbiu-o de escrever em latim a história da expansão marítima de Portugal, especialmente a difusão do catolicismo nas conquistas lusas: "Lusitania Sacra Ultramarina". A tarefa hercúlea não foi realizada, mas só o fato de ter sido a ele atribuída já demonstra que era tido como um conhecedor do assunto. Não há documentos que provem sua "expertise" do outro lado do mundo, nas "Índias", como se dizia, mas, em temas brasileiros, ninguém o superava, já muito antes de ser membro do Conselho Ultramarino, o que se deu em 1743. As tarefas junto ao rei não eram, entretanto, concentradas exclusivamente no Brasil e em assuntos ligados à Igreja; ele participava das decisões de política externa, em geral.

Para ver como eram variadas suas funções, vamos dar dois exemplos. Primeiro: ele era o encarregado dos contatos com os agentes secretos (espiões é uma palavra forte...) da Corte no estrangeiro; aprendeu a decifrar os códigos de várias nações, e se tornou um notável especialista, tendo sido o autor do dicionário de cifras de Portugal. Segundo exemplo: num momento de dificuldades com a Inglaterra, elaborou um documento, a "grande instrução", que foi enviado às embaixadas portuguesas como orientação geral. Discutia os prós e os contras da dependência lusa com relação àquela potência, já a primeira dos mares, e se perguntava se uma aliança franco-lusa não faria bem à economia e aprumaria mais as relações políticas com a Espanha.

Ocupava-se, pois, de vários temas; mas aquele em que não tinha concorrentes era o conflito de soberania luso-castelhana no rio da Prata. A crise desencadeada em 1735, como vimos, resolveu-se dois anos depois, através da mediação da Inglaterra, França e Holanda. Durante o conflito, para defender as posições portuguesas, Alexandre redigiu um documento que bem mostra seus conhecimentos sobre o que ocorria nas fronteiras da expansão brasileira: as novas lavras do Centro-Oeste, a penetração de colonos e missionários na Amazônia e — o ponto nevrálgico das relações luso-hispânicas — o território de Colônia do Sacramento.

O SECRETÁRIO E O BRASIL

O texto, publicado em 1736, é um verdadeiro "trailer" do acordo de 1750, no sentido de que adianta muitos pontos aí consagrados. Foi descoberto nos arquivos da Torre do Tombo e divulgado por Jaime Cortesão. Dele trataremos aqui, tanto por sua própria importância quanto para mostrar que, catorze anos antes do Tratado de Madri, Gusmão já tinha ideias precisas dos objetivos lusos na América. O documento foi redigido em francês, pois visava divulgar os argumentos de Portugal junto às potências europeias, especialmente as mediadoras. Seu nome é longo, como era habitual então: "Dissertation qui détermine tant géographiquement que par les traités faits entre la Couronne de Portugal et celle d'Espagne quels sont les limites de leurs dominations en Amérique, cette a dire, du côté de la Rivière de la Plate" [Dissertação que determina, tanto pela geografia quanto pelos tratados firmados entre as Coroas de Portugal e da Espanha, quais são os limites entre seus domínios na América, especialmente na região do rio da Prata].

Pelo título já se vê que, como em tantos outros documentos, o que está no centro da divergência é o sul. A *dissertation* tem seu interesse aumentado por ser autógrafa de Gusmão e ter modificações e correções feitas por outra pessoa, identificada como sendo D. Luís da Cunha, o que confirma a influência que o embaixador manteve, por décadas, nas decisões mais importantes da política exterior de Portugal. Começa lá atrás no tempo, em Tordesilhas, e revela que Alexandre bem sabia que a linha divisória não dividia o mundo em duas partes, como ainda hoje muitos dizem; só dividia o "mar oceano" (o Atlântico), porque o "mar del sur" (o Pacífico) ainda era desconhecido. Só mais tarde, em 1529, pelo Tratado de Saragoça, é que as potências ibéricas resolveram prolongar a linha das 370 léguas do outro lado do globo (onde estão as Filipinas e as Molucas).

Leiamos diretamente:

> Como não se estava ainda seguro de que a Terra fosse redonda quando se fez este tratado [Tordesilhas], não se regulou expressamente a divisão do lado oposto ao do meridiano estabelecido. Mas alguns anos depois, tendo os aventureiros das duas partes se espalhado aqui e ali, e a viagem de Magalhães feito conhecer os antípodas, foi necessário cuidar também da divisão da outra face da Terra. Sem contestação, ficamos de acordo que a divisão desse

lado deveria ser regulada pelo semicírculo do meridiano oposto àquele que o Tratado de Tordesilhas havia estabelecido em nosso hemisfério; de sorte que o meridiano inteiro faria a volta da Terra, dividindo-a em duas porções iguais de 180 graus cada uma; as descobertas na metade oriental seriam dos portugueses e aquelas na outra metade, que chamamos por essa razão Índias Ocidentais, seriam espanholas.[12]

Alexandre explica que em Saragoça foi traçado no mapa-múndi o antimeridiano de Tordesilhas e que este ficava a leste das ilhas Filipinas, desta forma incluídas na parte portuguesa. Portugal fez uma pesada contribuição monetária (350 mil ducados) para se chegar ao acordo; não respeitado, aliás, pela Espanha: "No ano de 1564, os castelhanos, por uma violação manifesta deste tratado, começaram a se estabelecer nas ilhas Filipinas."[13] É o argumento "oriental" que se começa a introduzir no debate. Não era bom para os lusos ficar discutindo apenas a linha na América; era preciso falar das ocupações espanholas no outro lado do mundo. As compensações entre as potências deveriam ser globais, argumentava o secretário.

O hemisfério (180º) podia variar de posição, um pouco para cá, um pouco para lá, pois era difícil marcar as longitudes na costa e quase impossível fazê-lo no interior do continente. De qualquer maneira, era indispensável que houvesse acordo prévio sobre ilha de origem, o tamanho exato da légua e o respeito aos tratados vigentes (por exemplo, os de Saragoça e de Utrecht). Como o cobertor era um só, ironizava Gusmão, puxando-se para um lado, descobrir-se-ia o outro. A Espanha precisava resolver: "ou as Filipinas ou toda a província do Paraguai";[14] duas posses, não.

O texto é longo, de 38 páginas na sua versão original (foi depois reduzido a dezoito). Nele Gusmão já adianta a ideia central de que seria necessário que se abandonasse Tordesilhas e se fizessem algumas transações mutuamente benéficas. Era a possibilidade de trocar Colônia por alguma área que melhorasse a configuração dos limites brasileiros (que só poderia ser no sul, pensava) que fazia sua aparição. Alexandre sabia como era valiosa para a Espanha a posse de Colônia e que seu preço, portanto, não poderia ser uns terreninhos perdidos sabe-se lá onde naqueles vastos sertões.

O SECRETÁRIO E O BRASIL

Sobre a questão central da contenda, o tamanho do território de Colônia, a dissertação é muito convincente ao provar, com base em acordos anteriores entre as duas nações e considerando o contexto do Tratado de Utrecht, que é descabida a tese espanhola do tiro de canhão, e que — seja-nos permitido um violento anacronismo — Colônia é o Uruguai. Citemos o trecho pertinente da argumentação:

> A interpretação dos espanhóis só poderia ter algum valor caso a questão do tiro de canhão tivesse sido aventada no passado. Se algum tratado, convenção ou acordo fala disso, é só os espanhóis o mostrarem. Mas já que é fato que em nenhum dos documentos que tenham relação com esta disputa, até o Tratado de Utrecht, há uma só palavra sobre o alcance do canhão, e que ao contrário se encontram uma infinidade de passagens que provam, sem dúvida alguma, que o que o rei da Espanha entendia ceder pelos artigos 5 e 6 do Tratado de Utrecht era o "território" que tinha sido questão em 1681 [a área entre os meridianos do rio Uruguai e do oceano Atlântico], é preciso necessariamente concluir que o erro da Corte de Madri é manifesto. [15]

Quando o Tratado de Madri começou a ser negociado, em fins de 1746, estes argumentos voltaram, mais desenvolvidos, e comprovados por observações astronômicas. Não foi à toa que as autoridades portuguesas se interessaram tanto por informações de administradores locais e de sertanistas, por pesquisas científicas no terreno, como a dos "padres matemáticos", e por tudo que estivesse na vanguarda da ciência cartográfica, como os mapas dos geógrafos franceses Guillaume Delisle (como já vimos) e Bourguignon d'Anville (como veremos). Numa palavra, Portugal fez a lição de casa; a Espanha bem menos. A diferença de conhecimentos teóricos e práticos pesou nas futuras negociações, e Alexandre de Gusmão esteve na proa da caravela lusa em todas as batalhas. Aqui queremos assinalar que as ideias do Tratado de Madri começaram a se precisar dez anos antes do início das negociações.

8.

A ilha Brasil e o rio do ouro: crítica dos mitos

Os mapas antigos, o território tupi e a ilha Brasil

Entramos agora num dos temas prediletos de Jaime Cortesão, e daqueles que provocam mais controvérsias, o mito da ilha Brasil. Estimulado por este, o território da América portuguesa se teria ampliado sertão adentro, rumo a seus limites fluviais — os braços dos dois grandes rios continentais, que têm origem comum numa lagoa no centro do continente. Foram cartógrafos que forjaram o mito expansionista, que possuiria também uma anterior e imprecisa base tupi. Alexandre de Gusmão, ao conceber um grande tratado de limites continental — fundado na ocupação e com fronteiras naturais —, seria o estadista que transformou o mito em realidade. Vamos por partes, antes de discutir o todo.

Não há fronteiras naturais, dizem muitos, hoje, lembrando que as divisas entre os países são na verdade as linhas que indicam até onde a soberania de cada um conseguiu chegar. É o que se chama fronteiras históricas. Caio Prado Jr., pensando no sul do Brasil, já explicava na década de 1940: "As fronteiras luso-espanholas na América [...] resultarão do entrechoque das forças contrárias [...] fixando-se afinal, depois de muitas oscilações, numa linha que representa o justo equilíbrio entre os esforços colonizadores de ambas as potências."[1] Uma causa adicional da repulsa à ideia de fronteira natural é sua ligação com as políticas da Alemanha nazista de ocupar o seu espaço vital ("Lebensraum"), como se tal houvesse. Tudo perfeitamente compreensível. O que não impede, entretanto, de se constatar que os países — e antes os grupos, as tribos, as etnias — sempre aspiraram a ter uma separação física com seus vizinhos.

Tordesilhas é o terceiro limite geodésico de alcance mundial (todos entre as nações peninsulares: o Tratado de Alcáçovas, de 1479, que traçou uma linha leste-oeste ao sul das Canárias, e a "bula da partição", de 1493, a linha norte-sul, a 100 léguas das ilhas do Cabo Verde e dos Açores, foram os primeiros). Era de uma época em que se aprendera a marcar latitudes, mas não, com exatidão e praticidade, as longitudes. E eram estas que precisavam ser marcadas, tarefa difícil nas costas norte e leste e impossível no interior profundo da América do Sul. Daí a ideia de substituir a linha imaginária por rios e montanhas para a divisão entre as colônias ibéricas. O que foi conseguido, depois de 250 anos de penetrações e ocupações portuguesas, com o Tratado de Madri.

Não há aí a expressão "fronteiras naturais", mas o que se diz é ainda mais claro e concreto: "os limites dos dois Domínios [serão fixados] tomando por balizas as paragens mais conhecidas, para que em nenhum tempo se confundam nem deem ocasião a disputas, como são a origem e o curso dos rios e os montes mais notáveis." Que são estes rios e montes senão fronteiras naturais? Claro que são também históricas, no sentido de que os luso-brasileiros as obtiveram em negociações políticas, que refletiam o poder relativo de cada parte; e que não são, pois, predeterminadas pela natureza. Por exemplo: os lusos não conseguiram o desejado limite do Prata, mas se asseguraram da linha fluvial Quaraí-Jaguarão, ligada pela coxilha de Santana. A verdade é que, por causa do Tratado de Madri, o Brasil tem fronteiras basicamente naturais (só em poucos trechos, para ligar dois rios, há linhas geodésicas; a mais extensa era a reta Madeira-Javari).

O território vagamente ocupado pelos tupis-guaranis seria aquele que os portugueses passaram a achar que deveria ser o de sua colônia americana? Não é correto responder-se que sim, pela imprecisão da área considerada e a variedade de tribos e culturas indígenas. Mas é fato que, às vésperas do Tratado de Madri, a ocupação portuguesa era uma mancha que, grosso modo, coincidia com o "país" dos tupis-guaranis. Inclusive na Amazônia, onde os cambebas (também chamados omáguas), predominantes no rio Solimões, falavam dialetos da mesma família linguística. A essa ocupação natural, sem grandes conflitos, os diplomatas do século XIX deram um nome latino, *uti possidetis*. "Et pour cause"... eram quase todos de Coimbra e mais tarde das faculdades de direito de Recife ou São Paulo. A expressão vem do direito romano — *uti possidetis, ita possideatis* (como possuis, assim possuas) —, e era um interdito do juiz para que quem tivesse a posse de um objeto ficasse com ele até a decisão judicial final.

No nosso continente, a ideia de posse como base para a soberania foi introduzida por Alexandre de Gusmão, nas negociações de Madri (em tempos anteriores, outros, D. Luís da Cunha, por exemplo, tinham vagamente pensado nisso). O princípio havia passado do direito privado para o público — o Tratado de Breda, entre a Inglaterra e a Holanda, em 1667, teria sido o primeiro da espécie — e não dependia mais de uma decisão posterior. E passou a ser, digamos, elástico: na Amazônia, região imensa, uns 4 milhões de quilômetros quadrados, mas pouco discutida nas negociações, o Mapa das Cortes mostra que a ocupação era basicamente de missões portuguesas, o que autorizaria a se falar de um *uti possidetis* religioso.

Os historiadores brasileiros, em geral, não aceitam a possibilidade, aventada pelo professor do Rio Branco, de ter havido um território tupi-guarani limitado por rios a inspirar a penetração dos sertões. Mesmo entre seus compatriotas, que, sem exceção, admiram sua extensa obra e sua atraente personalidade — vários intelectuais, além de políticos como Mário Soares, insistiram para que ele fosse candidato a presidente da República, depois da Revolução dos Cravos —, poucos o acompanham na crença do mito expansionista. Citemos um importante acadêmico, Vitorino Magalhães Godinho, que elogia a invulgar capacidade de Jaime Cortesão de "pensar a história a partir de um olhar profundamente geográfico", mas faz restrições: "sucede-lhe [por vezes] não ter razão [...] ceder inconscientemente à exaltação patriótica ou ao arroubo místico."[2] Não nos esqueçamos de que Cortesão começou nas letras como poeta e era um contemporâneo do Fernando Pessoa de *Mensagem*, livro carregado de brumas e mitos. Mesmo não aceitando exatamente sua elaboração mitológica, algo existia. Não era à toa que velhos manuais elementares de História do Brasil chamavam, ainda com menos bases documentais, Pindorama, terra das palmeiras, a esse proto-Brasil, o grande território habitado pelos tupis-guaranis.

É sobretudo nos mapas antigos que Jaime Cortesão vê com nitidez o propósito luso de ocupar um território maior do que aquele atribuído pela linha das 370 léguas. O livro que trata especificamente do tema é *História do Brasil nos velhos mapas*, publicado em 1957, ano de sua volta a Portugal. Teve a participação de Isa Adonias, geógrafa que foi uma de suas primeiras alunas, tendo sido, depois, por quarenta anos, chefe da Mapoteca do Itamaraty.

O primeiro mapa que mostra o Brasil como uma unidade fisicamente identificada é datado de 1519, ainda durante o reinado de D. Manuel. Sua autoria é atribuída a Lopo Homem e ele integra uma coleção de cartas geográficas conhecida como "Atlas Miller", que está na Biblioteca Nacional de Paris. A parte portuguesa da América do Sul é vista como um território ocupado por um único grupo indígena e limitado por um grande rio do norte e outro do sul. O cartógrafo reivindica para a soberania portuguesa — com o escudo de Portugal colocado em cima — toda a área a leste dos dois rios. Além de ricamente decorado, com índios cortando pau-brasil no meio de animais e pássaros americanos, o mapa mostra dois fatos interessantes: seu nome é "Terra Brasilis", o que significa que o nome oficial do país, Terra de Santa Cruz, já tinha pelo menos a concorrência do nome popular, Brasil; e o Tratado de Tordesilhas, aliás, nem assinalado nele, já era desrespeitado desde os primeiros anos da colonização.

No mapa de Bartolomeu Velho, de 1561, vemos o Prata e o Pará — na posição aproximada do Tocantins — ligando-se na lagoa Eupana sobre a qual passa a linha de Tordesilhas, que corta o delta do Amazonas e deixa a foz do Prata inteiramente dentro da área portuguesa. A ilha Brasil é muito nítida. Semelhantes ilhas aparecem em muitos outros mapas lusos dos séculos XVI e XVII, como nos de Luís Teixeira (1600) e João Teixeira Albernaz (1640) (Ver Mapa 2 no encarte). As quatro cartas citadas estão publicadas em *Mapas históricos brasileiros*, da Abril Cultural.

Para finalizar nossos comentários sobre as fronteiras fluviais do Brasil, mencionemos uma curiosidade: um navegador português a serviço da França, Jean Alphonse (João Afonso), escreve, em 1544, um relatório onde menciona que os dois grandes rios continentais, o Maranhão e o Prata, "font

A ILHA BRASIL E O RIO DO OURO   119

de tout le Brésil une île".[3] É a primeira menção existente sobre a ilha Brasil, cem anos antes do jesuíta Simão de Vasconcelos, e duzentos anos antes do geógrafo Batalha Reis. Como o piloto diz também coisas inverossímeis — por exemplo, que há folhas que viram peixes quando caem na água —, acompanhamos Sérgio Buarque de Holanda em não dar tanto valor aos relatos do "francês", como era sua alcunha.

Há dezenas de mapas de várias nacionalidades que mostram com maior ou menor clareza uma ilha Brasil na América do Sul. A origem de todos é portuguesa, e por isso muitos deles reproduzem o deslocamento do sul do continente para leste, de modo a incluir o Prata no lado luso da divisão de Tordesilhas (o que é provavelmente uma fraude). A posição da linha divisória mais a leste ou mais a oeste no continente americano teve consequências quando os dois países ibéricos chegaram ao outro lado do mundo, o das ilhas Molucas, muito ricas em especiarias. Vejamos.

A viagem precursora pelo Pacífico foi feita em 1519 por um português que desertou para a Espanha, Fernão de Magalhães. Foi ele, aliás, quem deu este nome ao oceano, chamado por Balboa "mar del Sur", o mais amplo do mundo, metade de toda a superfície aquática, que por sua vez cobre 70% da Terra. A proeza, completada por Juan Sebastián Elcano após a morte de Magalhães — a primeira circum-navegação do globo — é considerada a maior da história, do ponto de vista náutico. Outro português foragido, o piloto Diogo Ribeiro, foi o geógrafo oficial da grande viagem (fez mapas, mas não viajou), terminada três anos depois da partida de Sanlúcar de Barrameda, quando a nau *Victória* aportou em Sevilha, com apenas dezoito sobreviventes dos 237 homens que haviam inicialmente embarcado.

Portugal e Espanha disputaram a posse das "ilhas das especiarias" — as Molucas, hoje ilhas da Indonésia, em especial — durante uma década, até que os duplos cunhados, Carlos V e D. João III (um casado com a irmã do outro), chegaram ao acordo de Saragoça, em 1529. Nele se estabelecia que o antimeridiano de Tordesilhas vigeria na outra metade do mundo e numa posição em que as ricas ilhas (e também as Filipinas) ficariam na metade portuguesa. Mas a concessão espanhola não foi gratuita: Portugal teve que pagar uma pesada soma. O mapa central dessas negociações, o de Diogo Ribeiro, é considerado pelo especialista Jerry Brotton um dos doze mapas fundamentais da história da cartografia, por ser o primeiro mapa-múndi do período globalizado. Claro que, deslocando-se para leste o antimeridiano de Tordesilhas no Pacífico, o meridiano se deslocaria igualmente para leste no Atlântico, e vice-versa. O fato é que na versão final desse mapa, a de 1629, na América do Sul, o Brasil aparece compreendendo toda a área limitada pelas duas grandes bacias fluviais do continente (o que dava mais terras à Espanha, lá pelos lados das Molucas e Filipinas).

Pode-se ver, também, uma ilha Brasil nos mapas dos grandes geógrafos dos países que superariam Portugal na ciência cartográfica, de que este fora líder, no período das Grandes Navegações. Para fixar duas datas, de 1474, quando o futuro D. João II foi posto à testa da expansão marítima e ficou nítido o plano de se chegar às Índias, a 1557, quando a ocupação de Macau, na China, estabeleceu o limite de *The Portuguese Seaborne Empire*, para lembrar outro clássico de Charles Boxer. Os mapas-múndi que, por sua importância, devem ser lembrados são o do francês Sanson d'Abbeville (1650) e os dos holandeses Jodocus Hondius (1608) e Joan Blaeu (1662). Este é bem claro na apresentação da ilha Brasil em seu conhecido "Totus Terrarum Orbis Tabula". De excepcional beleza gráfica, ele mostra não ter sido sem motivo que seu *Atlas maior*, com 594 mapas lindamente coloridos à mão, fosse o livro mais caro da época, custando uns 30 mil dólares de hoje, segundo os cálculos de um entendido.

Os que acham que o historiador português exagera ao ver ilhas Brasil em tantos mapas da América do Sul dizem, com razão, que há muitos outros sem ilha. O que não exclui a existência de mapas que, mais ou menos nitidamente, mostram uma ilha Brasil.

A Amazônia e o rio do ouro

A primeira viagem pelo Amazonas foi realizada por Francisco de Orellana, companheiro de Francisco Pizarro na conquista do Peru. Em 1540, ele desceu o rio, desde Quito, em dois barcos com 57 pessoas, um grande feito náutico, que provou, o que não se sabia bem ainda, que o Brasil era a continuação do Peru. Mas a região permaneceu praticamente abandonada por décadas; só pequenos grupos de "estrangeiros" (do ponto de vista português) ocuparam certos pontos do complexo delta amazônico, com suas dezenas de ilhas, ao lado da grande ilha de Joanes (hoje, Marajó).

Em 1616, chefiados por Francisco Caldeira Castelo Branco, os lusos fundaram, num ponto protegido da foz, o Forte do Presépio, origem da povoação de Nossa Senhora de Belém. Acabavam de destruir o sonho francês de criar uma "France Équinoxiale" a partir do núcleo de São Luís, estabelecido por Daniel de la Touche, quatro anos antes, na ilha do Maranhão. O futuro mostraria como foi importante para a ocupação portuguesa da Amazônia essa tomada de pé na entrada do grande rio.

As três primeiras décadas de Belém foram cheias de lutas. Só por volta de 1645, foram expulsos das proximidades ingleses, franceses e holandeses. Como os franceses haviam fundado Caiena, em 1634, estava bloqueada a expansão lusa pela costa norte; mas nada mais impedia a canoagem pelas grandes estradas fluviais da região. Para facilitar o contato burocrático com Portugal — o físico já era comum, pois que, por uma questão de correntes marítimas e ventos fixos, era mais fácil a navegação com Lisboa do que com Salvador — foi criado, em 1622, o "estado do Maranhão", que durou até 1774. Inicialmente a capital era São Luís, mas, depois, em 1737, passou a ser Belém, com o nome do estado ampliado para "Grão-Pará e Maranhão".

Em 1637, deu-se a primeira viagem de subida do rio, de Cametá a Quito. Assunto oficial, não "entrada" (como se chamavam na Amazônia as incursões fluviais) de particulares, pois a decisão foi do governador Jácome Raimundo de Noronha. O comandante foi um veterano da ocupação amazônica, Pedro Teixeira, e a frota que chefiava era enorme para a época, aliás para qualquer época: 47 canoas, setenta soldados, alguns religiosos e 1.200 indígenas. O guia escolhido foi um leigo franciscano espanhol, frei Domingos de Brieva, que, para surpresa de todos, havia chegado a Belém, dois anos antes, em uma só canoa, vindo da província de Quito (na companhia de um colega da ordem, seis soldados e alguns índios remadores). Razões para a grande entrada fluvial não faltavam: a possibilidade de comércio com os espanhóis do vice-reino do Peru e o acesso a uma região rica em prata são as mais evidentes.

Há autores que, pensando na proximidade da data da separação das Coroas, 1640, e no fato de já haver então um movimento independentista em Portugal, dão à grande "entrada" de Pedro Teixeira o objetivo adicional de assegurar a conquista de terras na Amazônia, antes da separação. Os lusos já estavam de posse da região da foz, e a capitania do Cabo Norte, criada em 1737 — durante a União Ibérica, frise-se — oficializava a conquista; agora tratava-se de esticar a linha de limites até um ponto bem longe, rio acima.

Na navegação de retorno de Quito, ainda cumprindo ordens do governador, Teixeira fundou a povoação de Franciscana, para marcar o limite entre as duas coroas. Não há hoje traços físicos do povoado, e sua localização é um tema discutido na nossa história. Quase todos aceitavam a opinião do historiador regional e também governador Bernardo Berredo, dada em 1749, exatamente cem anos depois da fundação de Franciscana. Em seus *Anais do estado do Maranhão*, ele transcreveu um documento (que estaria — hoje não mais — no arquivo de Belém), o "Auto de Franciscana", sobre a fundação, realizada "defronte das bocainas do rio do ouro". Berredo identifica o "rio do ouro" com o Aguarico, afluente do Napo, onde, aliás, esteve aportada a frota, quando, na companhia de poucos integrantes, o comandante subiu o rio Payomino para ir a Quito.

Precedendo a autores do século XIX, adotava esta opinião — é o que interessa particularmente aqui — Alexandre de Gusmão. Um só exemplo. Em carta ao embaixador português em Madri (aliás, de 1749, o mesmo ano da publicação do livro de Berredo), o secretário o instrui sobre como rebater um argumento da parte espanhola, segundo o qual Portugal estaria reivindicando excessivamente na Amazônia: "Antes deveriam refletir [os espanhóis] sobre a moderação com que não intentamos mais conservar o que tínhamos ocupado, quando poderíamos argumentar com o instrumento que está na Câmara do Pará, da posse que Pedro Teixeira tomou por esta Coroa até o rio Napo."[4]

Seguindo historiadores mais recentes, como o brasileiro Max Justo Guedes e o português André Ferrand de Almeida, aceitamos a nova opinião de que Franciscana foi fundada bem mais a leste, nas proximidades do rio Japurá (onde havia também um rio do ouro). Foi Jaime Cortesão quem, em comunicação de 1949 ao Congresso de História Nacional, organizado pelo

IHGB, divulgou os documentos do Arquivo Histórico Colonial de Lisboa que lastreiam esta nova posição. Ele encontrou uma nova versão do "Auto de Franciscana", idêntica à de Berredo, com uma só diferença, mas de monta: a fundação se deu nos "Evajaris, defronte das bocainas do rio do ouro". Evajaris (ou ejavaris) seria uma tribo da região do Japurá, segundo estes abalizados historiadores. A pesquisadora do Itamaraty Maria do Carmo Strozzi Coutinho, lembrando que era comum ligar nomes de tribos aos de rios — por exemplo, "tapajoses", "tocantines" —, levantou recentemente a hipótese de que os ejavaris estariam na região do rio Javari, onde a fronteira na verdade acabou se fixando. Quem sabe...

O fato a ser guardado é que houve, por séculos, a ideia de um rio do ouro no alto Amazonas: na bacia do Japurá ou do Javari ou, águas acima, na do Napo. Para quem gosta de mitos, temos mais este, adicional ao da ilha Brasil, o "do rio do ouro", que contribuiu para levar os luso-brasileiros, subindo o grande rio e seus afluentes, às profundezas da selva amazônica. Afinal, não era por ali mesmo a área do mito espanhol, este, sim, mais difundido e mais persistente — embora também itinerante — do "El Dorado"?

Havia, já sabemos, uma ilha Brasil em muitos mapas da América do Sul; mas o que queremos apontar aqui é que a tal ilha nunca incluía a Amazônia. Esta era frequentemente separada, tanto do Brasil como do Peru, por cores e nomes diferentes ("Pays des Amazones", Guiana, lago Parima...). No "Mapa das Cortes", a Amazônia tem a mesma cor do resto do Brasil, a amarela, e o que a distingue é que se indica estar sob controle de ordens religiosas portuguesas, jesuítas no rio Madeira, carmelitas no Negro e no Solimões. Para não deixar dúvidas, os nomes destes rios são acompanhados pelos nomes das ordens, e em letras maiúsculas (ex.: "MISSÕES DOS CARMELITAS PORTUGUESES"), o que só ocorre nestes casos em todo o mapa. As missões individuais são indicadas por pontos vermelhos com cruzes, algumas com seus nomes, tais como São Paulo e São Pedro, as mais próximas da divisa (onde hoje está Tabatinga, na margem esquerda do Solimões; não na direita, onde estavam as duas missões).

Em seu conjunto, o Solimões, o Negro e suas missões — a Amazônia profunda — são contornados pela linha de limites traçada no mapa em cor vermelha. Parece que os espanhóis respeitavam esse *uti possidetis* religioso.

Talvez não considerassem que estavam cedendo terras a Portugal, mas sim a missionários lusos. Terras, aliás, que nem eram propriamente suas, mas de jesuítas espanhóis.

A visão crítica

Mito é uma história que se conta, mas não se prova. O da ilha Brasil é uma criação de Jaime Cortesão, que durante uma década lecionou no recém--fundado Instituto Rio Branco. Ele achava que a ideia de um território maior que o de Tordesilhas e com fronteiras fluviais havia de certa forma orientado a ocupação do espaço brasileiro. E desenvolveu o tema, que teve, entretanto, precursores. Em Portugal, o diplomata e geógrafo Jaime Batalha Reis — membro da conhecida "geração dos setenta", a do realismo literário, que tem em Eça de Queirós seu nome mais emblemático —, em estudo de 1871, "A organização geográfica da América do Sul e do Brasil", fala de uma "ilha brasileira", limitada a oeste pelo arco fluvial contínuo formado pelos rios Paraná-Paraguai-Madeira-Amazonas. Em outro texto, dois anos depois, divulga uma triangular ilha brasileira, inserida no triângulo maior da América do Sul. (Ver Mapa 3 no encarte.)

No Brasil, o general Francisco Jaguaribe de Matos, que como jovem oficial fora geógrafo da Comissão Rondon, pelo menos desde 1934 menciona a ideia de que os dois grandes rios continentais parecem contornar o território brasileiro "como um verdadeiro sistema de bacias conectadas", em trabalho apresentado no Congresso Internacional de História das Ciências, realizado em Portugal. Em separata do *Boletim geográfico 1945/1946*, o geógrafo alemão B. Brandt igualmente destaca os limites físicos do território brasileiro: "A linha divisória é [...] considerada, como um todo, razoavelmente natural, em correspondência com a configuração da superfície [...] Pode-se, sem grande inexatidão, dizer-se que ela se aproxima da divisória continental de circulação fluvial."[5]

No estudo das bandeiras paulistas, é o enfoque de Cortesão o que mais privilegia a ação orientadora da Coroa. O caso em que ele mais se detém é o da chamada bandeira dos limites (1648-51), em que Raposo Tavares, saindo de São Paulo, e depois de se demorar na zona do Pantanal, onde está a união das grandes bacias hidrográficas continentais, pelos rios Madeira e Amazonas, chega a Belém. O historiador pensa que a bandeira, além de seus objetivos econômicos, tinha a missão de identificar os interesses territoriais de Portugal naqueles confins do Brasil. Há outros exemplos de bandeirantes que alegam, devido à oposição espanhola, estar em terras portuguesas. É o caso do ituano Pedro Leme da Silva (1632-1717), por seu defeito físico conhecido até em documentos oficiais pelo apelido de "el tuerto": intimado a abandonar "o sertão da Vacaria", uma área que hoje estaria situada em Mato Grosso do Sul, ele se recusa, "porque aquelas campanhas eram e sempre haviam sido d'el-rei de Portugal, seu senhor, e pelos paulistas seguidas e trilhadas todos os anos a conquistar bárbaros gentios".[6]

Não chega o professor português ao exagero de supor que a razão geopolítica seja a causa da maioria das bandeiras; afirma apenas que, em algumas delas, vê-se claramente a "mens política" da Coroa a dirigir o rude braço bandeirante. É sempre interessante o que diz, mas não traz documentos comprovativos na bandeira que mais estuda, a "dos limites". Seria estranho, ademais, que tantos historiadores das bandeiras, Afonso Taunay, para citar o mais completo, Alcântara Machado, o mais interpretativo, John Manuel Monteiro, o mais recente, nada tivessem falado sobre alguma orientação territorial do governo metropolitano, se ela realmente tivesse existido.

Monteiro foi um pesquisador norte-americano que lecionou na Unicamp e merece menção especial, por trazer uma nova visão do bandeirismo, em *Negros da terra*, que não dá nenhuma dimensão política — e muito menos heroica — às proezas bandeirantes. Ele frisa, ademais, que os sertanistas queriam escravizar índios para trabalhar nas fazendas de trigo dos "potentados em arcos" que se espalhavam por bairros e vilas em torno de São Paulo e Parnaíba; a venda para outras regiões seria, pois, muito menor do que se pensava. De um modo geral sua visão terra a terra é um contraponto à visão idealizada do bandeirismo, como, por exemplo, a de Alfredo Ellis Jr., em *Raça de gigantes*. Ambas precisam ser consideradas para se ter uma ideia equilibrada do movimento. Nem só grandezas, nem só misérias...

Sérgio Buarque de Holanda, amigo e admirador de Cortesão, julga normal que a Coroa lusa procurasse defender seus interesses territoriais contra os da Espanha, mas não o acompanha na ideia de que tenha havido um mito orientador. Citemos dois parágrafos de seu *Tentativas de mitologia*. No primeiro, dá sua visão do mito:

A teoria que explicaria para Cortesão a expansão luso-brasileira no continente sul-americano [...] resume-se numa ideia nova e arrojada [...] os portugueses, aspirando desde o começo da colonização, e antes dela, a ampliar seus domínios neste continente, se apoiaram inicialmente numa espécie de "mito" forjado por parte de navegadores e cartógrafos. E evoluíram, aos poucos, com o socorro às vezes deliberado dos bandeirantes e da diplomacia lusa, até à visão clara e fecunda de Alexandre de Gusmão.[7]

No outro parágrafo, apresenta suas restrições:

Que aos bandeirantes sobrou constantemente um acentuado patriotismo português e antiespanhol parece acima de discussão. Mas que sua atividade se inserisse em uma espécie de programa deliberado explicável por razões geopolíticas (quando em realidade eles contrariaram muitas vezes nessa expansão a vontade e os interesses da Metrópole) é o que não se pode aceitar sem hesitação.[8]

Não faltam, pois, opiniões críticas sobre o mito da ilha Brasil, e de estudiosos que nem por isso deixam de reconhecer os grandes trabalhos do historiador português. Mito é sempre algo nebuloso, mas vamos tentar entrever as bases deste com um mínimo de clareza. O esforço tem sua razão de ser, porque a obra magna de Alexandre de Gusmão — que o valoriza tanto na nossa história — é o Tratado de Madri, que deu ao Brasil o território insular bem retratado no Mapa das Cortes. Não seria o tratado, de certa maneira, a transformação do mito em realidade? Revisitemos, pois, o assunto, agora de forma tópica, e com o pedido de desculpas ao leitor por alguma repetição.

1) Os bandeirantes de São Paulo, já por volta de 1630, ultrapassavam em suas incursões escravocratas pelo Guairá os limites de Tordesilhas. Havia, entretanto, justificadas dúvidas sobre o exato local por onde passaria a linha divisória.

2) Nas primeiras décadas dos Setecentos, com as descobertas auríferas de Cuiabá e do Guaporé, já era bem mais difícil argumentar que esses lugares estavam na parte lusa da divisão de 1494. Mapas "científicos" franceses provavam, aliás, o contrário.

3) Em 1680, foi fundada Colônia do Sacramento, no Prata, bem em frente a Buenos Aires. Era uma tentativa de levar concretamente as fronteiras do Brasil até o grande rio.

4) Na Amazônia, depois da viagem precursora de Pedro Teixeira — que chegou a Quito em 1639, e na volta fundou Franciscana no "rio do ouro" —, intensificou-se a ocupação do Amazonas e seus afluentes, especialmente por missões religiosas portuguesas.

5) Na esfera documental, há muitos mapas lusos que colocam as bocas do Amazonas e do Prata na sua parte de Tordesilhas; ambos os rios nascem na mesma lagoa, no centro do continente.

6) Há também textos jesuíticos que atribuem aos tupis-guaranis a ideia de que suas tribos vagueavam por um território cercado por rios intercomunicantes.

Alexandre de Gusmão, grande conhecedor das realidades geográficas brasileiras, consegue, em 1750, negociar um acordo que legaliza a ocupação territorial e dá limites fluviais ao Brasil; no sul, cede Colônia, no Prata, sim, mas em troca dos Sete Povos, região igualmente contornada por rios.

Baseado nesses fatos e sobretudo tendo em vista que do Tratado de Madri surgiu um Brasil limitado a oeste por cursos d'água, Cortesão defende a existência do mito de uma ilha Brasil a presidir vagamente a ocupação do território; na Amazônia, o mito adjacente do rio do ouro igualmente teria atraído colonos e missionários às profundezas da floresta equatorial. Alexandre de Gusmão seria o estadista que metamorfoseou mitos em terras brasileiras. Vimos que grandes autores do século passado, como Vitorino Magalhães Godinho e Sérgio Buarque de Holanda, acham criativo demais atribuir-se a bandeirantes, entradistas e missionários ideias mitológicas.

Em nossos dias, historiadores como Arno Wehling, ou geógrafos como Francisco Roque de Oliveira, ambos notáveis conhecedores de nossa formação territorial, também não acreditam na existência do mito colonial.

Nós seguimos estes quatro mestres. Parece mesmo a concepção do mito da ilha Brasil, nas palavras de Sérgio Buarque de Holanda, "uma dessas hipóteses engenhosas oriundas de nossa tentação de submeter os acontecimentos do passado a uma coerência [...] mais ou menos rigorosa".[9] Como não há dúvida, entretanto, de que o Tratado de Madri — e sua versão gráfica, o Mapa das Cortes — transformou em território brasileiro aquela imaginada ilha dos velhos mapas lusos, seja-nos permitido dar a Cortesão a atenuante de achar que o mito "se non è vero, è bene trovato".

9.

Negociações em Madri

Os personagens

Em 1746, morreu o rei espanhol Filipe V, o primeiro Bourbon da Espanha. Ele conseguiu alcançar o trono ao término da Guerra da Sucessão, mas recebeu uma nação enfraquecida e amputada de algumas regiões na Europa (a Holanda, partes da Itália, Gibraltar). Não era uma forte personalidade e não herdou as qualidades de estadista do avô Luís XIV. Religioso fanático — infligia-se castigo físico —, seus outros grandes interesses eram a caça e a música. A Espanha estava em decadência, mas era ainda o maior império colonial do mundo. Disputava com a França, a Holanda e a Áustria a primazia na Europa e compartilhava com estes países certo desconforto com o crescimento marítimo da Inglaterra. Na primeira parte do reinado de Filipe V, foi preponderante a influência do rei francês, que afinal o havia colocado no trono; e, após a morte deste, do regente, cuja filha era casada com o príncipe herdeiro espanhol (falecido na juventude). Na segunda fase, e principalmente nos últimos anos, quando o monarca teve várias crises de insanidade, a personalidade dominante era sua segunda mulher, Isabel Farnésio. Na historiografia portuguesa, esta rainha, considerada por Voltaire como modelo da déspota esclarecida, é vista como inimiga figadal de D. João V.

O filho mais velho de Filipe V (com sua primeira mulher, Maria Luísa de Saboia) era casado com a filha do monarca luso. Quando se deu a sucessão, e Fernando VI e D. Maria Bárbara de Bragança ascenderam ao trono, a odiada (pelos portugueses) Farnésio foi afastada e abriram-se boas possibilidades de negociações entre as cortes peninsulares. O novo rei — igualmente tido pela historiografia como fraco — era muito próximo da rainha, ativa e inteligente, e que mantinha fortes laços afetivos com os reis portugueses (como se vê na correspondência entre a filha e os pais).

D. Maria Bárbara não tem muito prestígio entre os historiadores hispano-americanos que consideram o Tratado de Madri uma amputação de territórios os quais, a seu tempo, seriam herdados pelos países de língua espanhola. Acreditam eles que essa princesa portuguesa defendeu mais os interesses da nação onde nascera e menos os do país onde era rainha. Não há prova disso. É certo que ela desejava um acordo entre as duas potências ibéricas e sabia que a divergência principal estava no Prata, onde, aliás, Colônia continuava bloqueada por embarcações espanholas. Por isso, teve um importante papel, não propriamente nas negociações, mas na influência que exercia sobre o rei.

Fernando VI continuou, durante anos, com o antigo ministro de seu pai, o marquês de la Ensenada, considerado um estadista habilidoso, mas não um bom conhecedor dos problemas coloniais. Era, sim, um "grande de España" que não se caracterizava pela modéstia de hábitos. Conta-se (permitam-me esta *petite histoire*) que, ao ser admoestado pelo seu novo soberano pelo luxo excessivo de seu trem de vida, teria dito: "Senhor, é pela libré do criado que se conhece a grandeza do patrão"... Fernando VI também nomeou um secretário de Estado, D. José de Carvajal y Lancaster, presidente do Conselho das Índias, outro grande de Espanha, mas este um reconhecido estudioso das questões coloniais. O embaixador português em Madri disse ser ele "o espanhol mais entendido nos negócios do Império Ultramarino".[1] Foi D. José o negociador espanhol do Tratado de Madri, e, por isso mesmo, sofre acusações, igualmente injustas, cremos, de não ter impedido que os portugueses legalizassem suas ocupações na América. Outro personagem de importância era o confessor do rei, o padre Francisco Rávago, um jesuíta, fato grave, pois os Sete Povos eram aldeamentos jesuíticos. Como se vê, não era tão simples a vida nas cortes.

Com a situação em Lisboa, já estamos familiarizados. O rei estava velho e doente em 1747. Possuía os defeitos de seu tempo e lugar, mas se interessava pelos assuntos de Estado, era consultado, e sem seu acordo nada prosseguia. Tinha, nesse período final, três ministros, e o que se ocupava das relações externas era Marco António de Azevedo Coutinho (tio de Pombal). O grupo que mandava mais era, então, o palaciano, e aí, vimos, pontificava o cardeal da Mota, e o motor das decisões era o secretário particular. Nesse ano, com a morte do cardeal, passou a ter importância nos negócios do reino frei Gaspar da Encarnação, que, sob o recatado nome religioso, era da alta nobreza. A parte boa disso para Alexandre de Gusmão, e para as negociações, é que o franciscano era um amigo, que conhecia bem seus méritos e o deixava livre para atuar. No ano anterior, havia chegado a Madri, com a tarefa básica de resolver o conflito do Prata e negociar limites para a colônia brasileira (que já era a parte mais rica do reino), Tomás Teles da Silva, visconde de Vila Nova de Cerveira, um nobre português que tinha dado provas de seu valor no campo militar e agora estava prestes a mostrar, como realmente o fez, que também podia ser um eficiente diplomata.

Os personagens estão aí. Pelo seu nível social — as camadas mais elevadas da aristocracia — percebe-se a dificuldade que teria para se impor uma pessoa como Alexandre de Gusmão, de modesto estrato colonial, odiado por uns pela agudeza em advertir, malfalado por outros pelo suposto criptojudaísmo e invejado por todos os medíocres. Mas, ao se estudar a concepção, negociação e redação do Tratado de Madri, não ficam dúvidas sobre o papel diversificado, imaginoso e decisivo do secretário do rei.

Objetivos das partes

O Tratado de Madri foi assinado na capital espanhola, no dia 13 de janeiro de 1750, pelo embaixador português, o visconde de Vila Nova de Cerveira, e pelo secretário de Estado espanhol, D. José de Carvajal y Lancaster. Desde a década de 1720 já se pensava em um acordo de fronteiras, como se vê em uma ou outra manifestação de algum membro do Conselho Ultramarino, em cartas de D. Luís da Cunha ou mesmo na correspondência entre integrantes das casas reais. Mas o fato promissor que abriu a possibilidade do acordo foi a ascensão de Fernando VI, genro de D. João V, em julho de 1746. Os negociadores oficiais assumiram suas funções no fim desse ano, e, em outubro de 1747, com a morte do cardeal da Mota, o secretário d'el-rei passou a conduzir a negociação. Continuava em Lisboa o secretário de Estado, Marco António de Azevedo Coutinho, mas este se limitava a assinar o que Gusmão escrevia.

Os alvos das partes foram sendo precisados com o correr das negociações, e, às vésperas do acordo, podem ser assim resumidos. Para Portugal, como se extrai dos numerosos despachos de Alexandre ao visconde-embaixador, eram os seguintes:

1) Já que se revelava caríssima a manutenção de Colônia e que nunca se conseguira ligá-la por terra, de forma estável, às mais sulinas povoações brasileiras, como Laguna e Rio Grande, admitia-se cedê-la à Espanha em troca de alguma área valiosa para a economia e segurança do Brasil.

2) A melhor, a região dos Sete Povos das Missões, é praticamente a metade oeste do atual Rio Grande do Sul. Sem as Missões, o sul da colônia portuguesa se reduziria a uma faixa de 10 léguas de largura, com mínimas possibilidades de se criar riqueza e máximas dificuldades para se defender de uma invasão. É o que se vê, por exemplo, no mapa de d'Anville, de 1748. Com as Missões, sim, seria possível, nas palavras de Alexandre, "dar fundo grande ao Estado do Brasil".[2]

3) Era preciso haver um equilíbrio entre as bacias dos dois grandes rios do continente. Se os espanhóis ficassem com o domínio absoluto do Prata, era mais que justo que a bacia amazônica se integrasse ao Brasil. Há muitas décadas, os portugueses haviam ocupado a boca e o vale do Amazonas e navegavam seu leito e afluentes. Missões de religiosos lusos, especialmente jesuíticas, tinham se estabelecido, desde a metade dos Seiscentos, nas margens de vários rios. Mais recentemente, os carmelitas haviam fundado

missões no Solimões, até próximo à foz do rio Javari. Para não falar da viagem de Pedro Teixeira, que fixou o limite entre as duas Coroas no Napo.

4) A área das minas de Goiás, de Cuiabá e de Mato Grosso (o rio Guaporé) teria que ficar na soberania lusa. Haviam sido descobertas e ocupadas pacificamente por luso-brasileiros, que as frequentavam pela estrada fluvial das monções e depois pelas trilhas dos tropeiros. A ligação entre os rios Paraguai e Guaporé era o fecho da linha de limites fluviais. Fundamental, diz Alexandre, "para arredondar e segurar o país".[3]

5) Ao contrário da indemarcável linha geodésica do Tratado de Tordesilhas, os limites deveriam ser rios e montanhas perfeitamente conhecidos, para que não houvesse dúvida no terreno.

Vamos aos objetivos espanhóis, externados em documentos redigidos por Carvajal y Lancaster ou por funcionários de seu ministério (mas revisitados por nós, com a vantagem de sabermos o futuro do passado):

1) A Colônia do Sacramento estava no centro dos interesses espanhóis, tanto pela ameaça que representava (não se deve esquecer que Portugal era um aliado da Inglaterra, frequente inimiga da Espanha) como por ser a base atlântica do contrabando da prata de Potosí. O diretor da Secretaria de Estado explica: "A utilidade especial para a Espanha consiste em tirar-lhes [dos portugueses] Colônia e o famoso contrabando pelo rio da Prata [...] Colônia não lhes traz proveito e nos destrói."[4] O controle das duas margens do Prata era, ademais, de interesse estratégico. O negociador espanhol chega a dizer que Colônia era mais importante do que Gibraltar.

2) Nas outras regiões americanas, era preciso dar um basta nas ocupações lusas. Os espanhóis não diziam, mas a prática mostrou que não era um assunto de vida ou morte a grande linha de limites no Oeste e Norte do Brasil. Quem estava junto a esta era não o Estado espanhol, mas sim as missões jesuíticas. Estabelecidas em todo o centro do continente, iam do Prata ao Amazonas: Tapes, Uruguai, Sete Povos, Chiquitos, Moxos, Maynas... Dizia Eduardo Prado que, se tivessem vingado, teriam (quem

sabe) criado um grande Estado teocrático no interior da América do Sul, do Atlântico ao Caribe. E (isto sim se sabe) os inacianos na Espanha eram quase um Estado à parte, cujos interesses nem sempre coincidiam com os da Coroa.

3) Há vários documentos espanhóis que frisam a necessidade de as negociações considerarem o Tratado de Tordesilhas. Elas devem, diz um texto de D. José, "conter-se dentro dos limites da demarcação [de 1494], conformando-se com o conferido pela Santa Sé [em 1506] e com o estipulado entre as duas Coroas".[5] A ideia de um acordo totalmente novo e baseado em outros princípios, o *uti possidetis* e as fronteiras naturais, era portuguesa e demorou a ser aceita.

4) A Espanha sempre almejara a unificação da Península Ibérica: uma questão de tempo e oportunidade. Os sucessivos casamentos entre as casas reais eram o caminho pacífico para tal objetivo. No caso, o príncipe herdeiro português era casado com uma princesa espanhola, e a rainha da Espanha era portuguesa. Carvajal não deixa dúvidas sobre sua convicção: "A perda de Portugal foi de sangue puro e balsâmico e, portanto, o ministro espanhol que não pense na união [ibérica], sem intervalo, não conhece seu ofício ou não tem lei."[6] Era, pois, importante favorecer — como o faria um bom tratado de limites coloniais — um ambiente amistoso na península. Todas as regiões da Ibéria estavam unidas; só faltava o velho condado portucalense.

5) Já no plano inclinado do seu poderio, que baixava desde o "Siglo de Oro" (os reinados de Fernando e Isabel, Carlos I e Filipe II), a Espanha continuava a ser um dos protagonistas do jogo de poder europeu e uma grande potência colonial. Nas Américas, herdara as vastas terras dos astecas, dos maias e dos incas; no mundo, como se dizia, o sol nunca se punha em suas possessões. Georg Friederici pensa que, em meados do século XVIII, estava "fartada de terra".[7] Podia, pois, ceder o que não interessava muito, desde que conseguisse o que era mais importante: Colônia e limites respeitados na América do Sul; paz e cooperação na Península Ibérica.

Propostas e contrapropostas

Durante os três anos anteriores a janeiro de 1750, foi intensa a troca de correspondência oficial e particular entre Lisboa e seu representante em Madri. Os documentos principais, que vão pouco a pouco definindo o futuro acordo, foram escritos por Alexandre e assinados pelo secretário de Estado Marco António de Azevedo Coutinho. Eram em geral para serem mostrados a D. José de Carvajal y Lancaster; alguns, instruções secretas para o visconde-embaixador, que não tinha, é claro, os conhecimentos específicos do secretário do rei, mas se revelou um competente negociador. Navegava com cuidado pelos labirínticos canais de comunicação, que iam: ao rei, que nunca conheceu a fundo o problema; ao seu confessor, nos anos finais um jesuíta, sendo que o ponto nevrálgico da negociação eram as missões inacianas; à rainha, ativa e em busca da paz entre as Coroas; ao ministro negociador, o competente D. José de Carvajal; e ao outro ministro influente, o marquês de la Enseñada. Quem estuda a gênese do tratado sofre o impacto devastador de Alexandre de Gusmão: sabia tudo, escrevia bem, praticamente articulou o acordo; mas, quando se acompanham as dificuldades, desconfianças, negaças, não se pode deixar de admirar a tortuosa, mas bem-sucedida, canoagem do "habilíssimo" (diz Max Justo Guedes) embaixador Tomás da Silva Teles.

Jaime Cortesão dedica centenas de páginas às tratativas de Madri. Ao lado de documentos sobre pontos especiais, identifica alguns mais gerais, sobre os quais nos deteremos. Uma proposta inicial de acordo feita pela parte portuguesa, em 1747, quando o tema das ocupações espanholas no Oriente (Filipinas e Molucas) e o princípio de que as ocupações pacíficas deveriam ser respeitadas (o *uti possidetis*) foram abordados pela primeira vez. A réplica espanhola propõe um retorno, com as adaptações cabíveis, a Tordesilhas, e explica não haver clareza nas negociações de Saragoça, sobre as ilhas das especiarias, que, portanto, não deveriam ser invocadas.

Uma segunda proposta lusa assinala: é necessário um ajuste geral e permanente; por inúmeras dificuldades técnicas, a linha de Tordesilhas não pode ser marcada no terreno; o critério básico do acordo é que "cada uma das partes fique possuindo o que tem ocupado"; os limites devem ser pelas "paragens mais conhecidas, como são a origem e o curso dos rios e os montes mais notáveis, para que em nenhum tempo se confundam nem deem ocasião de disputas"; a Colônia e seu território são de Portugal talvez por Tordesilhas, mas, sem qualquer dúvida, pelo Tratado de Utrecht; é admissível "que uma parte troque aquilo que lhe é de pouco proveito, com a outra parte, a quem faz maior dano que ela o possua".[8] D. José treplica: nada há de certo sobre as Filipinas; quanto a Colônia, o direito português a ela é discutível, mas o fato intolerável é o contrabando, "causa da dissipação das riquezas do Peru";[9] admite, entretanto, trocar Colônia por "um equivalente, fácil de se encontrar nos territórios de Cuiabá e Mato Grosso".[10]

Alexandre envia ao embaixador português uma reação à tréplica de D. José, que é já o primeiro esboço do futuro tratado. Há ainda novos comentários do negociador espanhol. Finalmente, em novembro de 1748, chega a Madri, para ser colocada na mesa de negociações, uma (quarta) proposta articulada, que acabou, com poucas modificações, resultando no acordo final. Vamos adiantar alguns aspectos desta, incluídos no acordo, ao qual voltaremos no capítulo 11.

Há um longo introito onde as partes declaram desistir de suas antigas alegações e abandonar o Tratado de Tordesilhas, e resolvem fazer um novo acordo baseado em ocupação territorial e fronteiras identificadas no terreno, como os rios e montanhas. Os primeiros artigos falam dos eventuais direitos (Tordesilhas, Saragoça, Utrecht) a que ambas as nações renunciam; estabelecem serem portugueses os territórios ocupados no rio Amazonas e nos distritos de Cuiabá e Mato Grosso; e espanhola Colônia do Sacramento e seu território. A maioria dos demais artigos descreve os acidentes do relevo por onde deve passar a linha divisória.

Aqui sejam-nos permitidos dois comentários pessoais: é incrível como a pormenorização da imensa linha de quase 16 mil quilômetros é precisa para os meios da época, revelando o "vertiginoso" conhecimento que Gusmão tinha das fronteiras do Brasil (o adjetivo insólito é usado por Eduardo Prado para igual sabedoria do barão do Rio Branco); é mais fácil entender os próximos cinco parágrafos tendo próximo um mapa do Brasil que mostre os limites (nós o fizemos com uma cópia em tamanho real do Mapa das Cortes).

No sul, o secretário originalmente propunha o rio Negro como limite, mas depois cedeu e aceitou o Ibicuí, mais ao norte; de qualquer forma ficava preservada a região dos Sete Povos. A linha seguiria então pelo Uruguai, Iguaçu, Paraná e Paraguai. Quando não houvesse ligação direta entre eles, nomeava-se um afluente (o Pequeri, entre o Uruguai e o Iguaçu, e o Igurey, entre o Paraná e o Paraguai) e se indicava que o limite prosseguiria até a nascente; daí se procuraria a nascente do rio mais próximo, e se subiria por ele. Foram exatamente nesses lugares de vertente e contravertente que ocorreram os problemas futuros com a Argentina (1895) e o Paraguai (1874).

O rio Paraguai passava pelo Pantanal e, na margem norte deste, recebia o Jauru. Esta foz é um ponto central da longa linha de limites e recebeu um imponente marco de mármore, quando da execução do tratado. Dos grandes marcos decorados que vieram de Portugal, é o único que sobrevive, e está hoje na praça central de Cáceres, em Mato Grosso. Desse ponto, parte uma reta que alcança a parte mais ocidental do rio Guaporé. Significa a passagem da bacia do Prata à do Amazonas. Para que a margem direita do Guaporé ficasse lusa, a Espanha cedia a missão de Santa Rosa. A linha de limites descia este rio, o Mamoré e o Madeira até um ponto aí determinado, donde partiria outra reta até o rio Javari, o limite extremo oeste do Brasil. Era a segunda geodésica estabelecida — por ser impossível seguir-se nos dois casos por acidentes geográficos —, e foi onde ocorreu, 150 anos depois, o problema do Acre com a Bolívia.

Os limites desciam o Javari e o Amazonas até a boca mais ocidental do Japurá, um de seus afluentes do lado norte; e subiriam este rio. Assim, a margem esquerda do grande rio (entre as bocas do Japurá e do Javari), onde havia estabelecimentos portugueses, como a Missão de São Cristóvão, passava aos espanhóis. Do alto curso do Japurá, a linha de fronteiras infletia para leste e procurava o Atlântico pelo divisor de águas das bacias do Amazonas e do Orinoco. Este último trecho era o menos pormenorizado, pelo pouco conhecimento da região. Por isso mesmo está na origem das futuras questões fronteiriças do Amapá e do Pirara (na Guiana) só resolvidas pelos arbitramentos de 1900 e 1904. Para provar o tardio conhecimento da área, lembre-se que a montanha mais alta do Brasil, de 2.994 metros, o pico da Neblina, na fronteira com a Venezuela, só foi identificada nas campanhas demarcatórias da década de 1960.

Aqui vale a pena citar diretamente o Tratado de Madri:

> Continuará a fronteira pelo meio do Japurá e pelos mais rios que a ele se lhe
> se ajuntam, e que mais se chegarem ao rumo norte, até encontrar o alto da
> cordilheira de montes, que medeiam entre o rio Orinoco e das Amazonas
> ou Maranhão; e prosseguirá pelo cume desses montes para o Oriente, até
> onde se estender o domínio de uma e de outra monarquia.

Cinco linhas para descrever uma fronteira de uns 3 mil quilômetros! Note-se o pormenor de que a linha vermelha do Mapa das Cortes (ver Mapa 5 do encarte) é interrompida antes da costa norte; mas, se continuássemos no sentido por ela apontado, chegaríamos ao cabo Orange (e não ao cabo Norte). Cento e cinquenta anos antes do Barão, já se salvava o Amapá...

Não é exagero considerar Madri um tratado grandioso: bipartiu a América do Sul, e, por seus princípios pacíficos, quase antecipa a visão kantiana (iluminista e otimista) da história. Bem diz Rio Branco:

> O estudo do Tratado de 1750 deixa a mais viva e grata impressão de boa-
> -fé, lealdade e grandeza de vistas que inspiraram esse ajuste amigável de
> antigas e mesquinhas querelas, consultando-se unicamente os princípios
> superiores da razão e da justiça e as conveniências da paz e da civilização.[11]

Tordesilhas, seu predecessor, não passava de um simples meridiano, nunca marcado no terreno; no Tratado de Madri, deixando de lado duas exceções, todos os trechos da divisa eram ligados a rios e, no norte da Amazônia, a montanhas. Tinha razão o negociador espanhol em ficar desnorteado, como explica o visconde-embaixador:

> Tenho repetidas vezes procurado desassombrar a D. José de Carvajal da
> grande confusão e dúvida que o plano lhe tem causado, porque bem posso
> dizer que esse homem ficou aturdido com a vastidão do projeto de limites
> que propúnhamos...[12]

Adiantemos dois pontos que serão desenvolvidos nos capítulos seguintes: no início de 1749, Alexandre envia a Madri um mapa geral dos limites propostos, que foi fundamental para que as negociações chegassem a bom termo; autores de países hispano-americanos não compartilham a nossa visão admirativa do acordo — para eles, a Espanha cedeu demais.

10.

O Mapa das Cortes

Navegações, ocupações, limites

Talvez não haja país em que os mapas serviram tanto para justificar suas fronteiras como o Brasil. E isso durante os três períodos de nossa história, a Colônia, o Império e a República. Neste trabalho, veremos como Alexandre de Gusmão usa o Mapa das Cortes para viabilizar o tratado que legalizaria as ocupações territoriais. A bem-sucedida política de fronteiras de D. Pedro II é abundante no uso de mapas, não sendo por acaso que seus principais negociadores sejam conhecedores da cartografia (cartólogos, como se dizia Duarte da Ponte Ribeiro). O barão do Rio Branco, já em tempos republicanos, escreveu o *grand finale* dessa virtuosa ópera. É do conhecimento geral seu amor aos velhos mapas e o uso que deles fez ao fechar pacificamente a longuíssima linha de limites do Brasil. Aqui já estamos extrapolando outros limites... o desta biografia de Gusmão. Retomemos o assunto.

Nas décadas finais do século XV, era comum entre navegadores e cartógrafos a ideia da existência de terras a oeste da Europa e de que elas já teriam sido avistadas ou tocadas por europeus. A descoberta das ilhas do Caribe por Colombo, em 1492, aumentou a possibilidade de se encontrar uma grande massa continental. O genovês morreu em 1508, depois de quatro viagens americanas, mas nunca duvidou de que tinha chegado às Índias, vago nome para tudo que era o misterioso Oriente. Apesar de ter desembarcado no continente sul-americano, especificamente no litoral da Venezuela, na sua terceira viagem, em 1498, e ter escrito então aos reis espanhóis: "Vossas Altezas têm aqui um outro mundo".[1]

Para alguns historiadores, a firmeza com que Portugal quis anular a "bula da partição" (a das 100 léguas a partir das ilhas do Cabo Verde e dos Açores) e defendeu a das 370, em Tordesilhas, é prova de que seus pilotos tinham indícios de terras no "mar oceano", como se chamava o Atlântico. Vasco da Gama, depois de ultrapassar o limite das caravelas de Bartolomeu Dias, o cabo da Boa Esperança, levou suas três naus até Calicute, atingindo a verdadeira Índia — o objetivo maior das navegações portuguesas. Era 18 de maio de 1498, e há autores, como o indiano K. M. Panikkar, que consideram a data como o início de uma nova era da História Universal. Vasco da Gama voltou carregado de especiarias, o que fez a Coroa logo em seguida lançar ao mar a maior frota até então armada por Portugal, treze naus e caravelas, comandada por Pedro Álvares Cabral (das quais só regressaram cinco, o que ilustra os perigos das navegações).

Na ida, ao fazer a "volta grande", aconselhada por Gama para evitar as calmarias do golfo da Guiné, Cabral tocou na costa brasileira, onde se deteve por dez dias, antes de prosseguir para a Índia. No dia 22 de abril de 1500, da nau capitânia, havia avistado o monte Pascoal, nas proximidades de Porto Seguro, na Bahia. A descoberta importa para nós, mas na época, como diz Oliveira Marques, "não suscitou admiração maior".[2] Caminha, o cronista da expedição, data sua notável carta ao rei D. Manuel I da "ilha de Vera Cruz". Este, ao comunicar a viagem aos reis da Espanha, fala da "terra de Santa Cruz". Foi no ano seguinte que Américo Vespúcio, navegando pela costa brasileira em uma pequena armada lusa, falou pela primeira vez em um *Mundus Novus,* como se intitula a célebre epístola que dirigiu a seus chefes de Florença; aí assegura que a terra descoberta era a *quarta pars orbis,* ao lado da Europa, Ásia e África. Em outras palavras, trata-se de um novo continente, até então desconhecido; não de uma região asiática nas proximidades de Cipango (o Japão), como pensava Colombo.

Era o espetacular período das "Grandes Navegações" que se abria aos olhos deslumbrados dos europeus. A primeira globalização da história. Mas o que queremos salientar aqui é que, para acertar os ponteiros, as pioneiras nações descobridoras, Portugal e Espanha, logo depois da viagem inicial de Colombo, concordaram em dividir o "mar oceano", por uma linha que deveria passar a 370 léguas das ilhas de Cabo Verde. Fizeram isso na velha cidade castelhana de Tordesilhas, no ano de 1494. Assim, quando Cabral chegou à Terra de Santa Cruz em 1500, esta já tinha limite estabelecido. Que havia problemas para demarcá-lo no terreno, isso é outra história.

Foi bom para Portugal não saber precisamente os pontos por onde passava a linha limitadora: isto permitiu que as bandeiras de São Paulo e as entradas fluviais de Belém fossem devassando territórios no interior do continente. A Espanha estava ainda mais insegura sobre as raias do seu território (com exceção da foz do Prata). O período da União Ibérica criou novas facilidades às penetrações luso-brasileiras: viu o auge das bandeiras paulistas e a viagem precursora de Pedro Teixeira pelo Amazonas. Foi, entretanto, ruim para o Brasil como um todo, pois, quando terminou, em 1640, a parte mais rica do país, o Nordeste, estava sob o controle da Holanda, que passara a ser a primeira potência naval do mundo. E ninguém podia então garantir que a situação se reverteria em favor de Portugal.

Desde os primeiros anos da colonização, já sabemos, os portugueses procuraram fazer mapas em que o território brasileiro "legal", isto é, o que não ultrapassava Tordesilhas, estava compreendido entre as bocas dos dois grandes rios continentais. Fazia-se isto colocando a linha numa posição o mais a oeste possível, e deslocando-se a parte sul do continente para leste, de modo que a foz do Prata estivesse no meridiano da foz do Amazonas. Cabe reafirmar que a Amazônia foi quase uma história à parte. A maior porção dela sempre esteve fora da "ilha Brasil" (fechada pela curva Madeira--Amazonas). Era ainda uma administração independente, o estado do Grão--Pará e Maranhão. Podia, pois, ter seus mitos particulares, como o do rio do ouro, e foi a região por excelência das missões religiosas — "um grande Paraguai", já se disse.

O século XVIII abriu-se com a exploração das "minas gerais", que teriam sido a maior região produtora de ouro da história universal. Nas décadas seguintes, novas minas foram descobertas, na ordem cronológica, em Cuiabá, Goiás e no rio Guaporé (as "minas do mato grosso"). A Colônia do Sacramento permanecia isolada, pois os portugueses não conseguiam uni-la com os núcleos fundados no sul do Brasil, como Laguna e Rio Grande. No Amazonas e em seus afluentes, havia, em 1751, "sessenta e três aldeias de índios missionados",[3] conta com precisão Capistrano; sobretudo de jesuítas e carmelitas portugueses, acrescentamos nós. Além de freguesias, vilas e fortes, estabelecidos pelo poder público, tal como ocorria no sul, mas diferentemente do oeste, onde primava a iniciativa de particulares.

As melhores mentes da metrópole, e não só de estadistas de escol como D. Luís da Cunha e Alexandre de Gusmão, sabiam que as novas riquezas coloniais estavam situadas do lado espanhol da partição de 1494. Havia mapas de bandeirantes, de dirigentes locais, e, mais recentemente, os mapas "científicos" dos padres matemáticos. Sem falar nos dos grandes cartógrafos franceses, Delisle e d'Anville. Os portugueses já tinham perdido para a Holanda a maior parte de suas conquistas asiáticas (foi a verdadeira "primeira guerra mundial", diz Charles Boxer); agora a parte mais pobre do império luso — mas não tanto, porque sempre houve o açúcar do Nordeste — enriquecia-se com as minas do centro e do oeste, as alimárias do sul, as "drogas do sertão" da Amazônia. Numa palavra, urgia que todas essas riquezas ficassem com Portugal, que fossem incluídas no território do Brasil.

A nação lusa — exageremos um pouquinho — vivia agora do ouro da colônia americana. Por essa razão, o problema das fronteiras coloniais era tão importante. A época era de decadência das potências ibéricas (pelo menos foram superadas em vários campos), mas D. João V era rico e por isso mesmo poderoso. E tinha ainda mais coringas a apresentar no carteado de poder ibérico. Colônia do Sacramento era o principal, mas havia outros, nada desprezíveis, como as posses pacíficas no Mato Grosso e no Amazonas e a habilitação cartográfica das últimas décadas. A competência de Alexandre nas tratativas sobre um acordo de fronteiras continental — que inclui fazer com que sobre seu mapa estas se dessem — era, ademais, o fator humano que não pode ser ignorado nas decisões políticas.

Vamos fazer futurologia com os dois princípios trazidos à baila por nosso personagem. O tratado que iria negociar estava baseado no *uti possidetis* e nas fronteiras naturais. Nenhum desses princípios tinha esse nome. A expressão "fronteiras naturais" seria uma invenção de Rousseau, um contemporâneo de Alexandre, mas que escreveu suas obras mais importantes depois de

1750. No caso, o opúsculo "Projet de la paix perpetuelle", de 1760, onde há trechos que afloram a ideia de fronteira natural, como este: "o ordenamento político desta parte do mundo [a Europa] é, de certa forma, uma obra da natureza."[4] Foi, na verdade, durante discussões parlamentares na época da Revolução Francesa que se começou a elaborar sobre o conceito de fronteiras naturais. Muito bem. A teoria podia ainda se desenvolver, mas a prática — rios e montanhas como divisas — estava expressamente indicada em Madri.

O outro princípio, o do *uti possidetis*, teve um grande futuro na diplomacia territorial do Brasil: foi a base das negociações bilaterais com todos os vizinhos do Império, e continuou sendo, na República, o pilar sobre o qual Rio Branco construiu a obra de fechamento da linha de limites do Brasil. Nem um imaginoso como Gusmão poderia sonhar que o princípio que introduzira no direito público ibero-americano teria tal vitalidade; nem que o mapa que havia preparado para as tratativas, incorporando as ocupações e limitando-as com rios e montanhas, se tornaria um ícone da cartografia brasileira.

O mapa que inventou o Brasil

O título deste item é o mesmo de um recente e magnífico trabalho da historiadora Júnia Ferreira Furtado: como recebeu o Prêmio Odebrecht de Pesquisa Histórica de 2011, foi publicado em livro de grande formato, luxuosamente ilustrado com centenas de mapas e pinturas. Tão bonito que Rubens Ricupero, no prefácio de seu ainda mais recente e igualmente magnífico livro, *A diplomacia na construção do Brasil* — a história de nossas relações exteriores, que veio para ficar —, lamenta que não tenha podido fazer algo do mesmo valor estético. Em 450 páginas, a professora da Universidade Federal de Minas Gerais estuda pormenorizadamente a parceria intelectual entre D. Luís da Cunha e o cartógrafo Jean-Baptiste Bourguignon d'Anville para a elaboração de uma nova carta da "Amérique méridionale". O diplomata português durante anos forneceu mapas e informações ao grande geógrafo francês, e este fez pelo menos três versões do mapa do nosso continente, cada vez mais precisas: a de 1737, a de 1742 e a mais conhecida, de 1748. Diz a autora que foi o primeiro mapa que apresentou o Brasil no formato que hoje nos é familiar. (Ver Mapa 4 no encarte.)

Admiradores que somos de seu livro, temos só uma divergência, mas importante: o mapa que inventou o Brasil foi o Mapa das Cortes, elaborado sob a supervisão de Alexandre de Gusmão; o do francês ilustre, no máximo, pode ser um precursor. Se tivesse sido apresentado nas negociações de Madri, uma possibilidade aventada pela historiadora, o Brasil muito provavelmente não teria a forma atual, compacta, triangular, 4.320 quilômetros de leste a oeste, 4.395 quilômetros de norte a sul. Seu território não seria a metade da América do Sul. E não existiriam gaúchos, catarinenses e paranaenses, pois o mapa só dá ao país uma estreita faixa de terra, entre 10 e 15 léguas de largura, do rio Tietê para baixo. De Cuiabá para o norte, e envolvendo toda a Amazônia brasileira, os limites são uma linha aleatória — aproxima-se de um semicírculo — que não tem nenhuma vinculação com acidentes geográficos; e terminam, aliás, no cabo Norte (rio Araguari), não no cabo Orange (rio Oiapoque): adeus, Amapá...

A virtude do mapa de d'Anville é sua fidelidade a latitudes e longitudes corretas. Muito bem. A forma lembraria de longe a do Brasil atual, vá lá; mas o sul, comprido e estreito, mais parece um Chile pendurado em São Paulo. O Mapa das Cortes, sim, é o mapa do Brasil. Cinturado no centro, com erros de longitude, com o rio das Amazonas comprimido, tudo é verdade; mas ninguém ao olhar para ele deixará de reconhecer nosso território. É o primeiro mapa em que o Brasil aparece do jeito que tem agora, e quem o organizou foi Alexandre de Gusmão.

Voltemos às tratativas do Tratado de Madri. Na fase final, havia várias cartas geográficas em cima da mesa de discussão. Quase todas parciais, a grande maioria concentrando-se no sul, as espanholas, em geral, de procedência jesuítica. Em 8 de fevereiro de 1749, Lisboa enviou a Madri um mapa que mostrava todas as fronteiras que estavam sendo consideradas e, numa linha vermelha, delineava as divisas. (Ver Mapa 5 no encarte.) Fazia dois meses que o projeto de tratado estava disponível, muitos pontos tinham sido acordados, mas faltavam alguns, inclusive o essencial, que os espanhóis cedessem os Sete Povos em troca de Colônia do Sacramento. No mapa, estava colorida de amarelo a parte ocupada pelos portugueses, e de rosa a ocupada pelos espanhóis; em branco, estavam as áreas inocupadas. O título era "Mapa dos confins do Brasil com as terras da Coroa de Espanha na América Meridional", e, após a assinatura do Tratado de Madri literalmente sobre ele negociado, ficou conhecido como "Mapa das Cortes". Foi feito em doïs exemplares ("mapas primitivos"), e mais tarde foram tiradas três cópias para Portugal e três para a Espanha, todas autenticadas pelos negociadores. Todos os mapas são raridades. Um dos primitivos foi descoberto pelo barão do Rio Branco no Ministério dos Negócios Estrangeiros em Paris e foi fundamental para o sucesso brasileiro nas negociações da Questão de Palmas (1894). A Mapoteca do Itamaraty possui uma das cópias autenticadas.

Ignora-se o nome do especialista que o desenhou, mas hoje, depois dos estudos de Jaime Cortesão e de Luís Ferrand de Almeida, não há mais dúvidas de que foi Alexandre de Gusmão quem superintendeu sua confecção (não foi o cartógrafo, mas sim o cartólogo). Parece ter sido importante na feitura da carta a experiência de José da Silva Pais, que vinha de uma longa permanência no Brasil, como um muito efetivo governador do Rio Grande do Sul. Vários outros mapas da época foram consultados: na Amazônia é nítida a influência do mapa do cientista francês Charles-Marie de La Condamine, de 1745, "Carte du cours du Maragnon ou de la grande rivière des Amazones" [Mapa do curso do Maranhão ou grande rio das Amazonas]. Na parte sul espanhola, a base são mapas de jesuítas missionários, em especial o oficial da "Província jesuítica do Paraguai e cercanias", de 1732, com sucessivas atualizações. O governador do Brasil, Gomes Freire de Andrade, a pedido de Gusmão, havia enviado a Lisboa, em 1746, um mapa síntese, "Descrição do continente da América Meridional", que foi bastante utilizado.

O secretário do rei conhecia, ademais, o último mapa de d'Anville, mas seguramente não achou conveniente apresentá-lo. Os espanhóis provavelmente não estavam a par da versão mais completa, a de 1748, pois esta só foi divulgada em 1751. Sabendo que D. Luís da Cunha pagava ricamente pelos serviços do maior geógrafo do tempo, pode-se perguntar se alguma cláusula de restrição temporal não faria parte do contrato (escrito ou tácito) que havia entre ambos.

"Plano de limites e mapa que lhe serviu de apoio [gráfico] formam um só corpo",[5] explica enfaticamente Cortesão; e a pura verdade é que, a partir da apresentação do Mapa das Cortes, os artigos escritos no projeto de acordo e os limites traçados no mapa estavam juntos na cabeça dos negociadores e, mais tarde, na dos demarcadores. A tal ponto que foi preciso esclarecer (em texto aposto no verso do mapa) que, quando houvesse divergência, valia o tratado. Depois de se ter um mapa básico, as tratativas transcorreram de forma fluida. Era mais fácil discutir os termos dos artigos propostos com os olhos voltados para os trechos correspondentes da carta geográfica. O negociador espanhol, informa Teles da Silva, ao vê-la pela primeira vez, teve

> a grande admiração que experimenta um cego quando vê a luz clara de que se achava privado desde o seu nascimento; e reconhecendo a sua confusão [anterior], via naquele mapa, só em passar a vista por ele, assinalados distintamente todos os limites daquele vasto país.[6]

Diversos autores, a começar por Roberto Simonsen, ao mesmo tempo que admiram um mapa que incorpora tão habilmente conhecimentos recentes e de fonte confiáveis, como as francesas e espanholas, frisam seu defeito básico de diminuir a parte invadida pelos portugueses, de forma a facilitar a aceitação do acordo pela Espanha. Um só dado é suficiente para dar uma ideia do todo: Cuiabá fica a cerca de 800 quilômetros em linha reta a oeste da linha de Tordesilhas, que passa por Belém; ora, no Mapa das Cortes, ambas as cidades estão no mesmo meridiano. No Centro-Oeste e no Norte do Brasil (estamos usando a nomenclatura atual), o território encontra-se apequenado: pelo Tratado de Madri, o Brasil ampliou seu território em dois terços; no Mapa das Cortes parece que apenas duplicou.

Retomemos as palavras do citado historiador de nossa economia: "Essa construção, mostrando ser menor a área ocupada, talvez tenha sido feita para facilitar a aceitação, pelos espanhóis, do princípio do *uti possidetis*, que integrou na América portuguesa tão grande extensão de terras ao oeste do meridiano de Tordesilhas."[7] Jaime Cortesão é menos diplomático ao justificar as razões que levaram Alexandre a apresentar uma carta com defeitos técnicos: "O Mapa das Cortes foi propositadamente viciado nas suas longitudes para fins diplomáticos."[8] E defende tal procedimento:

O MAPA DAS CORTES

Alexandre de Gusmão representava então uma política de segredo, que o Estado português vinha praticando sobre seus descobrimentos geográficos, desde o século de quatrocentos [...] D. João V, no fio de uma tradição secular, conserva secreta a cartografia dos Padres Matemáticos. O Mapa das Cortes não passava da consequência necessária duma velha política praticada e oficializada ainda no seu tempo.[9]

Os espanhóis não ignoravam isso, explica e exemplifica o professor português, e não agiam diferente.

Vamos abordar um recente e tecnicamente rigoroso estudo sobre o mapa, feito por um mestre da Escola Politécnica da Universidade de São Paulo, Jorge Pimentel Cintra, para ver se as ideias de historiadores são confirmadas cientificamente. Trata-se do artigo "O Mapa das Cortes e as fronteiras do Brasil", publicado em setembro de 2012 no *Boletim de Ciências Geodésicas* da Universidade Federal do Paraná. Logo no início, o professor faz uma afirmativa genérica que vale a pena reproduzir: "a formação das fronteiras constitui um capítulo importante da história nacional e associa-se a um passado tido como glorioso, quando esses limites foram-se ampliando com o tempo, como é o caso do Brasil."[10] Lembramos nós que é exatamente o contrário do que ocorre na América Latina, onde existe, com maior ou menor razão, um certo complexo de território minguante: todos os países se julgam prejudicados por acordos com os vizinhos, até o Chile — é o que se vê em livros de lá —, cuja evolução territorial pareceria indicar o oposto.

Ao estudar, a seguir, o problema de se marcar o meridiano de Tordesilhas no terreno, o autor examina os pontos da costa brasileira por onde ele deveria passar, segundo diferentes cartógrafos. Na costa norte, por exemplo, a linha migrava entre o cabo Norte, no Amapá, e a foz do Parnaíba, no Piauí: uns 800 quilômetros de distância. Usando modelos matemáticos de cálculo, ele chega a duas possibilidades de linha divisória, aliás muito próximas. Por isso nos permitimos juntá-las e, então, verificar que se o meridiano limite fosse marcado num mapa do Brasil de hoje, passaria por Belém e Laguna. Pimentel Cintra faz, depois, duas considerações que contrariam argumentos comuns em livros de história: o tamanho da milha não era desconhecido para as partes negociadoras em Tordesilhas; sobre a ilha de origem da contagem de 370 léguas, não havia dúvida de que era a de Santo Antão, situada no extremo oeste do arquipélago de Cabo Verde.

O Mapa das Cortes, continua o especialista, para efeitos práticos pode ser considerado uma carta plana quadrada (*plate carrée* é o nome técnico), com meridianos e paralelos em igual espaçamento. Não há escala, nem está explicitado o meridiano de origem, provavelmente para evitar discussões sobre Tordesilhas. No mapa está diminuído em 2,6° o comprimento do Amazonas, aproveitando um erro involuntário de La Condamine, favorável aos portugueses. Uma divergência emblemática com um mapa atual é que Cuiabá está deslocada 2,5° para o norte e 4° para o leste. É esclarecedor ver a superposição do Mapa das Cortes sobre um mapa atual. (Ver Mapa 6 no encarte.)

Em trabalho anterior, o professor da Politécnica havia pesquisado 430 pontos de diferença entre o Mapa das Cortes e o mapa mais atual do Brasil, publicado pelo IBGE (46 folhas, em escala ao milionésimo, um tamanho de carta sete vezes maior que o mapa de 1749). No trabalho que ora analisamos, ele estuda dezenove regiões escolhidas na parte brasileira do Mapa das Cortes (por exemplo, a foz do rio Javari) para levantar possíveis erros de longitude e latitude. Tarefa de rigor científico, tabulada em graus, que indica serem as diferenças do mapa em relação a um mapa de hoje "erros propositais em pontos estratégicos".[11] Além disso, na parte hispânica do continente, Jorge Pimentel Cintra mostra como o mapa funde, "com habilidade, dados de cartas conhecidas e confiáveis para os espanhóis — em geral francesas".[12] O Mapa das Cortes — é a conclusão do estudo — apoia-se em dezenas de fontes, mas diverge de mapas mais precisos já disponíveis em Portugal, como o de d'Anville, "e realiza uma composição deformada [...] mais favorável à aprovação do Tratado [de Madri]. Ou seja, causou nos negociadores hispânicos uma impressão de menor perda territorial por parte da Espanha".[13]

Verificamos, pois, que um conhecedor da cartografia antiga, com os meios informáticos hoje disponíveis, confirma a ideia dos autores dos Novecentos, de que o Mapa das Cortes trazia bons produtos numa embalagem enganosa. Talvez "habilidosa" fosse um adjetivo mais adequado... Os mapas eram produzidos a mando de governantes desconfiados e sempre favoreciam as visões de quem os fazia. Basta ver como eram diferentes os mapas da Espanha e de Portugal com relação à linha de Tordesilhas no Prata. É claro que discutir em cima de um mapa luso era vantajoso; é certo que ninguém conhecia as realidades do terreno e os fatos do passado como o secretário do rei; não há dúvida de que o "ouro do Brasil" deixava Portugal forte, numa quadra de decadência espanhola. E haveria outros argumentos, principalmente a boa conjuntura política para Portugal negociar, razão pela qual Alexandre se preocupava tanto com a demora das tratativas, que poderia fazer com que se fechasse a janela de oportunidade.

É, entretanto, exagerado dizer (como o fazem autores hispano-americanos) que os espanhóis foram ludibriados; e inaceitável (como já foi dito) que Carvajal fosse incompetente ou D. Bárbara de Bragança traidora. A rainha queria, sim, um acordo de fronteiras na América para criar um bom ambiente entre as Cortes. E o que realmente almejavam os negociadores espanhóis era Colônia e seu controvertido território, e isso foi conseguido. O resto da fronteira, por enorme que fosse, era resto. Terra disputada pelos luso-brasileiros às missões de jesuítas espanhóis e não propriamente à Coroa da Espanha. E, ademais, ocupada pelos portugueses, sendo que a posse, o *uti possidetis*, como se diria mais tarde, era o princípio fundamental do acordo.

Sem dúvida tinha o Mapa das Cortes objetivos geopolíticos. O que não é de se estranhar. Lembremos a opinião do historiador da cartografia Jerry Brotton, de que não há mapa neutro: "qualquer mapa [...] é sempre parcial e inerentemente seletivo e, em consequência, está inevitavelmente sujeito à apropriação política."[14] Isso diz ele hoje; imagine-se naquela época de negociações suspeitas, com textos e mapas confidenciais, e entre Cortes rivais.

11.

O Tratado de Madri e seu futuro

O grande acordo continental

Já tratamos de aspectos deste acordo. Vamos agora reunir suas partes, trazer novos comentários e ver a defesa que dele fez Alexandre de Gusmão. Antes de tudo, é preciso lembrar que ele foi negociado secretamente e mesmo depois de assinado não foi tornado público. Só quando os comissários demarcadores já haviam partido foi que um grupo restrito de pessoas tomou conhecimento do seu teor integral. A transparência não era virtude dos regimes absolutistas.

A folha de rosto do tratado diz bastante, e por isso reproduzimos a versão portuguesa:

TRATADO DE LIMITE DAS CONQUISTAS ENTRE OS MUI ALTOS E PODEROSOS SENHORES D. JOÃO V, REI DE PORTUGAL, E D. FERNANDO VI, REI DE ESPANHA.

Abolida a demarcação da linha meridiana ajustada no Tratado de Tordesilhas de 7 de junho de 1494, se determina individualmente a raia dos Domínios de uma e outra Coroa na América Meridional.

A de Portugal renuncia ao direito, que alegava ter, às ilhas Filipinas, pelo dito Tratado de Tordesilhas e pela Escritura de Saragoça de 22 de abril de 1529; e cede à Espanha Colônia do Sacramento e o Território da margem setentrional do rio da Prata, que lhe pertencia pelo Tratado de Utrecht, de 6 de fevereiro de 1715, como também a Aldeia de S. Cristóvão e terras adjacentes, que tinham ocupado os portugueses entre os rios Japurá e Içá, que desaguam no das Amazonas.

A de Espanha renuncia todo direito, que alegava ter, às terras possuídas pelos portugueses na América Meridional ao ocidente da linha meridiana, ajustada naquele tratado; e cede a Portugal todas as terras e povoações da margem oriental do rio Uruguai, desde o rio Ibicuí para o norte, e outra qualquer estabelecida pelos espanhóis na margem oriental do rio Guaporé.

Assinado em Madri a 13 de janeiro de 1750.

Há um longo introito de quatro páginas onde é explicitada a, digamos, filosofia do acordo. Os reis querem "alhanar os embaraços" que existem entre seus reinos, e o principal para isso era acertar as divisas entre suas possessões americanas. Cada parte apresenta seus argumentos. "Vistas e examinadas estas razões pelos dois Sereníssimos Monarcas", resolvem "pôr termo às disputas passadas e futuras" com a assinatura de um tratado geral de limites. No final da introdução, acentuam-se "os dois fins" do acordo:

o primeiro e principal, é que se assinalem os limites dos dois Domínios tomando por base as paragens mais conhecidas, para que em nenhum tempo se confundam nem deem ocasião a disputas, como são a origem e o curso dos rios e os montes mais notáveis; o segundo, que cada parte há de ficar com o que atualmente possui, à exceção das mútuas concessões...

É interessante notar que na proposta de Alexandre os dois fins estavam em ordem inversa. Por alguma razão Carvajal — que retocou o texto vindo de Lisboa e introduziu novos artigos, não propriamente de limites — resolveu colocar as fronteiras naturais na frente da ocupação. Será que para não priorizar o que a Espanha cedia? Nada muda na prática, mas se fosse importante a hierarquização dos fins, sem dúvida o primeiro deveria ser a posse do território, o que depois se chamou de princípio do *uti possidetis*.

Os três artigos iniciais, já vimos, estabelecem que o acordo é "o único fundamento [...] para os limites dos dois Domínios" — esqueçam-se, pois,

O TRATADO DE MADRI E SEU FUTURO

tratados e alegações anteriores. As Filipinas e ilhas adjacentes são da Espanha, e tudo que os luso-brasileiros ocuparam na América é de Portugal. Os artigos IV, V, VI, VII, VIII e IX descrevem com a máxima precisão que o tempo permitia os locais por onde passará a linha de limites. Os demais artigos (do X ao XXVI) explicam como se farão as permutas, esclarecem que os rios entre os dois domínios são compartidos, vedam o contrabando, tratam do auxílio mútuo em caso de ataques de terceiro, estabelecem que permaneçam em paz as colônias, durante eventuais guerras europeias, e determinam que os comissários a serem nomeados façam mapas das porções demarcadas.

Um ponto a ser destacado. O famoso artigo XXI, que não permitia que houvesse guerra no continente sul-americano, mesmo que as metrópoles estivessem em combate — considerado por vários autores como a semente do pan-americanismo —, não é de autoria de Gusmão, mas, sim, de Carvajal, que o introduziu na versão final. A tese anterior, que vinculava o santista a Monroe ("a América para os americanos"), é corrente entre os historiadores brasileiros e foi divulgada internacionalmente pelo jurista Rodrigo Otávio, em conferências pronunciadas na Sorbonne em 1930, sob o título geral "Alexandre de Gusmão et le sentiment américain dans la politique internationale" [Alexandre de Gusmão e o sentimento americano na política internacional].

Historiadores neutros, como Robert Southey e Gottfried Handelmann, elogiam a abrangência do acordo, a boa vontade entre as partes, a generosidade de vistas ao procurar preservar a paz nas colônias, e louvam a coragem das renúncias explícitas feitas pelas partes. Os hispano-americanos irritam-se com o território perdido no continente: com razão até, pois as Filipinas — a compensação global alegada — estão certamente muito distantes. Vários deles chamam o Tratado de Madri, de modo depreciativo, " o acordo da permuta" (Colônia × Sete Povos). Os brasileiros o veem como um grande feito da diplomacia lusa, sem paralelo em outro país de qualquer lugar do mundo. Capistrano de Abreu, defensor precoce dos indígenas, é a exceção, pois não tem simpatia pelo êxodo dos índios missionários.

Muitos dirigentes lusos contribuíram para o resultado, e ideias embutidas nele podem ser vistas em um ou outro parecer de membros do Conselho

Ultramarino, desde a década de 1720. Uma só pessoa, entretanto, o "brasílico" Gusmão, como o chamavam os contemporâneos, conduziu a pesada biga do Tratado de Madri, das tratativas iniciais às primeiras demarcações. O papel do barão do Rio Branco ao negociar a aquisição do Acre — a mais intrincada questão de nossa vida internacional como nação independente — talvez seja o único comparável, pela complexidade da questão e pelo delineamento da solução. Apesar de muitas diferenças: as dimensões das áreas em jogo não eram parecidas, Rio Branco estava na liderança formal das tratativas, havia uma forte opinião pública favorável à aquisição do Acre.

Um dos últimos textos de Alexandre, de 1752, é sua resposta às várias objeções ao acordo feitas pelo brigadeiro António Pedro de Vasconcelos. Ele trata o oponente com respeito, mas demole cada uma das alegações feitas. Seu texto tem dez páginas, simples nas palavras, ao contrário da linguagem elaborada do tempo, e claro no pensamento, em contraste com o barroquismo conceitual que ainda vigorava em Portugal. Não há melhor explicação das vantagens do acordo. Merece, pois, que reproduzamos cinco parágrafos:

> O país que cedemos é o território da Colônia, ou a margem setentrional do rio da Prata, que nos tocava pelo Tratado de Utrecht; não há dúvida que nos podia ser proveitoso se os espanhóis o entregassem a nós, porém estando eles de posse dele, e mui alheios de o quererem largar, como experimentamos em mais de vinte anos de instâncias e negociações baldadas, não sei como se verifique a qualidade de "muito útil" que V. S. dá àquele território [...]
>
> As conveniências porém que podemos ter no que nos cedem na margem do Uruguai [os Sete Povos], pela bondade do terreno, e pelo aproveitamento que vamos achar nele, não são pequenas; estas desfrutaremos com sossego e sem contradição, quando não tirássemos outra conveniência, que é a de dar fundo grande ao Estado do Brasil, por aquela parte onde não possuíamos mais que uma língua de terra de perto de duzentas léguas de cumprimento. Não poderá V. S. deixar de conhecer quanto é superior esta conveniência à de sustentar um presídio encravado no domínio da Espanha, donde dependia inteiramente, além do dispêndio, da vigilância para poder sustentá-lo e defendê-lo. Bem sabe V. S. que o que possuíamos até agora de Curitiba para o sul era unicamente o Viamão e o terreno beirando o mar, que na parte onde mais entra terra adentro distará do mar quinze léguas [...]

Pelo contrário, executada a divisão do tratado, ficaremos logo em Castilhos com quarenta ou cinquenta léguas de fundo pela terra adentro e daí para adiante com cem ou cento e cinquenta; esta largura vai crescendo a perto de duzentas léguas no paralelo em que está Curitiba, e daí para diante, cada vez mais [...]

Ainda que fosse verdadeira a opinião que tinham sustentado nossos comissários em Badajoz [em 1681], de que a linha divisória devia passar pela boca do rio das Amazonas, daí mesmo se colhia que sendo o curso do rio no sentido leste-oeste, não nos poderia tocar quase parte alguma, do que possuíamos pelo rio acima até a missão de São Pedro [bem perto da foz do Javari]. Em que vão setecentas léguas; e que da mesma sorte tocava à Espanha tudo o que tínhamos ocupado em Mato Grosso, Cuiabá e parte de Goiás; como também tudo o que nos achávamos de posse ao norte do rio das Amazonas [...]

Agora considere V.S. que peso faz na balança da razão o miserável presídio da Colônia com todas as vantagens que lhe queiram atribuir, em comparação com um país imenso, que se nos contestava, com minas copiosas de ouro e diamantes; e com os preciosos frutos de que vêm carregadas as frotas do Pará. E considere também se fizemos um mau negócio em tirar um bom equivalente por aquele presídio que os espanhóis estavam mui longe de querer entregar-nos e que nunca poderíamos recuperar senão por guerra; por um território, enfim, que ainda quando a Espanha quisesse largar, não deixava nosso país tão redondo e tão coberto como com o que nos vieram a dar em câmbio...[1]

Em resumo, tínhamos no Sul uma "língua de terra" e ainda separada "de um presídio encravado no domínio da Espanha"; agora temos uma fértil zona subtropical defensável e capaz de "dar fundo grande ao Estado do Brasil". No Centro-Oeste e no Norte não tínhamos nada legalizado e agora temos, respectivamente, um país imenso, "com minas copiosas de ouro e diamantes" e "os preciosos frutos de que vêm carregadas as frotas do Pará". Será mesmo — pergunta Alexandre, sabendo que a resposta contrária se impõe — que "fizemos um mau negócio"?

Santo Ildefonso e a amputação do sul

Vários são os motivos que levaram à anulação do Tratado de Madri. É certo que, no Sul, houve a Guerra Guaranítica, e, no Norte, as dificuldades de demarcação revelaram-se insuperáveis. É controvertido que a oposição jesuítica tenha representado papel decisivo na falência do tratado. Autores há, da importância de um José Carlos de Macedo Soares ou de um João Pandiá Calógeras, que consideram a atitude contrária dos inacianos como a causa primeira da anulação. Escutemos este: "Balanceados os fatores da decisão [de anular Madri], parece que, no ambiente de má vontade contra a obra precursora de Alexandre de Gusmão, o elemento primacial foi a longa campanha dos jesuítas contra a cessão dos Sete Povos das Missões."[2]

Já para outros, como Hélio Viana, as acusações aos jesuítas não encontram amparo nos documentos; seriam pretextos achados na época para se atacar a Companhia de Jesus, que logo mais, em 1759, seria expulsa do Brasil. O historiador português visconde de Carnaxide, especialista nas relações entre Brasil e Portugal na época do marquês de Pombal (1750-77), chega a uma conclusão intermediária que distingue a reação dos inacianos locais (os dirigentes dos Sete Povos) da orientação da matriz europeia. Em suas palavras: "Os jesuítas missionários opuseram-se à transmigração dos povos do Uruguai, ordenada no Tratado de Limites de 1750; a Companhia de Jesus empenhou-se tanto quanto os governos de Portugal e da Espanha em que a transmigração se fizesse."[3]

A deterioração das relações entre as Coroas, provocada, na Espanha, pela ascensão, em 1760, de Carlos III, um opositor do acordo, e, em Portugal, pela consolidação do poder de outro, o marquês de Pombal, foi seguramente causa importante da morte (apenas aparente, como revelou o futuro) do acordo. Pombal era contra o Tratado de Madri porque não concordava com a cessão de Colônia do Sacramento — talvez pelo passado de lutas e mortes, talvez pelos lucros do contrabando —, numa atitude que tinha seguidores então, mas era certamente equivocada, devido à evidente vantagem da troca. A antipatia que o poderoso ministro nutria por seu antecessor em valimento, Alexandre de Gusmão, seguramente contribui para explicar sua posição.

O fato é que, em 1761, os dois países assinaram o Tratado de El Pardo, pelo qual o Tratado de Madri e os atos dele decorrentes ficavam "cancelados, cassados e anulados como se nunca houvessem existido, nem houvessem sido executados". Voltava-se, assim, pelo menos em teoria, às incertezas da divisão de Tordesilhas, tão desrespeitada no terreno quanto alterada por acordos posteriores. Na prática, nenhuma nação pretendia renunciar a suas conquistas territoriais ou a seus títulos jurídicos. Tanto é assim que foi exatamente no período pombalino que se construíram ou reconstruíram os grandes fortes que até hoje balizam as fronteiras do Brasil, todos a oeste de Tordesilhas: Macapá, São Joaquim, São José de Marabitanas, São Gabriel da Cachoeira, Tabatinga, Príncipe da Beira, Coimbra... O Tratado de El Pardo apenas criava uma pausa durante a qual se esperaria o momento propício para novo ajuste de limites.

E esse momento surgiu em 1777, ano no qual — fato sem precedente na História de Portugal — uma mulher, D. Maria I, subiu ao trono e iniciou a política de reação ao pombalismo, que ficou conhecida como "viradeira". Já se vinha negociando um tratado, mas a queda de Pombal e, na Espanha, a substituição do primeiro-ministro Grimaldi pelo conde de Floridablanca modificaram o equilíbrio de forças "para pior quanto aos interesses portugueses"[4] e precipitaram os acontecimentos. A balança de poder no Sul pendia também para a Espanha, tendo o governador de Buenos Aires ocupado a ilha de Santa Catarina e parte do Rio Grande do Sul.

A Espanha fez exigências e impôs a assinatura de um Tratado Preliminar de Limites, que ficou com o nome de um dos palácios do rei espanhol situado em San Ildefonso, nas proximidades de Toledo. Por esse tratado, Portugal conservava para o Brasil as fronteiras oeste e norte, negociadas em Madri (apenas mais precisadas em certos trechos). Cedia, entretanto, a Colônia do Santíssimo Sacramento sem receber a compensação dos Sete Povos das Missões; o Rio Grande do Sul acabava, pois, numa frágil ponta e tinha apenas a metade de seu território atual (que praticamente é o do Tratado de Madri).

Os hispânicos tinham ainda outra vantagem. O Tratado de Santo Ildefonso foi negociado quando já dispunham de um mapa bem mais correto que o Mapa das Cortes, e que, portanto, revelava as reais perdas territoriais sofridas. Três vezes maior que o das Cortes, o "Mapa Geográfico de América Meridional", de Juan de la Cruz Cano y Olmedilla, é considerado uma das proezas cartográficas do século XVIII (uma de suas versões se acha exposta na antessala da Secretaria-Geral do Palácio do Itamaraty em Brasília).

Não há dúvida de que, pelo Tratado de Santo Ildefonso, Portugal perdia com relação ao que havia ganhado no Tratado de Madri. Há quem diga, entretanto, que isso não foi totalmente mau para os portugueses, pois confirmava a inclusão no território nacional de quase toda a área dos dois terços do Brasil extra-Tordesilhas. O problema é que a troca Colônia x Sete Povos era um ponto essencial do acordo, e agora ambos os territórios ficavam com a Espanha. Têm razão, pois, a maioria dos historiadores brasileiros que condena o acordo, na linha de Varnhagen, que afirma terem sido seus artigos "ditados pela Espanha quase com as armas na mão".[5]

Capistrano é a exceção: sempre pensando por sua própria cabeça e acreditando que nenhum patriotismo pode sobrepor-se à justiça, acha-o "mais humano e generoso"[6] que o de Madri, pois não impunha transmigrações indígenas, que considerava odiosas. O historiador é um precursor do general Rondon na defesa intransigente dos índios, o que é louvável. Mas — permitam-me um toque de humor — não precisava ser tão duro com os gaúchos: antes já falava de "prole sinistra", agora aplaudia a perda de metade do Rio Grande do Sul...

Há autores hispano-americanos que também condenam Santo Ildefonso, mas por motivos opostos aos dos críticos brasileiros: a Espanha poderia, segundo eles, ter obtido então muito mais. O argentino Miguel Ángel Scenna assim se expressa, por exemplo: "Santo Ildefonso [...] lamentável [para os espanhóis] porque foi negociado quando a Espanha tinha as cartas de triunfo na mão e estava em condições de invadir militarmente o Brasil."[7] Naquele momento, é verdade, o vice-rei Pedro de Cevallos ocupava a ilha de Santa Catarina e tinha posição de força frente aos luso-brasileiros no Rio Grande do Sul.

Santo Ildefonso refletiu a situação de poder do momento, mais favorável à Espanha do que à época de Madri. O internacionalista argentino Carlos Calvo tem, por exemplo, a seguinte opinião sobre o tratado:

O TRATADO DE MADRI E SEU FUTURO

Mais vantajoso à Espanha que o de 1750, deixou-a no domínio absoluto e exclusivo do rio da Prata, içando sua bandeira em Colônia do Sacramento e estendendo sua soberania aos campos do Ibicuí [a região dos Sete Povos], na margem oriental do Uruguai, sem mais sacrifício do que a devolução da ilha de Santa Catarina, da qual se havia apoderado por conquista.[8]

Há divergências entre brasileiros e hispano-americanos sobre a validade do Tratado de Santo Ildefonso, após a Independência. A maioria dos autores de língua espanhola o vê, para empregar as palavras de Raúl Porras Barrenechea, em sua *Historia de los límites del Perú*, como "o que fixou definitivamente os limites entre as colônias". Sigamos com o mesmo historiador:

O Tratado de Santo Ildefonso foi o último convênio celebrado entre a Espanha e Portugal sobre a delimitação de suas respectivas colônias. Era o tratado vigente ao se proclamarem as independências na América do Sul. O Brasil, no entanto, seguindo a tradição expansionista dos colonizadores portugueses, ultrapassou em muitos lugares a linha de Santo Ildefonso. Nas discussões diplomáticas em que os países vizinhos tentaram fazer valer os direitos que lhes assegurava o Tratado de Santo Ildefonso, o Brasil negou a validade e a substância desse acordo.[9]

A doutrina brasileira, desenvolvida no Império, apegava-se não ao texto do Tratado de Santo Idelfonso, que era "preliminar", como diz seu título oficial — Tratado Preliminar de Limites —, e, mais ainda, fora anulado pela guerra de 1801, mas sim a seu princípio fundamental, que era o mesmo do Tratado de Madri, o *uti possidetis*. Santo Ildefonso serviria, sim, mas só como orientação supletiva e naquelas áreas onde não houvesse ocupação de nenhuma das partes envolvidas, prosseguia a doutrina, formulada em sua versão mais completa pelo visconde do Rio Branco, em memorando apresentado ao governo argentino em 1857. No fundo — e até que tivéssemos, mais tarde, ao término dos grandes trabalhos do segundo Rio Branco, fronteiras perfeitamente definidas em tratados bilaterais —, era a posse que continuava a definir o território.

A ocupação dos Sete Povos e a volta a Madri

A paz entre Portugal e Espanha, vigente desde 1777, foi confirmada pelo casamento do príncipe herdeiro português D. João com Dona Carlota Joaquina, a filha mais velha do príncipe herdeiro espanhol, D. Carlos. Com a subida ao trono deste, e a regência atribuída àquele, parecia que as perspectivas de colaboração seriam ainda mais amplas. Mas não foi assim. A Revolução Francesa, primeiro, havia unido as potências peninsulares, que até participaram de uma invasão conjunta no sul da França; mas, depois, quando Madri aderiu a Paris, em 1795, separou-as perigosamente para Portugal, que passou a ter o único e grande vizinho como inimigo.

Por exigência do primeiro-cônsul Napoleão Bonaparte (seu irmão Luciano era embaixador em Madri), a Espanha invadiu Portugal com o objetivo de impedir que navios ingleses frequentassem portos portugueses, nessa quadra do bloqueio continental. A guerra foi rápida (maio e junho de 1801), mas teve consequências importantes na América: ao contrário do que previam as cláusulas pacifistas dos tratados de 1750 e 1777, os luso-brasileiros, menos com tropas regulares, mais com voluntários gaúchos, invadiram a região dos Sete Povos, aproveitando-se da situação precária em que estes se encontravam, após a expulsão dos jesuítas.

Vamos dar uma ideia de como se passaram os eventos. Ao chegar ao sul do Brasil a notícia do novo conflito peninsular, o governador do Rio Grande, Veiga Cabral, em vez de esperar pelo ataque que os espanhóis preparavam, resolveu enviar tropas para a área da lagoa Mirim e obteve pequenos ganhos territoriais nas proximidades do rio Jaguarão. Houve também entreveros na fronteira oeste. E foi aí que se deu o importante acontecimento que alterou de modo substancial os limites de 1777. José Francisco Borges do Canto, um soldado desertor do Regimento dos Dragões e, agora, conhecido "vaqueano" (para usar uma palavra que identificava no sul os chefes de grupos que apresavam o gado solto das vacarias), apresentou-se ao comandante dessa fronteira, em Rio Pardo, coronel Correa Câmara, oferecendo seus serviços para invadir o território espanhol dos Sete Povos.

A proposta foi aceita e algum apoio foi dado. Suas tropas, entretanto, não passavam inicialmente de quarenta homens fracamente armados. Felizmente para o sucesso da ousada empreitada, ele foi auxiliado por grupos indígenas locais e por estancieiros gaúchos das proximidades — alguns autores dão um papel destacado a Manuel dos Santos Pedroso. Na verdade, houve fraca resistência: as missões estavam em plena decadência, e a população, calculada em 30 mil pessoas em 1750, não seria agora superior a 1.500. Assim, em poucos dias, um feito de enorme significado para a formação territorial do Brasil foi realizado com diminuta intervenção oficial. Conquistado o território, daí, sim, houve um esforço do governo para ocupar a área, distribuindo terras e atraindo colonos; é esta a origem das estâncias que se foram formando na região missioneira, as quais, junto com os núcleos populacionais — novos ou restabelecidos —, asseguraram que ficasse brasileira a metade oeste do Rio Grande do Sul.

O conflito de 1801, conhecido como "Guerra das Laranjas", terminou nesse mesmo ano com a assinatura da Paz de Badajoz. As áreas invadidas pela Espanha na Europa foram restituídas a Portugal, à exceção de Olivença e zona contígua, conservada a título de se estabelecer aí uma fronteira mais natural — o rio Guadiana. Nada dispôs o acordo, entretanto, sobre a América do Sul, e por isso a área dos Sete Povos continuou na posse dos luso-brasileiros. Essa situação não foi bem recebida em Buenos Aires e Montevidéu: durante décadas, não faltaram tentativas de se voltar às disposições do Tratado de Santo Ildefonso. Sem sucesso.

Adiantemos as linhas gerais da evolução dos problemas de fronteira, depois do tempo dos vice-reis no Rio de Janeiro (1763-1807), quando se passaram os eventos aqui relatados. Ao chegar ao Brasil, em 1808, a corte portuguesa encontrou um tratado, o de 1777, anulado pela guerra peninsular de 1801 (na doutrina brasileira), mas que continuava de qualquer forma a ser o último texto completo sobre limites na América. No período joanino, o Brasil apresentou suas máximas dimensões territoriais, com a ocupação da Guiana Francesa (1809-14) e da Banda Oriental do Uruguai (1821-28). A visão a posteriori revelou, entretanto, que eram episódios temporários. A Guiana foi restituída à França após a queda de Napoleão e o Uruguai se tornou independente ao final de uma guerra entre Brasil e Argentina.

Ambas as ocupações deixaram algum benefício. Ao devolver a Guiana, ficou consignado no tratado respectivo que o território desta não ultrapassava o rio Oiapoque; ao concordar com a independência uruguaia, o acordo brasileiro-argentino dava ao novo país os mesmos limites da Província Cisplatina, assegurando, pois, ao Rio Grande do Sul amplas fronteiras meridionais, "com quarenta ou cinquenta léguas de fundo pela terra adentro", para lembrar a formulação de Alexandre. Praticamente as do Tratado de Madri: desciam do Ibicuí ao Quaraí, no rio Uruguai, mas em compensação subiam da ponta de Castilhos Grandes ao arroio Chuí, no Atlântico.

Para terminar o capítulo, detenhamo-nos um minuto sobre a origem do invólucro fronteiriço atual do Brasil. É de 23.086 quilômetros, sendo a seção marítima de 7.367 quilômetros e a terrestre (a rigor, com predomínio fluvial) de 15.719 quilômetros. Demétrio Magnoli, em *O corpo da pátria*, estuda a configuração jurídica atual (os tratados vigentes) das nossas dez fronteiras bilaterais e chega à conclusão de que 51% da linha de limites vêm da Colônia, 17% do Império, e 32% da era Rio Branco. É uma visão digamos legalista, que traz à tona o último acordo de fronteira. Não é incorreta, mas não dá ideia da construção gradual das lindes territoriais. Basicamente o que havia antes da independência dos países sul-americanos era a mancha dos tratados da época colonial. Bem nítida no sul, muito mais incerta na Amazônia. O Império e a República o que fizeram foi negociar com cada vizinho um tratado específico. Por serem todos eles fundados no *uti possidetis*, melhoraram um pouco, em vários casos, a posição das raias.

Há limites que vieram intocados da Colônia, como o rio Guaporé, trecho de nossa divisa com a Bolívia. Outros foram alterados no Império, como a linha geodésica Tabatinga-Apapóris, estabelecida em 1851 por acordo com o Peru. E vários foram fixados pela República, como a sequência fluvial Peperi-Santo Antônio, do arbitramento de 1895 com a Argentina. De modo geral, pode-se dizer que os limites de nosso território vêm da Colônia e foram ajustados bilateralmente em vários trechos após a Independência. Vamos exemplificar com a nossa fronteira com o Uruguai, aliás, a mais alterada. Ela provém dos tratados de Madri, de Santo Ildefonso e da ocupação dos Sete Povos. Posteriormente houve os limites da Província Cisplatina, e, finalmente, do acordo imperial de 1851, retificado pelo Barão, num pequeno trecho, em 1909 — e estamos considerando só os eventos principais. (Ver

Mapa 7 no encarte.) É esta a visão que poderíamos chamar construtiva das fronteiras, a que nos parece mais adequada no caso do Brasil: sucessivas alterações, aqui e ali, dos limites coloniais. Situação bem diferente da de outros países, como, por exemplo, os Estados Unidos, que se expandiram e conquistaram 90% do seu território após a independência.

E uma palavra final. O fato básico de que devemos lembrar é que, ao se encontrar o Brasil independente e cercado por dez vizinhos, se não havia propriamente acordos de fronteira, havia, sim, uma ideia geral dos limites do território nacional que vinha dos tratados de Madri e Santo Ildefonso. Assim, podemos dizer, com Francisco Iglésias, que ao término do período colonial o mapa do Brasil estava grosso modo definido:

> O importante a fixar, sem atenção a pormenores geográficos, é que no final do domínio ibérico na América, com as independências entre 1810 e 1830, o limite do Brasil estava já determinado. Fora obra da conquista de portugueses e brasileiros e da diplomacia portuguesa.[10]

Nossas fronteiras, basicamente, são as do Tratado de Madri; nosso mapa, em linhas gerais, o das Cortes. A obra de Gusmão, que parecia ter tido uma morte precoce, na verdade está tendo uma próspera vida.

12.

Alexandre: vida e obra

A vida que passa

Não são muitos os momentos conhecidos da trajetória pessoal de Alexandre de Gusmão. Um deles é seu casamento, objeto de várias cartas a um amigo padre, o arcediago de Oliveira. Vamos aos fatos. Em 1744, aos 49 anos, nosso personagem resolve casar-se. Decisão racional, como era comum nas classes altas de seu tempo; nada de antecipar as paixões românticas do século XIX... Diz coisas que — vindas de um espírito tão livre como o seu — surpreendem pelo conformismo. A jovem com quem pretende se casar, Isabel Maria Teixeira Chaves, era de família nobre da região de Trás-os-Montes, tinha bom dote e "não podia ser mais santa nem recatada",[1] informa numa carta. Em outra, diz que ela herdaria "um fortunão" (que acabou não vindo, por demandas judiciais perdidas), e frisa: "estando para ser seu marido, ainda não lhe pus os olhos e só por informação sei que não é malparecida e de gênio muito dócil."[2]

Lembre-se de que as chamadas moças de família em Portugal tinham então uma educação extremamente reclusa, que evocaria a de alguns países muçulmanos de hoje. E a mentalidade dos "moços de família" não deveria ser muito diferente; seria complementar à das moças, inclusive entre os mais cultos, como se vê neste exemplo de outro "brasílico" do tempo e do local, o escritor filosófico Matias Aires. Trata-se do trecho de uma carta de

1746, escrita a um amigo de Paris, pedindo-lhe que "buscasse uma noiva na França". Diz coisas surpreendentes: "Estimava que fosse Senhora que estivesse em convento e que tivesse pouco conhecimento do mundo [...] Enquanto a formosura, basta que não meta medo."[3]

Um bom matrimônio, pensava Alexandre, só faria bem a seu status social, e poderia até ser agradável. Após o casamento, ele fala da mulher com carinho e se preocupa com a educação dos dois filhos que vieram, Viriato e Trajano. O primeiro tem o nome de um herói luso da resistência aos romanos no século II (está mais na poesia, Camões, Pessoa, do que na história); o segundo, do imperador romano do período da máxima extensão do império (98-117). Tais nomes não deixaram de ser ironizados por ressentidos de Lisboa.

Em soneto (sem título) que sobreviveu, dedicado a seus filhos, há versos que igualmente provocaram comentários. Na segunda quadra, por exemplo, ele parece querer atenuar seu poder, nas três linhas iniciais, mas, na quarta, coloca-se no mesmo nível de mitos históricos, o que não é mesmo indício de modéstia. Como é dos pouquíssimos documentos autobiográficos de Gusmão, permitimo-nos transcrevê-lo:

Isto não é vaidade; é desengano
A elevação do vosso pensamento:
Dei-vos o ser, dou-vos documento
Para fugirdes da soberba ao dano.

Essa grandeza, com que o mundo engano
Foi da fortuna errado movimento.
Subi; mas tive humilde nascimento:
Assim foi Viriato, assim Trajano.

Quando souberdes ler do mundo a história,
Nos dois heróis, que tomo por empresa,
Comtemplareis a vossa e a minha glória.

Humildes quanto ao ser da natureza;
Ilustres nas ações, e esta memória
É só quem pode dar-vos a grandeza.[4]

Revelou-se o casamento uma fonte de água pura, na seca sentimental em que vivia — a Corte atrasada e suspeitosa. Em momento de emoção (alguma havia), Alexandre descreve ao mesmo amigo o ambiente aprazível de sua nova casa, com "o contentamento de ouvir chorar uma criança".[5] O que importa é que parece ter vivido tempos felizes... que não duraram muito.

Antes da morte de D. João V, já se comentava sobre a possibilidade de Gusmão tornar-se ministro. Numa carta para seu associado de Hamburgo, um bem-informado comerciante de Lisboa, Francisco Xavier Hocqueler, dizia: "Intentou Frei Gaspar a Alexandre de Gusmão para o Secretariado, mas dizem que El-Rei asperamente o refutou, dizendo que esta dependência tinha já cometido a Pedro Mota."[6] Depois da morte do rei, aumentaram as críticas ao valido, inclusive em panfletos populares que apontavam Gusmão à execração pública, frequentemente lembrando seu "ínfimo nascimento", como diz um deles, ou sua alegada condição de "marrano", como insinua outro, versificado:

Quem merece a Inquisição? — Gusmão.
Quem o deve acompanhar? — Gaspar.
Pois meu rei, acautelar![7]

Em círculos mais elevados, o secretário também era criticado. Monsenhor Ratta, auditor da Nunciatura Apostólica em Lisboa, assim comenta em carta de 1751, a um cardeal de Roma:

Quanto ao Gusmão, quem disse ter-se retirado voluntariamente [...] digo a Vossa Eminência [...] que perder a Secretaria de Estado, que tinha na mão, foi para ele um golpe mortal, que no entanto não o abateu, como não o abate nem o ódio nem o desprezo universal. Ele é daqueles que não saem duma casa, senão lançados por uma das janelas mais altas, e com esses negócios da Colônia dos quais se pôs privadamente à frente, não está fora do crível que possa fazer caminho para outros, e pode também suceder ao velho Pedro Mota.[8]

Vinte anos ao lado do poder absoluto deixava sequelas... Desde o início do novo reinado, houve divergências com Sebastião José de Carvalho e Melo, o futuro marquês de Pombal, uma das mais sérias sobre a capitação, que o novo ministro logo extinguiu. Mas Alexandre continuava a dar pareceres no Conselho Ultramarino, a lidar com as demarcações no Brasil, a emitir opiniões sobre matérias eclesiásticas. Há quem diga que a rainha Bárbara de Bragança, conhecedora de seu valor, era um de seus sustentáculos na corte de seu irmão D. José I (talvez até estimulada pelo ministro Carvajal y Lancaster, que não gostava de negociar com Pombal). Por uma razão ou outra, o fato é que só depois da morte de Gusmão o já poderoso ministro — e ainda no início da carreira — começou a atacar abertamente o Tratado de Madri. Rivalidades pessoais ou dúvida sobre os benefícios do tratado? De qualquer forma, vê-se que, pelo menos neste caso, o julgamento político de Sebastião José era inferior ao de Alexandre.

Já sabemos que o secretário d'el-rei tinha dificuldades para manter seu trem de vida — um ano antes da morte teve que empenhar as joias de sua mulher. Vamos informar agora que os bens herdados não foram suficientes para a viúva pagar as dívidas deixadas. Fora os vencimentos de sua função (que não eram tão pequenos), recebeu sempre benesses de seu protetor. Desde 1724, quando era ainda diplomata em Paris, ganhou a titularidade da Ouvidoria de Vila Rica, então no pico da produção de ouro. Até de D. José recebeu prendas, como uma casa em Linda-a-Velha, nas proximidades de Lisboa. Como explicar, então, a penúria de meios? Camilo Castelo Branco dá a chave: Alexandre vivia no limite de suas posses, administrava mal as finanças pessoais e teve "infortúnios inopinados em tentativas mercantis".[9]

Sem dúvida Gusmão gostava de se manter numa situação social elevada, e, aliás, era o que o rei esperava de um colaborador próximo. Como curiosidade, traga-se à baila que D. João V pensava não ser uma boa prática ter ministros sem posses: em bilhete ao cardeal da Mota, referindo-se à possibilidade de nomear para altos cargos dois nobres, hesitava na escolha, alegando exatamente a pobreza dos cogitados. Sobre os infortúnios mercantis do secretário, o mais conhecido (seria o único?) é que arrendou uma propriedade rural no termo de Azambuja ao padre Agostinho Correia de Melo: "Mas sucedeu que o arrendatário lhe saiu um refalsado biltre."[10] Durante anos ele lutou na justiça contra o padre, porém morreu sem ter conseguido receber o que achava lhe ser devido (fato que até diz bem dos juízes, pois estavam lidando com um valido do rei).

Uma bela apreciação global da vida de Alexandre foi feita logo depois de sua morte pelo embaixador francês em Lisboa, o conde de Baschi. Tem particular valor por vir de um experiente diplomata que o conhecia bem, não era seu amigo e até se ressentia das relações próximas que ele tinha com seu rival na corte lusa, o embaixador inglês lorde Tirawley:

> Portugal acaba de sofrer uma perda considerável na pessoa do sr. Gusmão [...] Era talvez o mais talentoso homem do reino [...]. Às vezes ele seguia demais seus impulsos, o que o levava a ultrapassar os limites [...] Mas era dotado de uma grande memória, de uma eloquência natural e sobretudo de uma clareza pouco comum em tudo que queria explicar. O rei morto tinha-o em grande consideração. E o atual não menos. Mas, após a morte de D. João V, ele continuou muito próximo do infante D. Pedro [irmão de D. José], o que bem poderia ter-lhe custado o cargo de secretário de Estado. Eu creio que aqueles que o substituem não ficaram muito tristes em se sentirem dele desembaraçados [...] Só ele estava perfeitamente a par dos assuntos de Roma com esta Corte e, o que é mais essencial, de tudo que concerne a Colônia e às cessões espanholas.[11]

A obra que fica

Para nós brasileiros e também para os portugueses, o grande feito de Alexandre de Gusmão foi ter conseguido legalizar o alargamento imenso do território do Brasil. Sabemos da penetração de bandeirantes, colonos, missionários e também de agentes da Coroa em várias regiões extra-Tordesilhas. Os locais ocupados não estavam, entretanto, bem caracterizados no terreno. Rodeá-los de rios e montanhas — encontrar as fronteiras naturais — e sobretudo conseguir que os espanhóis concordassem em ceder as áreas invadidas de um território sem dúvida seu — garantir o *uti possidetis* — foi certamente uma proeza notável. Houve a preparação intelectual, tomaram-se as medidas práticas, difícil se revelou a negociação do Tratado de Madri. Em todas as fases é inegável o protagonismo do secretário do rei. Um acordo dessa dimensão é sem paralelo na história universal. Poucos fizeram tanto pela grandeza do Brasil.

Vamos trazer duas opiniões sobre os trabalhos de Alexandre. A primeira, sobre sua diligência, competência e probidade, é de um nobre português que o conheceu bem, Francisco Xavier de Mendonça (em uma carta de 1756, escrita a um grande de Espanha):

> A rara capacidade deste homem era inimitável; sua benigna intenção e retidão a mais sincera; em tudo o maior trabalhador do nosso século em tudo quanto foi conveniente à Monarquia, vencendo as maiores dificuldades com seus estudos e sua prudência; foi insuperável na isenção: tanto que, tendo grossa renda, morreu pobre, não chegando todo seu espólio a metade do pagamento de suas dívidas.[12]

A segunda opinião, agora sobre o Tratado de Madri, é de Robert Southey, um historiador inglês das primeiras décadas do século XIX muito familiarizado com os arquivos portugueses: "Impossível teria sido semelhante convênio sem a disposição amigável de ambas as partes [...] A linguagem e o teor todo deste memorável tratado estão dando testemunho da sinceridade e boas intenções das duas cortes. Parecem os dois soberanos contratantes ter-se adiantado ao seu século."[13]

Ninguém mais que Jaime Cortesão conhece não só a obra principal do secretário d'el rei, mas também a totalidade de seus trabalhos; e, ele próprio um grande trabalhador, fica impressionado com a vastidão e variedade dos textos de sua lavra:

[...] correspondência oficial, oficiosa ou familiar; memórias políticas e geográficas; ensaios sobre economia política, crítica literária, costumes sociais, e até um estudo sobre uma nova ortografia da língua portuguesa; discursos acadêmicos e panegíricos; libretos de ópera, poemas e rimários; pareceres como conselheiro do Conselho Ultramarino ou assessor de D. João V; e, finalmente, as suas minutas de lei, portarias, alvarás, bulas, cartas e ordens régias de toda sorte, e, acima de tudo, instruções e correspondência diplomática sobre atos ou tratados em negociação com a Santa Sé, a Espanha, a França e a Grã-Bretanha.[14]

Não esqueçamos que Alexandre deixou de ser secretário particular com a ascensão de D. José, mas continuou com funções no governo. Não houve uma queda brusca, mas uma lenta perda de funções. Por exemplo, foi por instrução do rei que ele defendeu o tratado das acusações de António Pedro de Vasconcelos, de grande repercussão por virem de um valoroso defensor de Colônia. Alexandre sobreviveu à morte de D. João V por três anos. Não foi, entretanto, um bom período. A lucidez continuou a mesma, mas vieram as tristezas, as vinganças, e no final de seus dias até uma tragédia pessoal: sentia diminuir sua influência, estava sem dinheiro, e agora via sua casa ser destruída num incêndio.

É curioso observar como os três grandes construtores de nossas fronteiras, Gusmão, Ponte Ribeiro e Rio Branco, morreram em fases difíceis da vida. O Barão, já adoentado, estava querendo sair do governo Hermes da Fonseca, triste com a "Revolta da Chibata", encabeçada pelo marinheiro mulato João Cândido, e as várias intervenções armadas nos estados (política das salvações), especialmente o bombardeio de Salvador; via ruir a imagem do país civilizado que cultuava. Duarte da Ponte Ribeiro, aos 83 anos, à beira da morte, recebeu uma injusta notificação de que deveria restituir ao Tesouro — o que foi feito — uma quantia expressiva em relação às suas posses.

O assunto ao qual mais se dedicou durante os anos de declínio foi a elaboração dos acordos de execução do tratado e as providências práticas para a formação dos grupos técnicos encarregados da delimitação do território. Alexandre sabia que os geógrafos espanhóis iam perceber as imperfeições do Mapa das Cortes, e por isso deixara expressamente indicado no próprio mapa que ele só servia como uma orientação geral: seria o texto do acordo que daria as indicações precisas para as demarcações. Ele sabia também ser evidente que, numa fronteira tão longa — quase 16 mil quilômetros, e com trechos pouco conhecidos —, por mais claro que fossem os artigos, haveria margem para dúvidas. Muitas.

Vamos citar duas que realmente ocorreram nas demarcações. A primeira no norte da Amazônia: "[seguirá a linha de limites] pelo alto da cordilheira de montes." Qual cordilheira, se há mais de uma? Por quais picos, já que pelos mais altos a linha seria muito irregular? Outra dúvida, agora no próprio rio Amazonas: "[a linha vai até] a boca mais ocidental do Japurá." Ora, a mais ocidental não é exatamente boca, é furo (no caso, canal que leva as águas do Amazonas ao afluente), a seguinte só tem água em certos períodos, a próxima não existia quando o tratado começou a ser negociado...

Como se pode imaginar, foi uma grande e complexa operação, essa de chantar os primeiros marcos físicos no terreno. Especialmente no meio da maior floresta tropical do mundo, só penetrada por rios. Mas antes de tudo era preciso redigir as orientações bilaterais e formar as comissões demarcadoras de cada parte. Em 1751, os plenipotenciários espanhol e português assinaram as instruções para os comissários demarcadores do sul, que se repartiam em três grupos. Nessa região ocorreu o incidente maior, a Guerra Guaranítica (1753-56), em que tropas associadas das potências ibéricas venceram — mas com inesperada dificuldade — a resistência armada dos indígenas dos Sete Povos, que não queriam abandonar suas aldeias. Não é sem razão que o herói (e mesmo santo popular) que emergiu da guerra foi o líder indígena Sepé Tiaraju.

Em 1753, foram assinadas as instruções aos demarcadores da parte norte, igualmente divididos em três comissões. Aqui houve também problemas sérios. Para dar uma só ilustração, o demarcador-chefe brasileiro, Francisco Xavier de Mendonça Furtado, governador do estado do Grão-Pará e Maranhão e irmão de Pombal, não conseguiu encontrar-se com sua contraparte espanhola, D. José de Iturriaga, no local designado, Mariuá (Barcelos). Um adentrou a floresta pelo Amazonas, outro pelo Orinoco, e nunca chegaram ao ponto de encontro. De qualquer forma, um benefício houve: as comissões demarcadoras trabalharam bastante para o conhecimento das zonas a serem limitadas; e também se criou, em 1755, a capitania de São José do

Rio Negro (Amazonas), cujos governantes passaram a dar mais atenção aos problemas das fronteiras.

A historiadora Iris Kantor, atualizando estudos de Arthur Cézar Ferreira Reis (*Limites e demarcações na Amazônia brasileira*), tem demonstrado como foram benéficas as atividades dos demarcadores, tanto do Tratado de Madri como do futuro Tratado de Santo Ildefonso. Eles não só conheceram as regiões, como deram nomes a elas (repare-se, nomes indígenas e jesuíticos após Madri, e portugueses após a expulsão destes). Esses nomes — continua a professora da USP, num capítulo de *Une carrière de géographe au siècle des Lumières: Jean-Baptiste d'Anville* — serviram depois ao Brasil independente como prova de antiga posse pacífica do terreno. Joaquim Nabuco, em *O direito do Brasil*, seria o exemplo mais completo da utilização da toponímia para provar o *uti possidetis*, inclusive com o mapa do citado geógrafo francês, que nas divisas com a Guiana inglesa era favorável ao Brasil.

As linhas de Madri são basicamente os limites do Brasil de hoje. O mapa é o das Cortes, claro que menos cinturado. As diferenças vêm de acordos do Império e da República e são relativamente pequenas, tendo em vista as grandes dimensões do tratado de 1750. Os tratados de limites imperiais foram bem concebidos: havia uma sólida política, existiam bons negociadores. Baseados no *uti possidetis*, ampliaram um pouco mais os limites de Madri. Houve sempre negociações bilaterais, com concessões mútuas, mas, como geralmente era o Brasil que estava de posse da área disputada, as vantagens ficavam do nosso lado.

Do Segundo Reinado, lembremos o acordo com o Peru, de 1851, que, com a nova linha geodésica Tabatinga-Apapóris, integrou no país o ângulo formado pelos rios Amazonas e Japurá; e o Tratado de Ayacucho com a Bolívia, de 1867, que trouxe mais para o sul a linha Madeira-Javari, fixou-a nas nascentes deste, e transformou em rio exclusivamente brasileiro o alto Paraguai. Ao final da Guerra do Paraguai (1865-70), os diferendos bilaterais de fronteira foram resolvidos de acordo com nossas reivindicações. Com o Uruguai, por acordo de 1851, depois de alguma variação vinda dos tempos coloniais e da Província Cisplatina, nossos limites foram afinal consolidados: praticamente eram os de Madri, um pouco mais ao sul no interior e um pouco mais ao norte na costa.

No começo da República, Rio Branco venceu a Argentina no arbitramento da Questão de Palmas e a França no da Questão do Amapá; Joaquim Nabuco, apesar de uma brilhante defesa, que aproveitou estudos prévios do Barão, só conseguiu 40% da área disputada com a Inglaterra. Rio Branco foi chanceler de 1903 a 1912. O Acre foi a única aquisição territorial do Brasil independente: houve um dispêndio monetário, concessões territoriais e a construção de uma estrada de ferro. E foram assinados acordos de fronteira com praticamente todos os vizinhos. O fecho de ouro da obra que começou em 1750.

Em resumo, nossas fronteiras vêm grosso modo do período colonial, com acréscimos de tratados de limites do Império e da República. O território brasileiro expandiu-se e se consolidou, nunca pela força, sempre por negociação. O país abunda em riquezas e problemas — destes, a grande desigualdade social talvez seja o maior. No que concerne, entretanto, à formação territorial, o que existe é uma história vibrante e vitoriosa. O primeiro sucesso no tempo e o maior em área foi o Tratado de Madri, e seu grande artífice, Alexandre de Gusmão.

E uma palavra final. Já relacionamos o tratado — que unificou as províncias quase autônomas, "the Brazils" dos textos ingleses — ao sentimento de nativismo. Há historiadores que vão mais longe. Jorge Caldeira diz que "[o plano de José Bonifácio era] manter o território reconhecido juridicamente desde a ação de Alexandre de Gusmão e fundar sobre essa base uma Nação".[15] E Jaime Cortesão não tem dúvida em considerar o santista o "grande precursor da Independência do Brasil".[16]

Conclusão

O mito que nasce

... E aqueles que por obras valerosas
Se vão da lei da Morte libertando...

Os Lusíadas, canto I, estrofe 2

Mito é assunto vasto e complexo. Livros eruditos foram escritos sobre ele, como *O ramo de ouro*, de James Frazer, para mencionar um clássico, ou *Historia crítica de los mitos de la conquista americana*, do argentino Enrique de Gándia, para ficar no nosso continente. Obras literárias foram elaboradas em seu entorno, como *Grande sertão: veredas*, de Guimarães Rosa, para dar um exemplo brasileiro, ou *A terra devastada*, para lembrar uma das mais famosas poesias de T. S. Eliot (e do século XX). Em *Mensagem*, único livro publicado em vida por Fernando Pessoa, que trata dos mitos da história de Portugal, há uma das notáveis definições, características de toda sua obra: "Mito é o nada que é tudo." Longe dos voos poéticos, vamos racionalmente nos limitar inicialmente a uma de suas acepções: "construção mental de algo idealizado, sem comprovação prática" (Dicionário Houaiss).

O historiador contemporâneo israelense Yuval Noah Harari dá um grande valor a narrativas ficcionais, ou, como também diz, aos mitos. A criação deles, pensa, deu uma qualidade especial ao *Homo sapiens*, distinguindo-o das demais espécies humanas então existentes, das quais a mais conhecida era a de Neanderthal. A invenção de histórias foi, continua Harari, a primeira das três revoluções essenciais para o progresso mental do *sapiens*: a cognitiva, que teria ocorrido cerca de 70 mil anos antes de Cristo (as duas revoluções seguintes foram a agrícola, 10 mil anos antes de Cristo, e a científica, iniciada no Renascimento).

Duas frases de seu livro *Sapiens* dão uma ideia do que pensa o autor. Estatuetas pré-históricas de um corpo humano com cara de felino, possivelmente uma divindade, são dos primeiros exemplos de criação artística do homem. Tendo em vista obras desse tipo, Harari escreve: "Desde a Revolução Cognitiva, os sapiens vivem, portanto, em uma realidade dual. Por um lado, a realidade objetiva dos rios, das árvores e dos leões; por outro, a realidade imaginada de deuses, nações e corporações."[1] A narrativa ficcional foi fundamental para o desenvolvimento das civilizações:

> Como o homo sapiens conseguiu ultrapassar esse limite crítico [de população: os caçadores-coletores viviam em bandos de vinte, trinta, no máximo uns cinquenta indivíduos], fundando cidades com dezenas de milhares de habitantes e impérios que governam centenas de milhões? O segredo foi provavelmente o surgimento da ficção. Um grande número de estranhos pode cooperar de maneira eficaz se acredita nos mesmos mitos.[2]

Não é aqui o lugar para tratar destes míticos temas, por mais atraentes que sejam. Vamos apenas mencionar alguns mitos da conquista das terras americanas. Jaime Cortesão, em toda sua obra brasileira, e Sérgio Buarque de Holanda, sobretudo em *Visão do paraíso* e em *Tentativas de mitologia*, ocupam-se do assunto. Sérgio ressalta que os espanhóis foram mais criativos na produção de mitos; os lusos, mais terra a terra, não deram asas à imaginação. Realmente é difícil achar que pudesse ser português um Lope de Aguirre (aquele de *Aguirre, a cólera dos deuses*, o filme de Werner Herzog), com a espada em punho, desvairadamente entrando na floresta amazônica, no que chamava "*la jornada de El Dorado*"; e que, depois de assassinar o

CONCLUSÃO

chefe, eliminar supostos traidores, escreve uma carta desaforada a Filipe II — rei por vontade divina, não nos esqueçamos —, a quem trata de igual para igual: "rebelde hasta la muerte por tu [sic] ingratitud"...

No capítulo "O mito brasileiro", de *Visão do paraíso*, Buarque de Holanda discute a identificação da mais famosa estrada indígena do Brasil, o Peabiru, com o caminho de São Tomé (Pay Sumé é outro nome). Trata-se de uma trilha "larga de oito palmos" que ia da costa atlântica ao Paraguai, com três saídas marítimas, uma delas por São Vicente (no planalto, seguia por São Paulo, Parnaíba, Itu...). No fundo, o Peabiru era a linha principal de uma série de vias pedestres indígenas que, se fossem mapeadas, pareceriam uma teia de aranha e foram muitas vezes seguidas pelos bandeirantes. A lenda do santo apóstolo — aquele mesmo do *Novo Testamento*, que precisava tocar no Cristo para crer em sua ressureição — vem dos princípios do cristianismo no Oriente, mas, como se vê, continuava a fazer milagres aqui no Novo Mundo. Episódios de sua presença mítica constam de várias relações jesuíticas. Veja-se o que escreve o padre Manuel da Nóbrega, um espírito prático (e imagine-se o que diziam os mais místicos): "suas pegadas estão assinaladas perto de um rio, as quais eu fui ver para ter mais certeza da verdade, e vi com meus próprios olhos quatro pisadas muito nítidas com seus dedos, as quais algumas vezes o rio cobre quando enche."[3]

Tem particular interesse o parágrafo final do capítulo, em que o historiador da USP fala da expansão do mito do caminho de São Tomé para a parte hispânica do continente, e compara as duas culturas quanto a narrativas mitológicas:

> É sempre curioso notar como o São Tomé americano que, para os colonos e missionários do Brasil, não passa de um mito vagamente propedêutico, se vai enriquecer e ganhar maior lustre à medida que a notícia de suas prédicas se expande para oeste, rumo às possessões de Castela. Sendo como é, o único mito da conquista de procedência luso-brasileira bem assente é o bastante, sem dúvida, para dar uma noção da mentalidade que dirigiu cada um dos povos ibéricos em sua obra colonizadora.[4]

Diz o historiador que é o "único mito luso-brasileiro" certamente porque considera que os da ilha Brasil e do rio do ouro não estão "bem assentes". Nem discute outro, que começava a aparecer em teses acadêmicas: o "mito do bandeirante", que teria sido criado pela historiografia paulista, a partir da década de 1920, e que tem em Afonso d'Escragnolle Taunay o nome emblemático.

Mais recentemente, Demétrio Magnoli escreveu um livro instigante sobre a formação territorial do Brasil em que dialoga com os mitos de Jaime Cortesão. Tem o belo título de *O corpo da pátria*. Ele atribui a próceres do Segundo Reinado — o diplomata-historiador Varnhagen, em especial — a criação do "mito da unidade nacional", bem próximo do da ilha Brasil. As bases eram igualmente indígenas, os tupis-guaranis e seus parentes aruaques, todos falando dialetos parecidos, gramaticalizados pelos jesuítas na língua geral. Magnoli — ao contrário de Cortesão — valoriza a União Ibérica na dilatação do território brasileiro e comenta as relações ora de parceria, ora de divergência entre as nações peninsulares e os jesuítas. Relendo obras de diplomatas de nossos dias (cita várias vezes *Navegantes, bandeirantes, diplomatas*), ele julga que contribuem para o que igualmente chama "mitologia da nacionalidade". Dois parágrafos ilustram seu pensamento. Sobre as bandeiras: "O bandeirismo, fonte luso-americana das fronteiras nacionais, só faz reafirmar um direito primordial, pré-colombiano e pré-colonial. No plano do mito da constituição da nacionalidade, os bandeirantes ocupam lugar de destaque."[5] E sobre o Tratado de Madri: "Absorvido como chave diplomática das fronteiras brasileiras, funciona como depositário da epopeia territorial bandeirante."[6]

Mas voltemos aos espanhóis, mais "mitológicos" do que os lusos. O primeiro deles... foi o genovês Cristóvão Colombo (vai ver que Salvador de Madariaga tem razão, e Colombo é mesmo um judeu sefardita espanhol). Além de, após quatro longas viagens, continuar a ver as "Índias" no Caribe, o navegador assegura que o Orinoco é um dos rios do paraíso terrestre. Não faltam exemplos de conquistadores que foram atrás de mitos. O companheiro da segunda viagem de Colombo, Juan Ponce de León, à procura da fonte da juventude, descobre, em 1513, a península da Terra Florida (Flórida). Gonzalo Jiménez de Quesada, o fundador de Bogotá, em 1538, procurou o "El

CONCLUSÃO

Dorado" anos a fio em várias áreas do planalto bogotano, onde habitavam os índios muíscas, que realmente tinham objetos de ouro.

Este mito é o mais persistente da colonização das Américas. Tipicamente hispânico, foi também muito divulgado em inglês, a partir de relatos de Walter Raleigh, da década de 1590, onde afirma que ele está localizado nas proximidades da foz do Orinoco. Muitas expedições entraram na Amazônia atrás de lagos, cidades, reis míticos... Em pleno século XX (1925), o coronel Percy Fawcett desapareceu na floresta, na sua segunda viagem à procura da fantástica Cidade Perdida de Z... A localização geográfica do eldorado (seu nome corrente em português) varia, e há diferentes versões do mito. Uma delas é a do príncipe indígena, de uma região abundante em ouro, que periodicamente encabeça uma cerimônia religiosa, realizada numa lagoa sagrada. O "El Dorado" aparece na proa de uma balsa, nu, em pé, untado de pó de ouro; em certo momento, dá um mergulho batismal, do qual emerge purificado.

A lagoa foi identificada como Guatavita, na atual Colômbia, na região dos mencionados muíscas, situada a cerca de 2.500 metros do nível do mar (há outras identificações). O objeto artístico mais famoso do Museo del Oro de Bogotá é precisamente a "Balsa de El Dorado", encontrada por camponeses, em 1969, dentro de um vaso de cerâmica enterrado perto da cidade de Pasca. Na própria lagoa, entretanto, havia sido achada no século XIX uma balsa semelhante, que desapareceu no naufrágio do navio em que era transportada para a Europa. A procura de artefatos de ouro foi feita no fundo do lago de Guatavita por séculos, e vários foram recuperados e geralmente vendidos a colecionadores particulares. Uma firma americana foi contratada, na década de 1890, para esvaziar as águas, tarefa realizada com grande dificuldade pelas condições do terreno. Havia pouco ouro sobrante, e o sol das grandes alturas logo endureceu a lama espessa. E a empresa faliu.

Outras lagoas douradas andaram circulando por várias regiões, em geral no norte da Amazônia. Até meados do século XIX existia, entre o Orinoco e o Amazonas, em muitos mapas, um grande "Parime Lacus" nunca descoberto. Histórias mitológicas abundam, a começar pelo próprio nome do rio "das Amazonas". Elas seriam as mulheres guerreiras (como as da Grécia antiga...) vistas pelo frei Gaspar de Carvajal, um dominicano que viajou com Francisco de Orellana na primeira descida pelo grande rio, em 1540, e que chegaria a ser o provincial da ordem no vice-reino do Peru. Sua descrição é bem realista: "muito alvas e altas, com cabelo comprido, entrelaçado e enrolado na nuca. São muito membrudas e andam nuas em pelo, tapadas suas vergonhas, com arcos e flechas nas mãos, fazendo tanta guerra como dez índios".[7]

E de novo concentremo-nos no Brasil. A fundação de Franciscana na foz de um rio numa região onde haveria ouro, em 1639, na viagem de volta de Pedro Teixeira, deu origem ao mito do rio do ouro, que bem pode ter estimulado "entradas" pelo Amazonas. Já falamos do mito da ilha Brasil, que Cortesão via em mapas e documentos antigos, mas que parece mais uma engenhosa tentativa, pós-Tratado de Madri, de explicar a ocupação e a legalização do território brasileiro. O ilustre professor da formação de nossas fronteiras foi, com sua obra central — na esteira de Rio Branco e outros historiadores do século XX —, o consolidador de outro mito, agora na acepção de "personagem histórico ampliado através do imaginário coletivo" (Dicionário Houaiss). Não trataremos da fundação cultural do Itamaraty, de 1971, que se chama Alexandre de Gusmão; nem da bela praça com este nome inaugurada nos Jardins em São Paulo, em 1974; ficaremos em sólidas esculturas, de metal e de pedra, em retrato idealizado, em simbólicas cinzas... Vamos explicar.

O barão do Rio Branco é dos pioneiros no reconhecimento da importância política de Alexandre de Gusmão. Foi o primeiro ocupante do Palácio do Itamaraty como sede do Ministério das Relações Exteriores (era antes da Presidência da República). Não só trabalhou, como morou e morreu lá. Fez várias reformas e adaptações no prédio, com a ajuda de um amigo, o arquiteto italiano Tommaso Bezzi, projetista do Museu Paulista (mais conhecido como do Ipiranga), em São Paulo. Foi o criador de uma galería de bustos de personalidades da política externa, colocados em duas alas na entrada do palácio.

Seu colaborador de então, o futuro embaixador A. G. de Araújo Jorge, em *Ensaios de história e crítica*, diz que o chanceler interessou-se

CONCLUSÃO

pessoalmente pela feitura do busto de Alexandre, que passou a integrar a galeria, uma espécie de panteão diplomático do Brasil. O escultor escolhido foi Félix Maurice Charpentier, a quem conhecia e admirava de seus tempos parisienses. Não se sabe em que figura, pintura ou informação se teria eventualmente baseado o escultor. Haveria alguma? Seria uma indicação de Rio Branco? De qualquer forma, é a imagem que se tem hoje de Gusmão, sempre reproduzida em posteriores esculturas e pinturas. Entre estas, o quadro mais conhecido foi pintado por Oswaldo Teixeira e hoje faz parte do acervo do Museu do Ipiranga, em São Paulo. Passemos a palavra a Araújo Jorge: "Perdido no recanto do Palácio do Itamaraty, entre outras glórias mais vistosas e menos profícuas, um modesto busto de bronze, devido ao carinho de Rio Branco, perpetua a fisionomia do esquecido filho de Santos, o maior obreiro da grandeza territorial deste Brasil ingrato."[8]

O mencionado Museu do Ipiranga, nome popular do Museu Paulista, é o primeiro prédio construído no Brasil para ser ele mesmo um monumento. Foi concebido no Império para lembrar a Independência, mas inaugurado na República, em 7 de setembro de 1895. Afonso Taunay foi seu diretor de 1917 a 1944. Fez do monumento um museu de história pátria, com ênfase no que chamou "a conquista do Brasil pelos brasileiros". E aqui o tema central foram as bandeiras. Havia, é certo, lembranças e objetos relativos a D. Pedro I — o conhecidíssimo quadro *A Independência do Brasil*, de Pedro Américo, foi feito para uma grande parede do museu, e, aliás, por suas dimensões, foi o único item que não foi retirado do prédio na atual reforma —, mas o que predominavam eram documentos, relatos e estátuas de sertanistas.

Na sala central, destacavam-se três imagens. Um quadro de Domingos Jorge Velho, feito por Benedito Calixto, em 1903, que é a primeira pintura de um bandeirante e a que fixou sua visão tradicional — hoje, aliás, sujeita a controvérsia. Tema importante, relacionado com o mito do bandeirantismo, mas que não nos interessa neste momento. Queremos nos concentrar nas duas grandes fotografias que ladeavam o quadro. Uma era do barão do Rio Branco, a outra, imaginária, de Alexandre de Gusmão. Teriam sido penduradas na década de 1920. O Barão, compreende-se, era agora um mito; mas, vê-se, já estava na companhia do secretário d'el-rei.

No Instituto Histórico e Geográfico de São Paulo existe uma única urna com cinzas de um vulto do passado a ser reverenciado: Alexandre de Gusmão. Foi trazida em 1965, por uma comissão de brasileiros, entre os quais o deputado Antônio Sílvio da Cunha Bueno e o historiador Aureliano Leite, da antiga Igreja de Nossa Senhora dos Remédios, então transformada na Igreja Lusitana Evangélica, na rua das Janelas Verdes em Lisboa. Numa folha do livro de óbitos da igreja se dizia que "faleceu sem sacramentos, por morrer de estupor". Ao chegar a urna a São Paulo, foi levada à catedral para a missa solene oficiada pelo bispo auxiliar da cidade, com oração fúnebre do historiador eclesiástico D. Paulo Florêncio da Silveira Camargo. No Instituto, quando da entrega dos restos de Gusmão (provavelmente mais simbólicos que reais), houve uma sessão solene, com discursos de autoridades brasileiras e portuguesas.

Na Sala dos Tratados do Palácio do Itamaraty em Brasília — a mais nobre do mais belo edifício da capital — há bustos em pedra-sabão de apenas três diplomatas: Alexandre de Gusmão, Duarte da Ponte Ribeiro e o barão do Rio Branco, representando a continuidade de grandes serviços ao país, nos três períodos de nossa história. Eles têm em comum o fato de terem nas fronteiras sua atividade fundamental. Uma pequena história sobre os bustos. O embaixador Wladimir Murtinho, na época da construção do novo Itamaraty, era o principal responsável pelas obras de arte e as peças históricas. Amigo de Oscar Niemeyer e de muitos artistas, foi ele quem encomendou — depois de consultar os chefes da Casa, os embaixadores Sérgio Corrêa da Costa e Mário Gibson Alvez Barboza — os bustos a Bruno Giorgi, prontos em 1970.

Em conversa informal, anos depois, Murtinho contou-me que houve dúvidas quanto a fazer de Ponte Ribeiro o representante do Império: será que os viscondes de Rio Branco ou do Uruguai não seriam mais merecedores da honra? É difícil quantificar merecimentos, mas o motivo da escolha foi simples: sobre o visconde do Rio Branco, não ficaria bem, em três bustos, dois serem pai e filho; quanto ao do Uruguai, pareceu-lhe mais cabível homenagear alguém que tivesse sido exclusivamente um profissional da

CONCLUSÃO

diplomacia. A propósito de Rio Branco, o patrono de nossa diplomacia, ninguém titubearia; mas o que vale a pena frisar é que também não houve incertezas sobre a inclusão, numa lista tão exígua, do secretário de D. João V. Em meados do século XX, Alexandre de Gusmão consolidara-se não somente como brasileiro — caso único para um servidor público português —, mas também como um dos grandes da diplomacia pátria.

Apêndices

Representação feita por Alexandre de Gusmão
a D. João V. Fins de 1749

Vamos mostrar a seguir um documento em que nosso personagem resume suas tarefas públicas. É a base de tudo que se escreveu sobre ele (não há propriamente uma biografia). Versões do manuscrito original existem algumas, e a escolhida pertenceu ao historiador e colecionador de papéis antigos Monsenhor Pizarro (1753-1830). Trata-se de uma enumeração dos serviços de Gusmão ao rei, quinze anos como diplomata e vinte como secretário particular. Ele demonstra amargura por ver que outros que fizeram menos ganharam mais, e solicita humildemente — o normal nessa época de absolutismo — a benevolência do monarca.

Pelas críticas que faz a pessoas, e principalmente pelos assuntos delicados de que se ocupa, o documento seria o que no Itamaraty se chamaria "secreto exclusivo". Alexandre diz, por exemplo, que decifrou os códigos de várias nações europeias e — o que é mais grave, pois o Tratado de Madri estava para ser assinado — que a Espanha estava cedendo mais do que pretendiam há pouquíssimo tempo especialistas portugueses. Será que pelo menos frei Gaspar da Encarnação, nessa época tão próximo do rei, saberia de sua existência?

Luís Ferrand de Almeida acredita que várias pessoas da Corte conheciam a "representação". Quando teria sido conhecida por pesquisadores? O autor da *Coleção de vários escritos inéditos, políticos e literários de Alexandre de Gusmão*, de 1841, menciona-a na bibliografia, mas não publica trecho algum, o que é estranho pela importância das informações aí veiculadas. Várias notas sobre Gusmão do século XIX reproduzem frases dela, embora os autores do tempo falem mais do secretário do rei como escritor de cartas fustigantes.

A "representação" foi escrita em dezembro de 1749, cerca de três semanas antes da assinatura do Tratado de Madri, que Alexandre dava como certa, e a pouco mais de seis meses da morte de D. João V. Neste mesmo ano de triunfo — com o grande acordo que concebera e negociara pronto — ocorreram sérios reveses na vida de nosso personagem. A intervenção num conflito entre freiras do Convento das Clarissas, em Santarém, aumentou o sentimento de animosidade contra ele; não conseguia mais limitar suas despesas, que não eram poucas; tinha agora dois filhos pequenos e se preocupava com o futuro deles, especialmente porque estava doente, com os frequentes ataques de gota que o obrigavam a trabalhar na cama.

Alexandre se sente exaurido, à beira de abandonar tudo... O que visaria com um documento tão pessoal e tão queixoso? Ele menciona "algum emprego distinto". Tornar-se ministro, ganhar mais, ser nomeado governador no Brasil ou publicamente recompensado com algum título de nobreza? Provavelmente algo ligado a alguma dessas promoções. Não recebeu nada do que pediu, e perdeu tudo com a morte do rei. Mas jamais desistiu e continuou trabalhando até a morte.

Embora se trate de texto copiado e recopiado por séculos e, portanto, seguramente com omissões, intrusões, erros, vê-se que o estilo é seu: direto, pessoal, atraente. Ele redigia com rapidez — como se deduz da assombrosa quantidade de páginas que produziu — e não corrigia ou emendava o que fazia: os poucos autógrafos modificados, foram-no por mão alheia. Modesto não era, e considerava a ausência de esforço para escrever alto grau de talento.

Para que a "representação" não ultrapassasse oito páginas, um tamanho compatível com o deste livro, foram suprimidos alguns parágrafos nos locais assinalados (diminuição de 20% do total). Quase todos da primeira metade, que trata basicamente de Roma; quase nada da segunda, que versa sobre o Brasil. Visando à mais ampla compreensão, umas poucas palavras foram

APÊNDICES

substituídas por sinônimos ou tiveram a grafia modernizada. Em cinco casos, novas palavras foram introduzidas entre colchetes.

Para deixar mais leve o texto básico deste livro, optamos por não ter notas informativas; aqui, teremos.

Senhor. — Representa humildemente a V. Majestade Alexandre de Gusmão, seu criado, suplicante que teve a honra de começar desde o ano de 1714 a servir a V. Majestade em Paris, onde foi agente dos negócios do seu real serviço.*

Em 1720, achando-se o suplicante em Lisboa, o destinou V. Majestade para ir assistir no congresso de Cambrai com os dois embaixadores** que para ele tinha nomeado, a fim de que instruindo-se o suplicante, se habilitasse para servir a V. Majestade nos empregos políticos.

Neste mesmo tempo se negociavam em Roma as duas bulas do serviço da Patriarcal, e das quartas partes dos bispados, com muitas demoras e equivo-cações, por falta de inteira percepção das intenções de V. Majestade nos que solicitavam aquelas graças; pelo que julgou V. Majestade necessário mandar tratar delas quem tivesse bem compreendido o que V. Majestade desejava. E como por ser Bartolomeu Lourenço, irmão do suplicante, quem lidava naquele negócio, e V. Majestade se havia dignado de admitir o suplicante ao mesmo trabalho, caiu a real eleição de V. Majestade sobre o suplicante, ordenando-lhe que fosse a estar em Roma dois meses, que V. Majestade reputava bastante para se concluírem as ditas expedições, e que acabadas elas voltassem para o seu destino de Cambrai.

---

* Era comum na época de D. João V que o chefe de uma missão diplomática partisse para seu posto acompanhado de um auxiliar, que vez ou outra podia ser especialista de alguma área prioritária (comércio, direito, assuntos eclesiásticos...). Nesta primeira designação, os dotes de inteligência e capacidade de escrita de Alexandre devem ter influenciado; quando, anos depois, foi mandado a Roma, sua formação em cânones também ajudava. Claro que, nesse tempo de absolutismo, a simpatia do monarca era fundamental para ambas as escolhas. Em Paris, ele não fala de seu chefe e diz ter sido (aos 19 anos!) "agente dos negócios do seu real seviço". Em Roma igualmente não menciona superiores. Teria tido sempre alguma autonomia?

** Raros eram então os chefes de missão díplomática que tinham o título de embaixador. O normal era ser ministro, enviado, legado... D. Luís da Cunha, o conde da Ribeira Grande e o visconde de Vila Nova de Cerveira, os três diplomatas que mais aparecem neste trabalho, eram "full ambassadors". Para simplificar nosso texto básico, não fizemos distinção ao chamar todos os chefes de missão de embaixadores, como é habitual em nossos dias. Não havia, ademais, padronização de títulos, o que só ocorreu após o Congresso de Viena (1815).

190 ALEXANDRE DE GUSMÃO (1695-1753)

[...]

Atrás disso mandou V. Majestade encomendar ao suplicante a expedição de outras graças, que pediram ao Papa os dois cardeais portugueses* para usar o Patriarca de superumeral ou fanone e os oficiantes da Patriarcal de hábitos prelatícios.

Ordenou V. Majestade ao suplicante que continuasse a residir em Roma, onde ficou sete anos ocupado em várias coisas do serviço de V. Majestade, e também na negociação do capelo de Bichi, com os mais que naquela Corte se achavam servindo V. Majestade. Ao mesmo tempo que todos se lisonjeavam de que viria a conseguir-se, o suplicante, que tinha observado o modo de tratar dos ministros de Benedito XIII, e era bem informado por um cardeal dos de melhor valia que tinha ganhado ao serviço de V. Majestade,** nunca cessou de avisar dos desenganos que vieram a se verificar. Naquele tempo teve V. Majestade a benignidade de mandar dizer ao suplicante que, ainda que todos os que tinham saído com a mesma função que ele estavam providos, não havia de ficar o suplicante menos bem acomodado do que eles estavam.

As mercês que até o dito tempo recebeu o suplicante foram, em 1720, o hábito de Cristo, com a tença ordinária e, no ano de 1724, a propriedade do ofício de escrivão da Ouvidoria de Vila Rica, ficando para seu irmão Bartolomeu Lourenço o usufruto de todo rendimento, e por falecimento dele se consolidou na propriedade do suplicante. O foro de fidalgo cavaleiro, com que no princípio de 1721 V. Majestade se dignou de honrar ao pai do suplicante, foi pelos serviços do dito seu irmão. Um ofício de tabelião da dita vila, que V. Majestade também concedeu ao suplicante foi em ressarcimento de muito maior dano que se lhe havia feito no ofício da ouvidoria. A [recente] alcaidia-mor de Piconha foi em remuneração dos serviços do sogro do suplicante.

Assim que se restabeleceu a correspondência, que pela denegação do capelo de Bichi se havia interrompido com a Corte de Roma, ocupou V. Majestade ao suplicante em compor todo o carteio para aquela Corte, em que foi imenso o trabalho para conseguir as satisfações que V. Majestade pretendia, as quais consistiram no capelo perpétuo, no padroado [com] todos os benefícios da Sé

---

* São os cardeais D. José Pereira de Lacerda, que tinha funções no Vaticano, e D. Nuno da Cunha, inquisidor-mor em Portugal, mas que passava boa parte de seu tempo em Roma.

** Provavelmente o cardeal Lambertini, que anos depois seria o papa Bento XIV.

APÊNDICES

oriental, no aumento das quartas e terças partes dos bispados, e nas quintas partes de muitas rendas das dignidades e canonicatos do reino, e supressão de outras, e na promessa das pensões das paróquias, tudo para dote dos ministros e benefício da Santa Igreja Patriarcal.

A fadiga que o suplicante teve na gestão destes negócios não é explicável, e só V. Majestade a pode avaliar, pois tudo se fez debaixo da sua real inspeção. Só dirá o suplicante que por seis ou sete anos consistiu a sua vida em trabalhar e escrever sem interrupção, em casa ou em presença de V. Majestade, confundindo a noite com o dia, e sem saber nunca que coisa fosse divertimento. Ao suplicante tocou redigir as minutas de todas as bulas, trabalhos que foi preciso repetir muitas vezes pelas dúvidas que se levantavam em Roma, compondo miudíssimos despachos para a negociação e inteligência das matérias.

[...]

Só no capelo perpétuo continuou a repugnância, que o suplicante sempre tinha inculcado por invencível, de dá-lo a Sé Apostólica pelo perigo de que o mesmo pretendessem outras potências. E conhecendo-se que por aquele caminho se não conseguiria nunca a graça, apontou o suplicante o meio de pedir o capelo perpétuo para descontar nas nomeações da Coroa, atrevendo-se a assegurar que nesta forma se conseguiria; sem embargo que os ministros de estado daquele tempo tinham por ilusão do suplicante o entender que poderia vencer-se o obstáculo e que a Sé Apostólica não concordaria nunca em pôr um capelo, como eles explicam, em vínculo de morgado.

Para não interromper a ordem das matérias, continuará o suplicante a referir tudo o que nos anos seguintes fez nas negociações de Roma, e concernentes à Santa Igreja Patriarcal e suas dependências. Dadas as satisfações que V. Majestade esperava da Corte de Roma, tratava-se de se nomearem bispos para as igrejas vagas do reino. O zelo do suplicante o estimulou a representar a V. Majestade que era chegada a ocasião mais oportuna para conseguir uma pretensão, em que havia perto de cem anos tinha frustrado as instâncias desta Corte, qual era a apresentação dos bispos, e a declaração de serem padroado régio todos os bispados deste reino, abolindo o indecoroso estilo de se proverem ad supplicationem, *que alguma vez poderia vir também a ser prejudicial.**

---

* Em Portugal vigorava o padroado, sistema pelo qual o Estado, em boa parte, controlava e financiava as ações da Igreja. Os sacerdotes tinham muito em comum com os atuais funcionários públicos. Na época de D. João V, as nomeações para cargos elevados eram feitas de duas maneiras: *ad presentationem*, na prática uma indicação do rei, acatada pelo papa, e *ad supplicationem*, sem a participação real. Alexandre conseguiu que a segunda forma de nomeação fosse abolida.

Não deixou V. Majestade de duvidar que o suplicante pudesse descobrir novos ou mais sólidos fundamentos, do que os tinha alegado Manuel Rodrigues Leitão no grosso volume do Tratado Analítico. O suplicante, venerando o talento daquele eruditíssimo autor, pediu contudo licença a V. Majestade para escrever as razões que lhe ocorriam, de que compôs uma dissertação muito mais breve do que aquele volume, mas com tais fundamentos, que vendo-o V. Majestade a honrou com sua plena aprovação, e ordenou se a apresentasse à Corte de Roma, e se insistisse com toda a força na pretensão, declarando que V. Majestade não afrouxaria nela, como o tinham feito os seus reais predecessores.

[...]

Para se avaliar o merecimento de vencer este negócio, basta dizer-se que foi um dos maiores empenhos dos reinados precedentes; que para tratá-lo foram mandados de propósito João de Rochas e o Conde do Prado; que a todos os ministros seguintes foi mui recomendado nas suas instruções, e que todos tinham trabalhado nele debalde.

Outro conseguimento decoroso, posto que menos árduo, foi do título que V. Majestade desejava ser tratado, para que lhe não levassem nisso vantagem os monarcas de França e de Espanha. O suplicante foi o que apontou o de "Fidelíssimo", e aprovando-o V. Majestade, formou as ordens para se tratar desta matéria com as razões e exemplos que deviam alegar-se.

[...]

E assim as minutas das bulas e despachos que concorreram para a negociação delas, como tudo o que em consequências destas graças se obrou em nome de V. Majestade, e do Eminente Cardeal Patriarca, foi trabalho do suplicante: que bem pode dizer que a maior parte do que contém os dois tomos do Codex Titulorum foi composto pelo mesmo suplicante.*

[...]

Tendo pois corrido pela mão do suplicante todo o despacho de Roma desde 1731, exceto algumas coisas particulares de que V. Majestade encarregou ao P. João Batista Carboni; o mesmo pode dizer ao suplicante a respeito das outras Cortes desde o ano de 1735, pois todos os despachos para elas foram

---

* Trata-se de uma obra em dois grossos volumes, em latim, que reúne as bulas, as concordatas e, especialmente, os privilégios concedidos pelo papado à monarquia lusa (como o padroado, inicialmente atribuído à Ordem de Cristo, chefiada pelo infante D. Henrique).

APÊNDICES

feitos pelo mesmo suplicante, exceto desde o ano de 1740 em que o Cardeal da Mota tomou a si o que respeita a Paris e a Londres, e depois todo o negócio da mediação para a paz geral.

Porém depois do falecimento deste retornou o suplicante a ficar encarregado de tudo que pode chamar-se peso da Secretaria de Estado dos Negócios Estrangeiros.

Na ocasião dos movimentos a que deu lugar em 1735 o caso acontecido em Madri a Pedro Álvares Cabral, não teve o suplicante pouco que fazer naquela incumbência: e entre outras coisas foi uma larguíssima dedução* das razões desta Coroa em todas as controvérsias que tinha com Espanha e outros papéis de grande importância.

Finalmente abrindo a Providência Divina melhor oportunidade para se tratarem as nossas dependências na corte de Madri, e não sendo possível descobrir-se o exemplar em que se tinha guardado a dita dedução, foi preciso ao suplicante entrar em novo trabalho para expedir as ditas razões e a esta fadiga tem acrescido muitas outras sobre a mesma matéria, que duram há dois anos, mas com a satisfação de se acharem os negócios em próximas esperanças.

Seja lícito ponderar a propósito destas dependências e particularmente dos limites do Brasil, que a tratar deles foi mandado a Viena o Conde de Tarouca. Nesta corte empenharam os seus talentos os maiores homens que V. Majestade tinha ao seu serviço. Em Paris as tratou D. Luís da Cunha, e em Madri este mesmo embaixador, Pedro de Vasconcelos, Manuel de Siqueira, António Guedes, José da Cunha Brochado, o Marquês de Abrantes, com quatro ajudantes e finalmente Pedro Álvares Cabral assistido de Martinho de Mendonça. Todos estes ministros apuraram o seu zelo e notória capacidade nas ditas dependências, mas nunca puderam tirar dos ministros espanhóis a ideia de que os portugueses tinham usurpado na América muitos centos de léguas, que lhes não tocavam.

Presentemente se acham mudados deste conceito; que não só concorda D. José de Carvajal em que conservemos tudo que temos ocupado, mas que fiquem os limites ainda muito além do que ocupamos; e está quase de todo acertado que El-Rei Católico dê por equivalente do território da Colônia

---

* É o mesmo documento que chamamos "dissertação", o qual expõe, pela primeira vez, os argumentos lusos para a posse de Colônia, compreendida esta como o território do moderno Uruguai.

do Sacramento uma porção de terreno muitas vezes maior,* e que nos fazem muito melhores consequências, do que poderíamos tirar do dito território se no-lo entregassem; com a diferença que, caso conseguissem os nossos ministros restituir-se aquele território, tínhamos que entrar em novas disputas sobre os limites dele da parte do poente, porque estes nunca se tinham determinado nem no tratado provisional nem no de Utrecht, nem em outra alguma transação.

Além disso ficariam em pé as controvérsias, pelo que toca aos mais limites da América por causa da linha divisória de Tordesilhas. Pelo contrário no tratado que está para concluir-se tudo fica determinado, e com vantagens tais para esta Corte, que certamente nunca couberam nas esperanças dos sobreditos ministros que trataram deste negócio.

Não faltará quem diga que toda esta mudança se deve a estar a Senhora Rainha Católica** em tanta e também merecida aceitação de El-Rei seu marido. Certo é, que se não fosse a presença daquela grande princesa, não teríamos as portas abertas para expor, e fazer ponderar com devida reflexão, as razões que nos assistem; porém é certo que se as mesmas razões não fossem agora diversamente explicadas, e postas em diversa luz do que foram no passado, nada se teria conseguido.

Assaz se tem a conhecer o gênio tenaz de D. José de Carvajal, e o pouco que é capaz de afrouxar nos interesses da sua pátria, para comprazer a qualquer respeito que seja; e a mesma clara prova disto é a dureza das suas primeiras respostas que, pouco a pouco, foi rebatendo o suplicante com argumentos, que finalmente convenceram o seu juízo, e o reduziram ao estado em que presentemente se acha.

E se Deus permitir que chegue a terminar-se o tratado nos termos em que está quase ajustado com aquele ministro, deverão render-se muitas graças à divina bondade, por se haver composto o mais importante negócio desta monarquia*** com vantagens nunca esperadas. O mais que até agora se chegava

---

* Refere-se aos Sete Povos das Missões, por Gusmão identificado como área ideal para a permuta com Colônia.

** Alexandre reconhece a influência benéfica de D. Bárbara de Bragança nas negociações do Tratado de Madri. Como que prevendo opiniões futuras, lembra, entretanto, que foi ele quem inventou alguns e uniu todos os argumentos portugueses.

*** O secretário do rei não tem dúvida de que nesse momento em que as riquezas de Portugal se concentravam no Brasil, em especial na produção aurífera, o assunto mais importante do reino era o estabelecimento de fronteiras economicamente inclusivas e militarmente defensáveis.

APÊNDICES

a pretender era que, se nos entregasse [algum] território, e D. Luís da Cunha, mandado ouvir por V. Majestade há dois anos, foi de parecer que V. Majestade cedesse [Colônia] contanto que El-Rei católico [nos] deixasse a costa do mar desde a boca do Rio da Prata com dez léguas de fundo para dentro.

Gomes Freire de Andrade, no mapa que remeteu, mostra que nos devíamos contentar com a costa mar desde o forte de São Miguel, e com pouco mais fundo que arbitrou D. Luís da Cunha.

Nenhum porém dos nossos ministros cogitou meios por onde se pudesse mostrar ao ministro espanhol que tinha V. Majestade sobrada justiça para reter o que seus vassalos tinham ocupado no interior do sertão, antes todos estavam na inteligência de que era realmente usurpação da nossa parte o muito que tínhamos excedido além da linha divisória. Hoje porém com o estudo e trabalho do suplicante, está a cena tão mudada, que o dito Carvajal, em lugar de pedir-nos, torná-las, e consente que fiquem a esta Coroa duzentas léguas de fundo do terreno de equivalente, onde D. Luís Cunha entendia que V. Majestade podia contentar-se com dez.*

Não é menor felicidade com que as coisas estão dispostas para o tratado de comércio com Espanha** e para o pagamento das seiscentas mil patacas do art. 12 do Tratado de Utrecht, desistindo a Corte de Madri da pretensão do valor dos três galeões que se lhe tomaram no Algarve e no Rio de Janeiro; e estas dependências se acham em termos de se concluírem logo que estiver terminado o dito tratado dos limites.

Quando o suplicante foi admitido por V. Majestade em coisas de maior segredo achou praticado o mesmo que em todas as cortes se pratica, de se abrirem aquelas cartas de que podem resultar perigo e inquietação para o Estado: esta deligência era porém quase infrutuosa, porque as coisas que se queriam fazer de conhecimento desta Corte iam ou vinham cifradas; e depois

---

* Conhecedores do assunto consultados, D. Luís da Cunha e Gomes Freire de Andrade, entre outros, contentavam-se com uma faixa muito estreita de terra no sul do Brasil. Alexandre, com a incorporação dos Sete Povos no território brasileiro, conseguida em Madri, assegurou uma faixa bem mais ampla, hoje compartilhada pelos estados do Rio Grande do Sul, Santa Catarina e Paraná.

** Ao lado do tratado de fronteiras, negociava-se um acordo geral de comércio (assunto não abordado neste livro). O secretário redigiu uma completa e pormenorizada minuta de tratado. Só na gestão seguinte, entretanto, a do marquês de Pombal, foram assinados acordos parciais sobre produtos específicos (aguardente e vinhos espanhóis; açúcar e outros produtos coloniais lusos).

da morte do dito irmão do suplicante não havia quem as decifrasse, nem já serviam as que ele tinha descoberto, porque os ministros que tinham vindo de novo haviam trazidos outras diversas.

Esta operação pois encarregou V. Majestade ao suplicante que teve a fortuna de descobrir todas as cifras que então se ofereceram, e foram três da Corte de França, e uma da de Roma, além de outras fáceis de particulares. Teve especialmente com as três primeiras um insano trabalho, que só pode bem compreender quem tentasse a mesma empresa.

Por meio deste trabalho do suplicante foi V. Majestade, em quanto quis, sabedor dos segredos daquelas Cortes em tudo o que dizia respeito a esta, o que não foi de pouca utilidade ao seu real serviço, principalmente nos movimentos do ano de 1735 e seguintes, evitando-se muitas coisas que sem isso haveriam tido pesadíssimas consequências.

Omite o suplicante outras diligências* que nesta matéria lhe encarregou V. Majestade, as quais executou sempre com tal felicidade, que mereceram particulares demonstrações do seu real agrado.

Achou também o suplicante as cifras de que se usavam na Secretaria de Estado tão ineptamente compostas, que qualquer medíocre decifrador as podia revelar. Com a experiência que o suplicante tinha adquirido nesta matéria se moveu a seu zelo a inventar para serviço de V. Majestade uma cifra, que nem o lince mais perspicaz neste estudo pudesse nunca descobrir, e é a que presentemente se usa no ministério desta Coroa; e sendo incomparavelmente mais segura que todas, é ao mesmo tempo muito menos trabalhosa para cifrar e decifrar que as das outras Cortes.

Desde o ano de 1734 foi o suplicante encarregado por V. Majestade dos despachos da Secretaria de Estado para o Brasil; alguns anos depois os tomou também a si o Cardeal da Mota e depois do seu falecimento tornaram ao suplicante todos os despachos que pertencem ao Ultramar. Logo que a princípio o suplicante lidou com eles, observou que as Minas Gerais se iam destruindo com as prisões e confiscações dos seus principais moradores, por causa do extravio do quinto, tendo as contínuas fraudes obrigado a V. Majestade a usar de muitos rigores que totalmente embaraçavam o comércio, e a ordenar

---

* Gusmão era o coordenador do serviço de inteligência do rei. Executava funções que nem em documentos secretos ousa descrever. Sabendo-se dos grandes dispêndios de D. João V em "subvencionar" autoridades e personalidades estrangeiras, não é difícil imaginar-se a ação do secretário no setor.

que conservassem continuamente devassas abertas em todas as comarcas, que eram redes varredoras, donde resultava virem todos os anos presos para a Corte grande número dos mais ricos homens das Minas; e a tantos males acrescia implicarem-se muitos no crime da moeda e barras falsas, a que os convidava a ambição de lucrarem o quinto.

Estas ruínas e desordens animaram o zelo do suplicante a propor a V. Majestade a mudança do quinto em capitação dos escravos e censo ou maneio de livres; e como estes seriam inúteis se a arrecadação fosse pelo método ordinário, porque poderiam fazer-se outros tantos roubos à real fazenda, e muitas vexações ao povo das Minas, cogitou o suplicante um método mediante o qual nem pudesse isentar-se de pagar quem devesse a V. Majestade, nem pudesse divertir-se uma real cobrança.

[...]

Tem o suplicante servido no emprego do conselheiro ultramarino há perto de sete anos, continuando ao mesmo tempo nas outras incumbências sobreditas e na assistência cotidiana aos pés de V. Majestade. No Conselho Ultramarino, omitindo outras coisas de maior [valor], em que procurou o suplicante assinalar o seu zelo, a este se deve a efetuação de um negócio há tanto tempo desejado, e de que ninguém duvida se seguirão ao aumento e segurança do Brasil, e a real fazenda utilidades e consequências imponderáveis. Foi este negócio a remessa dos casais [açorianos] para aquele Estado, empresa que correu toda por mão do suplicante, não só na invenção dos meios, mas na fatura das ordens e regimento, e conduções para o transporte, indo tudo prevenido com tal exação, miudeza, e advertência, que depois de três anos de experiência, não tem ocorrido nada que fosse necessária senão alguma mui leve alteração.

Estes são, Senhor, os serviços mais importantes que o suplicante tem feito a V. Majestade, omitindo mil outros de menos relevância por não fazer demasiadamente longa esta já mui larga representação. E havendo mais de vinte e cinco anos que o suplicante recebeu a mercê da propriedade do referido ofício, dado também pelos serviços de seu irmão, tão longe esteve de dar-se por isso ao descanso, que antes depois desse tempo é que fez a V. Majestade os maiores serviços e suportou as maiores fadigas: a continuação destas tem arruinado tão consideravelmente a saúde do suplicante* que vendo-se por essa causa obrigado a pensar no que será de seus filhos depois de sua falta, se

---

* Alexandre sofria nos últimos anos de severos ataques de gota. Às vezes, nem escrever podia, e então ditava. À doença atribuem alguns sua morte, "de estupor" (imobilidade súbita), como diz o livro de óbitos da igreja onde foi enterrado.

anima a pôr este papel aos pés de V. Majestade, esperando humildemente que a sua real grandeza, assim como julgou o suplicante capaz de encarregar-se de negócios de tantas consequências, em que ele teve sempre a felicidade de conseguir a sua régia aprovação e muitos claríssimos sinais de particular agrado, também o reputará digno de algum emprego distinto, ao que o tem habilitado tantas incumbências, para que os filhos do suplicante entrando com maior estimação no mundo, possam algum dia ter a fortuna de empregarem, mais graduados, a sua vida no serviço de V. Majestade.

Se o amor-próprio não engana o suplicante, parece que nenhum dos ministros que se acham ocupados por V. Majestade poderá alegar serviços tão importantes e continuados, nem tão larga experiência e instruções nas dependências e interesses da Coroa como o suplicante: contudo está o suplicante vendo a cada passo subirem para maiores lugares outros ministros, ficando o suplicante parado como está na comum estimação, e na graduação do seu despacho, que se reputa quase pelos últimos tribunais.*

Mas nem por isso se desconsolou até agora, antes prosegue com maior desvelo que pode a servir e merecer, tendo firmíssima confiança na indefectível justiça e sobretudo na incomparável generosidade de V. Majestade, que se lembrará de distinguir o suplicante assim como ele tem procurado se distinguir de todos no seu real serviço. E igualmente confia na bondade e delicadeza de ânimo com que V. Majestade costuma atender ao crédito dos que bem a servem. Não permitirá que vendo o público V. Majestade preferir tantos ao suplicante, sem embargo de notórios e consideráveis serviços feitos debaixo de seus olhos, forme o juízo de que V. Majestade terá reconhecido no suplicante algum defeito que o faz indigno de aumentos, com que a sua real grandeza continuamente está coroando o merecimento dos demais.

---

* Nosso personagem alude a uma classificação hierárquica quanto a proventos na qual ele — com funções de primeiro-ministro, para vários comentaristas contemporâneos e historiadores posteriores — ganhava o mesmo que um membro de tribunal de instância inferior.

Datas de interesse histórico ou biográfico

1494. O Tratado de Tordesilhas estabelece uma linha geodésica (um meridiano) 370 léguas a oeste das ilhas do Cabo Verde para — após as descobertas de Colombo, dois anos antes — separar as possessões portuguesas das espanholas no "mar oceano", como se chamava o Atlântico. Cálculos modernos colocam-na entre Belém e Laguna.

1529. Depois da viagem inaugural de Fernão de Magalhães, em 1519, portugueses e espanhóis procuram ocupar as "ilhas das especiarias" (especialmente as Molucas, mas também Filipinas, Celebes, Timor...). Os conflitos resultantes foram resolvidos pela Capitulação de Saragoça, onde concordam em prorrogar a linha de Tordesilhas concebida para o Atlântico ao oceano Pacífico. As ilhas ficariam no hemisfério de Portugal (que pagou, ademais, 350 mil ducados à Espanha).

1600/1610. Bandeirantes de São Paulo começam a ultrapassar habitualmente a linha de Tordesilhas para apresar índios.

1615. Fundação de Belém, na boca do rio Amazonas.

1637-39 Pedro Teixeira realiza uma viagem pelo Amazonas e seus formadores, que o leva até Quito. Na volta, nas "bocainas do rio do ouro" — a foz do Aguarico, no Napo, em pleno Equador atual, pensava-se no passado —, funda a povoação de Franciscana, para marcar a divisa entre as potências peninsulares. Hoje há uma tendência em se colocar Franciscana bem mais a leste, nas proximidades do rio Japurá.

1680. Os portugueses fundam Colônia do Sacramento na margem esquerda do rio da Prata, em frente a Buenos Aires. No mesmo ano, ela é tomada por tropas espanholas, mas, depois de gestões diplomáticas, restituída. Antes de 1750, por mais duas vezes esta ida e volta se repete.

1695. Alexandre de Gusmão nasce na vila de Santos, São Paulo, filho de Lourenço Rodrigues, cirurgião português da unidade militar local, e de Maria Álvares, de família paulista. É o nono dos doze filhos do casal, oito dos quais foram padres ou freiras.

1697. Primeiras descobertas auríferas na região de Ouro Preto, em Minas Gerais (para usar nomes de hoje).

1702. Alexandre, com 7 anos, vai estudar no Seminário de Belém, no recôncavo baiano, dirigido pelo jesuíta Alexandre de Gusmão, seu padrinho, de quem tomou o nome e o sobrenome.

1703. Pelo Tratado de Methuen, com a Inglaterra, Portugal troca vinhos por tecidos. O tratado fortalece uma aliança necessária à preservação do Império, mas dificulta seu desenvolvimento industrial.

1706. Com a morte de D. Pedro II, assume D. João V. Tinha 17 anos e teve o mais longo reinado da história lusa (44 anos). Coincidente com o período da grande produção aurífera do Brasil.

1708. Alexandre, com 13 anos, viaja para Portugal em companhia do irmão mais velho, Bartolomeu (o padre voador).

1712. Inicia estudos de cânones na Universidade de Coimbra.

APÊNDICES

1713. Terminada a Guerra da Sucessão na Espanha (1701-1713), Filipe V, neto de Luís XIV, consolida-se no trono em Madri. A Inglaterra afirma-se como grande potência marítima. Em Utrecht, começam as assinaturas dos tratados de paz.

1713. Tratado de Utrecht entre Portugal e França, pelo qual a fronteira norte do Brasil é fixada no rio Oiapoque.

1714. Alexandre, com 19 anos, viaja a Paris como secretário do novo embaixador luso junto a Luís XIV. Cinco anos de permanência.

1715. Tratado de Utrecht entre Portugal e Espanha pelo qual Colônia é restituída aos lusos.

1719. Alexandre volta a Lisboa e passa a ser conhecido em círculos intelectuais.

1720. Aos 25 anos, é nomeado secretário da delegação portuguesa no Congresso de Cambrai. Como Portugal acabou não participando, foi enviado para uma missão especial em Roma, onde acabou ficando sete anos.

1723. Os portugueses tentam, sem êxito, fixar-se num local privilegiado da boca do Prata: a área da futura Montevidéu (que seria fundada pelos espanhóis dois anos depois).

1724. Alexandre recebe o ofício de escrivão na Ouvidoria de Vila Rica (Ouro Preto).

1724. O padre Bartolomeu de Gusmão se converte ao judaísmo.

1728. Alexandre volta a Lisboa. Realiza algumas tarefas no Paço Real.

1730. Assume o cargo de "secretário d'el-rei". A Igreja e o Brasil são seus assuntos básicos. D. João V tem 41 anos e Alexandre, 35. Por vinte anos, até a morte do rei, permanece nas funções.

1732. Eleito membro da "Academia de História" recém-criada pelo rei.

1734. Estabelece, para taxar o ouro do Brasil, o sistema de capitação, em lugar do "quinto".

1736. Escreve um importante documento apresentando os argumentos portugueses para justificar a posse de Colônia do Sacramento (a *dissertation*).

1737. Fundação de São Pedro do Rio Grande (hoje Rio Grande), ponto extremo sul do território contínuo ocupado pelos lusos.

1743. Alexandre passa a ser membro do Conselho Ultramarino. É particularmente ativo nos assuntos do Brasil.

1744. Casa-se aos 49 anos com Isabel Maria Teixeira Chaves, da nobreza provincial, com a qual terá os filhos Viriato e Trajano.

1746. Fernando VI assume o trono da Espanha. A nova rainha é D. Bárbara de Bragança, filha de D. João V. José de Carvajal y Lancaster, recém-nomeado secretário de Estado, é o negociador espanhol nas tratativas sobre fronteiras na América.

1746. Marco António de Azevedo Coutinho é o secretário de Estado de Portugal. O novo embaixador em Madri é Tomás da Silva Teles, visconde de Vila Nova da Cerdeira.

1747. Com a morte do cardeal da Mota, principal assessor do rei, Alexandre passa a ser o condutor das negociações com a Espanha. Nos três anos seguintes vai enviando a Madri as instruções e os textos que estruturam o futuro Tratado de Madri.

1749. Para servir de apoio às negociações, Alexandre encaminha a Madri o Mapa das Cortes, que delineia pela primeira vez a forma triangular do Brasil que hoje nos é familiar.

APÊNDICES

1749. Apresenta a D. João V uma "representação" na qual resume seus trabalhos oficiais e solicita uma promoção no seu status funcional.

1750. Assinatura do Tratado de Madri, que legaliza as ocupações portuguesas na América do Sul. Por ele, troca-se Colônia do Sacramento pelo território dos Sete Povos das Missões (a parte oeste do Rio Grande do Sul).

1750. Morte de D. João V aos 61 anos. Assume D. José I, tendo o (futuro) marquês de Pombal como ministro.

1751. Mesmo fora do governo, Alexandre redige as instruções aos demarcadores do Tratado de Madri.

1752. Tem a casa destruída num incêndio. Vários autores erram ao dizer que aí também perdeu mulher e filhos.

1752. Redige uma notável defesa do Tratado de Madri, em resposta a críticas por parte do ex-governador de Colônia, António Pedro de Vasconcelos.

1753. Morte de Alexandre de Gusmão, aos 58 anos.

1755. A viúva de Alexandre vende os bens deixados, que não são suficientes para pagar as dívidas existentes.

1761. O Tratado de El Pardo anula o de Madri.

1777. O Tratado de Santo Ildefonso restabelece os limites de Madri, exceto no sul, onde não só Colônia, mas também os Sete Povos ficam sob domínio espanhol.

1801. Tropas gaúchas retomam os Sete Povos. Basicamente volta-se, agora também no sul, à fronteira do Tratado de Madri.

Notas

1. O BRASIL NA ÉPOCA DE GUSMÃO

1. Sérgio Buarque de Holanda, "A mineração: antecedentes luso-brasileiros". In: *História geral da civilização brasileira*, tomo I, v. 2, p. 237.
2. Apud Afonso Taunay, *História das bandeiras paulistas*, v. 2, p. 294.
3. Apud Sérgio Buarque de Holanda, *Monções*, p. 49.
4. Mello Nóbrega, *História do rio Tietê*, p. 89.
5. Ibid., p. 124.
6. John Hemming, *Red Gold from Brazil*, p. 405.
7. Mello Nóbrega, op. cit., p. 23.
8. David D. Davidson, *Colonial Roots of Modern Brazil*, p. 105.
9. Sérgio Buarque de Holanda, *Monções*, p. 69.
10. Capistrano de Abreu, *Ensaios e estudos*, v. 3, p. 72.
11. Moniz Bandeira, *O expansionismo brasileiro e a formação dos estados da bacia do Prata*, p. 43.
12. Capistrano de Abreu, *Capítulos de história colonial*, p. 75.
13. Arthur Reis, *A Amazônia que os portugueses revelaram*, p. 42.
14. Arthur Reis, "Os tratados de limites". In: *História da civilização brasileira*, v. 1, p. 262.
15. Arthur Reis, *A Amazônia que os portugueses revelaram*, p. 39.
16. André João Antonil, *Cultura e opulência do Brasil por suas drogas e minas*, p. 70.
17. Capistrano de Abreu, *Capítulos de história colonial*, p. 248.

18. Mary Del Priore, *As vidas de José Bonifácio*. Comentando seu livro, em *O Estado de S. Paulo*, Caderno 2, de 25 de maio de 2019.

2. PORTUGAL NA ÉPOCA DE GUSMÃO

1. Oliveira Martins, *História de Portugal*, p. 335.
2. J. H. Saraiva, *História de Portugal*, p. 241.
3. Oliveira Marques, *História de Portugal*, v. II, p. 364.
4. Jaime Cortesão, *Alexandre de Gusmão e o Tratado de Madri*, v. I, p. 44.
5. Oliveira Marques, op. cit., p. 337.

3. A REDESCOBERTA DO ESTADISTA. INÍCIOS BIOGRÁFICOS

1. Afonso Taunay, *A vida gloriosa e trágica de Bartolomeu de Gusmão*, p. 21.
2. Andrée Rocha, *Alexandre de Gusmão: Cartas*, p. 18.
3. Apud Araújo Jorge, *Ensaios de história e crítica*, p. 114.
4. Ibid., p. 119.
5. Fidelino de Figueiredo, *História literária de Portugal*, p. 300.
6. F. A. de Varnhagen, *História geral do Brasil*, v. IV, p. 84.
7. Rio Branco, *Obras*, v. I, p. 24.
8. Araújo Jorge, op. cit., p. 139.
9. Jaime Cortesão, *Alexandre de Gusmão e o Tratado de Madri*, v. I, p. 9.
10. Ibid., p. 139.

4. DIPLOMATA DE D. JOÃO V

1. Capistrano de Abreu, *Capítulos de história colonial*, p. 283.
2. Alexandre de Gusmão, "Relação da embaixada do conde da Ribeira Grande junto de Luís XIV". In: Jaime Cortesão, *Documentos biográficos*, parte II, tomo I, p. 21.
3. Apud Jaime Cortesão, *Alexandre de Gusmão e o Tratado de Madri*, v. I, p. 211.
4. Ibid., p. 228.
5. Ibid., p. 241.

NOTAS

6. Christopher Hollis, *Histoire des papes e du Vatican*, p. 205.

7. Jaime Cortesão, *Alexandre de Gusmão e o Tratado de Madri*, v. I, p. 257.

5. O SECRETÁRIO D'EL-REI

1. Apud André Ferrand de Almeida, *Alexandre de Gusmão, o Brasil e o Tratado de Madri*, p. 46.

2. Ibid., p. 46.

3. Ibid., p. 46.

4. Alexandre de Gusmão, "Representação a D. João V". In: Jaime Cortesão, *Documentos biográficos*, parte II, tomo II, p. 77.

5. André Ferrand de Almeida, op. cit., p. 55.

6. Ibid., p. 48.

7. J. H. Saraiva, *História de Portugal*, p. 247.

8. Oliveira Marques, *História de Portugal*, v. II, p. 336.

9. José Manuel de Carvalho, *Coleção de vários escritos inéditos, políticos e literários de Alexandre de Gusmão*, p. 7.

10. Ibid., p. 6.

11. Ibid., p. 7.

12. Ibid., p. 8.

13. Andrée Rocha, *Alexandre de Gusmão: Cartas*, p. 19.

14. Ibid., p. 36.

15. Ibid., p. 35.

16. José Manuel de Carvalho, op. cit., p. 45.

17. Ibid., p. 37.

18. Ibid., p. 34.

19. Andrée Rocha, op. cit., p. 94.

20. Ibid., p. 128.

21. José Manuel de Carvalho, op. cit., p. 64.

22. Ibid., p. 205.

23. Ibid., p. 187.

24. Jaime Cortesão, *Alexandre de Gusmão e o Tratado de Madri*, v. I, p. 248.

25. Ibid., p. 249.

26. Bernard-Henri Lévy, *O espírito do judaísmo*, p. 289.

27. Alexandre de Gusmão, "Dissertação sobre a relaxação das ordens religiosas". In: Jaime Cortesão, *Documentos biográficos*, parte II, tomo I, p. 173.

6. UMA COLÔNIA COM RIQUEZAS, MAS SEM FRONTEIRAS

1. Jaime Cortesão, *Alexandre de Gusmão e o Tratado de Madri*, v. I, p. 280.
2. Ibid., p. 140.
3. Jaime Cortesão, *Raposo Tavares e a formação territorial do Brasil*, p. 58.
4. Capistrano de Abreu, *Capítulos de história colonial*, p. 289.

7. O SECRETÁRIO E O BRASIL

1. Roberto Pompeu de Toledo, *A capital da solidão*, p. 23.
2. Ibidem, p. 17.
3. Serrão e Marques, *Nova história da expansão portuguesa*, v. VII, p. 240.
4. Jaime Cortesão, *Alexandre de Gusmão e o Tratado de Madri*, v. I, p. 348.
5. Ibid., p. 404.
6. Fernando Cacciatore de Garcia, *Fronteira iluminada*, p. 112.
7. Jaime Cortesão, op. cit., v. II, p. 27.
8. Capistrano de Abreu, *Capítulos de história colonial*, p. 287.
9. Fernando Cacciatore de Garcia, op. cit., p. 109.
10. Jaime Cortesão, op. cit., v. II, p. 151.
11. Ibid., p. 153.
12. Ibid., p. 102.
13. Ibid., p. 103.
14. Ibid., p. 105.
15. Ibid., p. 109.

8. A ILHA BRASIL E O RIO DO OURO: CRÍTICA DOS MITOS

1. Caio Prado Jr., "Formação dos limites meridionais". In: *Evolução política do Brasil e outros estudos*, p. 150.
2. Francisco Roque de Oliveira, *Revista Bibliográfica de Geografía y Ciencias Sociales*, 2017.
3. Sérgio Buarque de Holanda, *Tentativas de mitologia*, p. 80.
4. Synesio Sampaio Goes Filho, "Contexto histórico". In: *Pedro Teixeira, a Amazônia e o Tratado de Madri*, p. 29.

NOTAS

5. B. Brandt, "Geografia cultural do Brasil", in *Boletim geográfico 1945/1946*, separata, p. 22.
6. Afonso Taunay, *Guia do Museu Republicano de Itu*, p. 28.
7. Sérgio Buarque de Holanda, op. cit., p. 74.
8. Ibid., p. 68.
9. Ibid., p. 83.

9. NEGOCIAÇÕES EM MADRI

1. Jaime Cortesão, *Alexandre de Gusmão e o Tratado de Madri*, v. II, p. 223.
2. José Manuel Teixeira de Carvalho, *Coleção de vários escritos inéditos, políticos e literários de Alexandre de Gusmão*, p. 132.
3. Ibid., p. 142.
4. Jaime Cortesão, op. cit., p. 262.
5. Ibid., p. 263.
6. Ibid., p. 226.
7. Georg Friederici, *Caráter da descoberta e conquista da América pelos europeus*, p. 62.
8. Jaime Cortesão, op. cit., p. 285.
9. Ibid., p. 296.
10. Ibid., p. 297.
11. Rio Branco, *Obras*, v. VI, p. 21.
12. Jaime Cortesão, op. cit., p. 325.

10. O MAPA DAS CORTES

1. Apud Paolo Emilio Taviani, *Christopher Columbus*, p. 219.
2. Oliveira Marques, *História de Portugal*, v. II, p. 32.
3. Capistrano de Abreu, *Capítulos de história colonial*, p. 207.
4. Jaime Cortesão, *Alexandre de Gusmão e o Tratado de Madri*, v. II, p. 383.
5. Ibid., p. 332.
6. Ibid., p. 337.
7. Ibid., p. 329.
8. Ibid., p. 332.

9. Ibid., p. 333.
10. Jorge Pimentel Cintra, "O Mapa das Cortes e as fronteiras do Brasil". In: *Boletim de Ciências Geodésicas*, v. 18, p. 422.
11. Ibid., p. 443.
12. Ibid., p. 443.
13. Ibid., p. 429.
14. Jerry Brotton, *Uma história do mundo em doze mapas*, p. 446.

11. O TRATADO DE MADRI E SEU FUTURO

1. José Manuel de Carvalho, *Coleção de vários escritos inéditos, políticos e literários de Alexandre de Gusmão*, p. 121.
2. J. Pandiá Calógeras, *A política exterior do Império*, v. I, p. 224.
3. Visconde de Carnaxide, *O Brasil na administração pombalina*, p. 10.
4. Arthur Cézar Ferreira Reis, "Os tratados de limites". In: *História geral da civilização brasileira*, v. I, p. 376.
5. Apud Hélio Viana, *História diplomática do Brasil*, p. 73.
6. Capistrano de Abreu, *Capítulos de história colonial*, p. 305.
7. Angel Scena, *Argentina e Brasil: cuatro siglos de rivalidad*, p. 62.
8. Apud José Carlos de Macedo Soares, *Fronteiras do Brasil no regime colonial*, p. 16.
9. Raúl Porras Barrenechea, *Historia de los límites del Perú*, p. 23.
10. Francisco Iglésias, *Trajetória política do Brasil*, p. 71.

12. ALEXANDRE: VIDA E OBRA

1. Jaime Cortesão, *Alexandre de Gusmão e o Tratado de Madri*, v. II, p. 195.
2. Ibid., p. 195.
3. Ibid., p. 198.
4. José Manuel de Carvalho, *Coleção de vários escritos inéditos, políticos e literários de Alexandre de Gusmão*, p. 188.
5. Andrée Rocha, *Alexandre de Gusmão: Cartas*, p. 121.
6. Jaime Cortesão, op. cit., p. 434.
7. Ibid., p. 435.

8. Ibid., p. 432
9. Ibid., p. 420.
10. Ibid., p. 421.
11. Ibid., p. 443.
12. Ibid., p. 444.
13. Robert Southey, *História do Brasil*, tomo VI, p. 8.
14. Jaime Cortesão, op. cit., v. I, p. 9.
15. Jorge Caldeira, *101 brasileiros que fizeram história*, p. 103.
16. Jaime Cortesão, op. cit., v. II, p. 411.

CONCLUSÃO: O MITO QUE NASCE

1. Yuval Harari, *Sapiens*, p. 41.
2. Ibid., p. 34.
3. Sérgio Buarque de Holanda, *Visão do paraíso*, p. 137.
4. Ibid., p. 156.
5. Demétrio Magnoli, *O corpo da pátria*, p. 58.
6. Ibid., p. 77.
7. Mello Leitão, *Descobrimentos do rio das amazonas*, p. 18.
8. Araújo Jorge, *Ensaios de história e crítica*, p. 142.

Referências bibliográficas

ABREU, João Capistrano de. *Capítulos de história colonial*. Rio de Janeiro: Livraria Briguiet, 1954.

_____. *Ensaios e estudos*. Rio de Janeiro: Livraria Briguiet, 1933. 3 vols.

ABRIL CULTURAL. *Mapas históricos brasileiros*. São Paulo: Abril, s.d.

ADONIAS, Isa. *Jaime Cortesão e seus mapas*. Rio de Janeiro: IHGB, 1984.

ALBUQUERQUE, Manoel Maurício de. *Curso de conhecimento e informação sobre cartografia*. Brasília: MRE, 1981.

ALMEIDA, André Ferrand de. *A formação do espaço brasileiro e o projeto do Novo atlas da América portuguesa*. Lisboa: Universidade Nova de Lisboa, 1984.

ALMEIDA, Luís Ferrand de. *A diplomacia portuguesa e os limites meridionais do Brasil*. Coimbra: Faculdade de Letras, 1957.

_____. *Alexandre de Gusmão, o Brasil e o Tratado de Madri*. Coimbra: Universidade de Coimbra, 1990.

ANDRADE S., Francisco. *Demarcación de las fronteras de Colombia*. Bogotá: Ediciones Lerner, 1965.

ANTONIL, André João. *Cultura e opulência do Brasil por suas drogas e minas*. Lisboa: CNDP, 2001.

ARROYO, Leonardo. *Relação do rio Tietê*. São Paulo: Obelisco, 1965.

BANDEIRA, L. A. Moniz. *O expansionismo brasileiro e a formação dos estados na bacia do Prata*. Brasília: Editora UnB, 1995.

BARRENECHEA, Raúl Porras; REYNA, Alberto Wagner. *Historia de los Límites del Perú*. Lima: Editorial Universitária, 1981.

BETHANCOURT, Francisco; CHAUDHURI, Kirti. *História da expansão portuguesa*, v. III. Lisboa: Círculo dos Leitores, 1998.

BOXER, C. R. *The Golden Age of Brazil*. Berkeley: University of California Press, 1964.

_____. *The Portuguese Seaborne Empire*. Nova York: Alfred A. Knopf, 1969.

BRANDT, B. "Geografia cultural do Brasil". In: *Boletim geográfico 1945/1946*, separata, Rio de Janeiro.

BROTTON, Jerry. *Uma história do mundo em doze mapas*. Rio de Janeiro: Zahar, 2012.

BRUNO, Ernani Silva. *História do Brasil*, v. I. São Paulo: Cultrix, 1966.

CALDEIRA, Jorge. *101 brasileiros que fizeram história*. São Paulo: Mameluco Edições, 2016.

CALÓGERAS, J. Pandiá. *A política exterior do Império*, v. I. Brasília: Senado Federal, 1998.

CANDIDO, Antonio. "Aspectos sociais da literatura em São Paulo". In: *Ensaios paulistas*. São Paulo: Imprensa Oficial, 1954.

CARDOSO, Efraim. *El Imperio del Brasil y el Río de la Plata*. Buenos Aires: Libraría del Plata, 1959.

CARNAXIDE, António de Souza Pedroso, visconde de. *O Brasil na administração pombalina*. São Paulo: Companhia Editora Nacional, 1959.

CARVALHO, Delgado de. *História diplomática do Brasil*. São Paulo: Companhia Editora Nacional, 1959.

CARVALHO, José Manuel Teixeira de. *Coleção de vários escritos inéditos, políticos e literários de Alexandre de Gusmão*. Porto: Tipografia de Faria Guimarães, 1841. (Reeditado como: *Alexandre de Gusmão — Obras*. São Paulo: Edições Cultura, 1943.)

CHAVES, Emir Omar. *Fronteiras do Brasil*. Rio de Janeiro: Bedeschi, 1943.

CINTRA, Jorge Pimentel. "A história do 'Tuerto' nos azulejos do Museu Republicano de Itu". *Revista do IHGSP*, ano CXXIV, v. CII, 2018.

_____. "O Mapa das Cortes e as fronteiras do Brasil". *Boletim de Ciências Geodésicas*. Curitiba: Universidade do Paraná, 2012.

CORTESÃO, Jaime. *Alexandre de Gusmão e o Tratado de Madri*. Rio de Janeiro: Instituto Rio Branco, 1950. 9 vols. (Os dois primeiros volumes foram republicados com o mesmo título pela FUNAG, em 2006.)

_____. *História do Brasil nos velhos mapas*. Rio de Janeiro: Instituto Rio Branco, 1957. 2 vols.

REFERÊNCIAS BIBLIOGRÁFICAS

_____. *Raposo Tavares e a formação territorial do Brasil*. Lisboa: Portugal Editora, 1966. 2 vols.

CUSICANQUI, Jorge Escobari. *Historia diplomatica de Bolivia*. La Paz: Universidade Boliviana, 1978.

DAVIDSON, David M. "How the Brazilian West Was Won". In: ALDEN, Dauril (org.). *Colonial Roots of Modern Brazil*. University of California, 1973.

DEL PRIORE, Mary. *As vidas de José Bonifácio*. Rio de Janeiro: GMT, 2019.

FERREIRA, Mário Clemente. *O Tratado de Madri e o Brasil meridional*. Lisboa: CNDP, 2001.

FERREIRA FILHO, Arthur. *História do Rio Grande do Sul*. Porto Alegre: Globo, 1958.

FIGUEREDO, Fidelino de. *História literária de Portugal*. Rio de Janeiro: Fundo de Cultura, 1960.

FLORIA, C. A.; BELSUNCE, C. A. G. *Historia de los argentinos*. Buenos Aires: Larousse, 1992.

FOUCHET, Michel. *Front et frontières*. Paris: Fayard, 1991.

FREYRE, Gilberto. *Casa-grande & senzala*. Rio de Janeiro: Schmidt, 1936.

FRIEDERICI, Georg. *Caráter da descoberta e conquista da América pelos europeus*. Rio de Janeiro: Instituto Nacional do Livro, 1967.

FURTADO, Júnia Ferreira. *O mapa que inventou o Brasil*. Rio de Janeiro: Versal, 2013.

GANDIA, Enrique de. *Las missiones jesuíticas y los banderantes paulistas*. Buenos Aires: Editorial La Facultad, 1936.

GARCIA, Fernando Cacciatore de. *Fronteira iluminada*. Porto Alegre: Sulina, 2010.

GODINHO, Vitorino Magalhães. *Estrutura da antiga sociedade portuguesa*. Lisboa: Arcádia, 1975.

GOYCOCHEA, Castilhos. *Fronteiras e fronteiros*. São Paulo: Companhia Editora Nacional, 1943.

GUEDES, Max Justo; GUERRERO, Inácio. *Cartografia e diplomacia no Brasil do século XVIII*. Lisboa: CNDP, 1997.

HARARI, Yuval Noah. *Sapiens*. São Paulo: L&PM, 2015.

HEMMING, John. *Red Gold: The Conquest of Brazilian Indians*. Nova York: Macmilan, 1978. 2 vols.

HERMES, J. S. da Fonseca; BASTO, Murilo de Miranda. *Limites do Brasil*. Florianópolis: 1940.

HESPANHA, António Manuel. *Cartografia e diplomacia do Brasil no século XVIII*. Lisboa: CNDP, 1997.

HOLANDA, Sérgio Buarque de. *Caminhos e fronteiras*. São Paulo: Companhia das Letras, 2017.

_____. *Monções*. São Paulo: Alfa-Ômega, 1976.

_____. *O Extremo Oeste*. São Paulo: Brasiliense, 1986.

_____. *Tentativas de mitologia*. São Paulo: Perspectiva, 1979.

_____. *Visão do paraíso*. São Paulo: Companhia Editora Nacional, 1977.

_____. *História geral da civilização brasileira*, v. 1 e 2. São Paulo: Difusão Europeia do Livro, 1977.

IGLESIAS, Francisco. *Trajetória política do Brasil*. São Paulo: Companhia das Letras, 1993.

HOLLIS, Christopher. *Histoire des papes et du Vatican*. Paris: Laffont, 1964.

JORGE, A. G. de Araújo. *Ensaios de história e crítica*. Rio de Janeiro: Instituto Rio Branco, 1948.

KANTOR, Iris. "L'appropriation des cartes de d'Anville dans le monde luso--brésilien". In: HAGUET, Lucile; HOFMANN, Catherine (orgs.). *Une carrière de géographe au siècle des Lumières: Jean-Baptiste d'Anville*. Paris: Bibliothèque Nacionale de France/Voltaire Foundation, 2018.

LAFER, Celso. *Relações internacionais, política externa e diplomacia brasileira: pensamento e ação*. Brasília: FUNAG, 2018.

LÉVY, Bernard-Henri. *O espírito do judaísmo*. São Paulo: Três, 2018.

LAPEYERE, Edson Gonzales. *Los limites de la República Oriental del Uruguay*. Montevidéu: Editorial Amalio Fernandez, 1986.

MACHADO, José de Alcântara. *Vida e morte do bandeirante*. Belo Horizonte: Itatiaia, 1978.

MAGNOLI, Demétrio. *O corpo da pátria*. São Paulo: Unesp, 1997.

MARQUES, A. H. de Oliveira. *História de Portugal*. Lisboa: Presença, 1997. 3 vols.

MARTÍNEZ, Pedro Soares. *História diplomática de Portugal*. Lisboa: Verbo, 1992.

MARTINS, Oliveira. *História de Portugal*. Lisboa: Guimarães, 1991.

MELO FRANCO, Afonso Arinos de. "Alexandre de Gusmão". In: *Estudos e discursos*. São Paulo: Comercial, 1961.

MELLO-LEITÃO, Candido de. *Descobrimentos do rio das Amazonas*. São Paulo: Companhia Editora Nacional, 1941.

MELLO NÓBREGA, Humberto. *História do rio Tietê*. Belo Horizonte: Itatiaia, 1981.

MONTEIRO, John Manuel. *Negros da terra*. São Paulo: Companhia das Letras, 1994.

NABUCO, Joaquim. *O direito do Brasil*. São Paulo: Cia. Editora Nacional, 1941.

REFERÊNCIAS BIBLIOGRÁFICAS

OCTÁVIO, Rodrigo. "Alexandre de Gusmão e o monroísmo". *Revista do IHGB*, v. 175, Rio de Janeiro, 1941.

OLIVEIRA, Francisco Roque de. "A ilha Brasil de Jaime Cortesão". *Revista Bibliográfica de Geografía y Ciencias Sociales*, 1191, Barcelona, Universidade de Barcelona, 2017.

OLIVEIRA LIMA, Manuel. *O secretário d'el-rei*. Rio de Janeiro: Garnier, 1904.

PESSOA, Fernando. *Mensagem*. Porto Alegre: L&PM, 2017.

PRADO, Paulo. *Província & nação: paulística, retrato do Brasil*. Rio de Janeiro: José Olympio, 1972.

PRADO JR., Caio. *Evolução política do Brasil e outro estudos*. São Paulo: Brasiliense, 1963.

_____. *Formação histórica do Brasil contemporâneo*. São Paulo: Brasiliense, 1963.

REIS, Arthur Cézar Ferreira. *A Amazônia que os portugueses revelaram*. Rio de Janeiro: MEC, s.d.

_____. *Limites e demarcações na Amazônia brasileira*. Rio de Janeiro: Imprensa Nacional, 1974. 2 vols.

RICUPERO, Rubens. *A diplomacia na construção do Brasil: 1750-2016*. Rio de Janeiro: Versal, 2017.

RIO BRANCO, barão do. *Obras do barão do Rio Branco*. Brasília: FUNAG, 2012. 11 vols.

ROCHA, Andrée. *Alexandre de Gusmão: cartas*. Lisboa: Imprensa Nacional, 1981.

SAINT-SIMON, duque de. *Mémoires (extraits)*. Paris: Éditions J'ai Lu, 1965.

SAMPAIO GOES, Synesio, Filho. *Navegantes, bandeirantes, diplomatas*. Brasília: FUNAG, 2015.

_____. "Contexto histórico". In: LIMA, Sérgio Eduardo Moreira (org.). *Pedro Teixeira, a Amazônia e o Tratado de Madri*. Brasília: Funag, 2016.

SARAIVA, José Hermano. *História concisa de Portugal*. Lisboa: Europa-América, 1989.

SARAMAGO, José. *Memorial do convento*. São Paulo: Companhia das Letras, 1997.

SCENNA, Miguel Ángel. *Argentina-Brasil: cuatro siglos de rivalidad*. Buenos Aires: Ediciones la Bastilla, 1975.

SERRÃO, Joel; MARQUES, A. H. de Oliveira. *Nova história da expansão portuguesa*, v. VI e VII. Lisboa: Estampa, 1991.

SILVA, Abílio Diniz da. *D. Luís da Cunha: Instruções políticas*. Lisboa: CNCDP, 2001.

SOARES, José Carlos de Macedo. *Fronteiras do Brasil no regime colonial*. Rio de Janeiro: Livraria José Olympio, 1938.

SOARES, Álvaro Teixeira. *História da formação das fronteiras do Brasil*. Rio de Janeiro: Conselho Federal de Cultura, 1972.

TAUNAY, Afonso d'Estragnole. *A vida gloriosa e trágica de Bartolomeu de Gusmão*. São Paulo: Imprensa Oficial, 1942.

_____. *Guia do Museu Republicano de Itu*. São Paulo: Indústria Gráfica Siqueira, 1946.

_____. *História das bandeiras paulistas*. São Paulo: Melhoramentos, 1975. 3 vols.

TAVIANI, Paolo Emilio. *Christopher Columbus: The Grand Design*. Londres: Orbis, 1985.

TOLEDO, Roberto Pompeu de. *A capital da solidão*. Rio de Janeiro: Objetiva, 2012.

VARNHAGEN, Francisco Adolfo de. *História geral do Brasil*, v. IV. São Paulo: Melhoramentos, 1975.

VERISSIMO, Erico. *O continente*, v. 1. São Paulo: Companhia das Letras, 2004.

VIANNA, Hélio. *História diplomática do Brasil*. Rio de Janeiro: Biblioteca do Exército, 1958.

VOLTAIRE, François-Marie Arouet, dito. *Le siècle de Louis XIV*. Paris: Flammarion, 1962.

WEHLING, Arno; WEHLING, Maria José. *Formação do Brasil colonial*. Rio de Janeiro: Nova Fronteira, 1994.

Índice onomástico

A

A. G. de Araújo Jorge, 55, 71, 182, 183
A. H. de Oliveira Marques, 46, 76, 87, 142
Afonso d'Escragnolle Taunay, 28, 53, 83, 85, 125, 180, 183
Agostinho Correia de Melo, 171
Alcântara Machado, 125
Aleijadinho (António Francisco Lisboa), 28
Alfredo Ellis Jr., 125
Álvar Núñez Cabeza de Vaca, 29
Álvaro Teixeira Soares, 7
Américo Vespúcio, 142
Ana da Áustria, 67
André Ferrand de Almeida, 122
Andrée Rocha, 54, 77
Antonil (João Antônio Andreoni, dito), 41
Antonio Candido, 27
António Carlos de Andrada e Silva, 100
António d'Almeida, 79
António da Costa, 77
António de Oliveira Salazar, 56, 83
António Guedes, 193
António José da Silva, 84-85
António Pedro de Vasconcelos, 37, 74, 156, 173, 193
António Pires de Campos, 30
António Ribeiro Sanches, 49, 77
António Rodrigues Arzão, 25
António Rodrigues da Costa, 102
António Rolim de Moura Tavares, 92

António Sílvio da Cunha Bueno, 184
Arno Wehling, 128
arquiduque Carlos (pretendente austríaco à Coroa da Espanha em 1700), 48
Arthur Cézar Ferreira Reis, 39, 175
Auguste de Saint-Hilaire, 30
Aureliano Leite, 184
Azevedo Fortes, 92

B

Balboa, Vasco Núñez de, 119
Balzac, Honoré de, 64
barão de Eschwege, 28, 102
barão do Rio Branco (José Maria da Silva Paranhos Júnior; na República era chamado simplesmente de Barão), 7, 9, 16, 55, 90, 134, 136, 138, 141, 147, 156, 164, 173, 176, 182-184
Bartolomeu Bueno da Silva (o segundo Anhanguera), 24, 30
Bartolomeu Bueno de Siqueira, 26
Bartolomeu de Gusmão, 57, 85, 100
Bartolomeu Dias, 142
Bartolomeu Lourenço (outro nome de Bartolomeu de Gusmão), 58, 85, 189-190
Bartolomeu Velho, 118
Basílio da Gama, 27
Benedito Calixto, 183
Benjamin Disraeli, 87

Bento Maciel Parente, 89
Bento XIII, 69-71
Bento XIV, 17, 69, 71, 190
Bernard-Henri Lévy, 86
Bernardo Berredo, 122-123
Brás Cubas, 99
Brígida Vitória de Gusmão, 88
Bruno Giorgi, 184

C
Caio Prado Jr., 55, 115
Calógeras, João Pandiá, 20, 56, 102, 158
Camilo Castelo Branco, 54, 77, 170
Caminha, Pêro Vaz de, 142
Camões, Luís de, 101, 168
Cantino, Alberto, 91
Capistrano de Abreu, João, 35, 37, 41, 54, 63, 96, 108, 144, 155, 160
cardeal da Mota (João da Mota e Silva), 70, 75, 80, 84, 109, 131-132, 170, 193, 196
cardeal de Tencin, 17, 71
cardeal Fleury, 78
cardeal Lambertini (futuro papa Bento XIV), 17, 71, 190
cardeal Mazarin, 67
cardeal Richelieu, 67
Carlos Calvo, 160
Carlos I (da Espanha), 134
Carlos II (da Espanha), 47, 105
Carlos III (da Espanha), 158
Carlos V (da Espanha), 55, 119
Carlota Joaquina, 162
Causino, Nicoló, 80
Chambers, Ephraim, 49
Charles Boxer, 41, 120, 144
Charles-Marie de La Condamine, 147, 150
"Chevalier" de Oliveira, 77
Christopher Hollis, 69
Cláudio Manuel da Costa, 27
Clemente XI, 69
Clemente XII, 69
conde da Ribeira Grande (Luís Manuel da Câmara), 17, 62, 65, 189
conde das Galveias (André de Melo e Castro), 70, 103
conde de Baschi, 15, 171

conde de Ericeira, 46, 82
conde de Floridablanca, 159
conde de Monsanto, 59
conde de Sarzedas, 103
conde de Starhemberg, 75
conde de Tarouca, 48, 67, 193
conde de Vimeiro, 98
Corneille, Pierre, 62
Correa Câmara, 162
Cristóvão Colombo, 141-143, 180, 199

D
D'Alembert, Jean le Rond, 17, 49, 71
Daniel de la Touche, 121
David D. Davidson, 33
Delgado de Carvalho, 20, 56
Demétrio Magnoli, 164, 180
Diderot, Denis, 17, 49
Diogo Barbosa Machado, 79
Diogo de Mendonça Corte Real, 67, 83
Diogo de Sousa, 29
Diogo Ribeiro, 91, 119
Diogo Soares, 51, 92
Domenico Capacci, 92
Domingos Capassi (aportuguesamento de Domenico Capacci), 51
Domingos da Filgueira, 108
Domingos Jorge Velho, 183
duque d'Anjou, 48
duque de Cadaval, 62
duque de Lafões, 80
duque de Saboia (Vítor Amadeu II), 68
duque de Saint-Simon, 64

E
Eça de Queirós, 54, 124
Eduardo Prado, 133, 136
Einstein, Albert, 86
Enrique de Gándia, 177
Erico Verissimo, 20
Euclides da Cunha, 24

F
Félix Maurice Charpentier, 183
Ferdinand Maass, 69
Fernando Pessoa, 54, 117, 168, 177

ÍNDICE ONOMÁSTICO

Fernando VI (da Espanha), 130, 132, 153
Fernão de Magalhães, 119
Fernão Dias Paes, 25
Fernão Martins Freire, 80
Fernão Paes de Barros, 31
Fidelino de Figueiredo, 54
Filipe de Orléans, 65
Filipe dos Santos, 26, 104
Filipe II (da Espanha), 134, 179
Filipe V (da Espanha), 48, 61-62, 129-130
Francisco Adolfo de Varnhagen, 55, 95, 160, 180
Francisco Caldeira Castelo Branco, 121
Francisco de Orellana, 120, 182
Francisco de Sousa, 98
Francisco Jaguaribe de Matos, 124
Francisco Lourenço, 57
Francisco Manuel de Mello, 54
Francisco Pizarro, 120
Francisco Rávago, 130
Francisco Roque de Oliveira, 128
Francisco Xavier de Mendonça Furtado, 174
Francisco Xavier Hocqueler, 169
Freud, Sigmund, 86

G
Gaspar da Encarnação, 18, 75, 84, 131, 187
Gaspar de Carvajal, 182
Geneviève Manceron, 64
Georg Friederici, 134
Gerardus Mercator, 91
Gilberto Freyre, 24, 40
Giovanni Battista Carbone, 92
Gomes Freire de Andrade, 103, 109, 147, 195
Gonzalo Jiménez de Quesada, 180
Gottfried H. Handelmann, 54, 155
Gregório VII, 69
Grotius, Hugo, 66
Guillaume Delisle, 68, 91, 113, 144
Guimarães Rosa, João, 177

H
Hélio Viana, 20, 56, 158
Henrique IV (da França), 69
Hermes da Fonseca, 173

I
Inácio Rodrigues, 57, 100
Inocêncio XIII, 69
Iris Kantor, 175
irmãos Montgolfier, 83
Isa Adonias, 118
Isabel Farnésio, 106, 129-130
Isabel Maria Teixeira Chaves, 167

J
Jacó de Castro Sarmento, 49
Jácome Raimundo de Noronha, 121
Jaime Batalha Reis, 119, 124
Jaime Cortesão, 9-10, 17, 20, 47, 56-58, 65, 73, 85-86, 93, 103, 107, 111, 115, 117-118, 122, 124-128, 135, 147-148, 172, 176, 178, 180, 182
James Frazer, 177
Jean Alphonse (João Afonso), 118
Jean-Baptiste Bourguignon d'Anville, 113, 145, 175
Jerry Brotton, 91, 119, 151
Joan Blaeu, 120
João Álvares de Santa Maria, 85
João Batista Carbone (aportuguesamento de Giovani Battista Carbone), 51
João Cândido, 173
João de Sousa Azevedo, 33
João II, 45, 120
João III, 119
João Lúcio de Azevedo, 85
João Ramalho, 98
João Teixeira Albernaz, 118
João V, 129, 132, 144, 149, 153, 169-171, 173, 185, 187-189, 191, 196, 200-203
Joaquim Nabuco, 175-176
Jodocus Hondius, 120
John Law, 65
John Locke, 48
John Manuel Monteiro, 125
Jorge Caldeira, 176
Jorge Pimentel Cintra, 149-150
José Bonifácio de Andrada e Silva, 100, 176
José Carlos de Macedo Soares, 20, 56, 158
José Correa, 70

José da Cunha Brochado, 77
José da Silva Pais, 92, 103, 106, 109, 147
José de Anchieta, 99
José de Carvajal y Lancaster, 130-131, 133, 135, 170
José de Iturriaga, 174
José Francisco Borges do Canto, 162
José Hermano Saraiva, 46, 76
José I, 49, 83, 170, 203
José Jorge, 70
José Manuel Teixeira de Carvalho, 53
José Pereira de Lacerda, 70
José Saramago, 58, 85
Juan de la Cruz Cano y Olmedilla, 160
Juan Ponce de León, 180
Juan Sebastián Elcano, 119
Júnia Ferreira Furtado, 145

K
K. M. Panikkar, 142

L
La Rochefoucault, François de, 62
Lope de Aguirre, 178
Lopo Homem, 118
lorde Tirawley, 171
Lourenço Rodrigues, 200
Luís António Verney, 50
Luís Cruls, 95
Luís da Cunha, 16, 48-49, 65, 67, 78, 80, 91, 111, 117, 132, 144-145, 147, 189, 193, 195
Luís de Albuquerque de Melo Pereira e Cáceres, 92
Luís Ferrand de Almeida, 74-75, 147, 187
Luís Teixeira, 118
Luís XIII, 67
Luís XIV, 17, 46, 48, 61-64, 67, 129, 201, 206
Luís XV, 17, 63, 71, 78

M
M. de Chevigny, 78
M. de Duvernay, 76
Machado de Assis, Joaquim Maria, 67
Manuel da Costa Ataíde, 28
Manuel da Nóbrega, 179

Manuel de Borba Gato, 25
Manuel de Siqueira, 193
Manuel dos Santos Pedroso, 163
Manuel Félix de Lima, 33-34
Manuel Francisco Lisboa, 28
Manuel Lobo, 35-36, 105
Manuel Nunes Viana, 26
Manuel Rodrigues Leitão, 192
Marco António de Azevedo Coutinho, 49, 84, 131-132, 135
Maria Álvares, 57
Maria Bárbara de Bragança, 75, 130, 151, 170
Maria do Carmo Strozzi Coutinho, 123
Maria Luísa de Saboia, 130
Mário Gibson Alvez Barboza, 184
marquês de Abrantes, 193
marquês de Cascais, 26, 98
marquês de Fontes, 62
marquês de Grimaldi, 159
marquês de Pombal (Sebastião José de Carvalho e Melo), 12, 18-19, 49, 54, 75, 83, 87, 104, 131, 158-159, 170, 174
marquês de Valença, 80
marquesa de Tencin, 71
Martim Afonso de Sousa, 40, 97
Martim Francisco de Andrada e Silva, 100
Martin Waldseemüller, 91
Martinho de Mendonça de Pina, 27
Marx, Karl, 86
Mary Del Priore, 43
Matias Aires Ramos da Silva, 50, 167
Max Justo Guedes, 122, 135
Mello Nóbrega, 29
Metastásio, Pietro, 81
Michel Foucher, 43
Miguel Ángel Scenna, 160
Miguel Martins de Araújo, 58, 66, 71
Miguel Sutil, 28
Molière (Jean Baptiste Poquelin, dito), 62, 81
Monsenhor Firrao, 70
Monsenhor Pizarro, 187
Monsenhor Ratta, 169
Montesquieu (Charles Louis de Secondad, barão de), 49

ÍNDICE ONOMÁSTICO

N
Napoleão Bonaparte, 162-163
Newton, Isaac, 58
Nuno da Cunha, 70

O
Olavo Bilac, 25
Oliveira Lima, 20, 76, 82
Oliveira Martins, 16, 45, 47
Oswaldo Teixeira, 183

P
padre Vieira, António, 49, 54
Pascoal Moreira Cabral, 28
Paulo Florêncio da Silveira Camargo, 184
Pedro Álvares Cabral, 106, 142-143, 193
Pedro Américo, 183
Pedro da Mota e Silva, 79
Pedro de Cevallos, 160
Pedro I, 183
Pedro II (de Portugal), 47, 90, 105
Pedro II, 41, 141
Pedro Leme da Silva, 125
Pedro Soares Martínez, 74
Pedro Teixeira, 38, 93, 121-122, 127, 133, 143, 182
Percy Fawcett, 181
Pero Lopes de Sousa, 98
Proust, Marcel, 64
Pufendorf, Samuel, 66

R
Racine, Jean, 62
Raposo Tavares, 20, 33, 56, 124
Raúl Porras Barrenechea, 161
Robert Southey, 54, 155, 172
Roberto Pompeu de Toledo, 97
Roberto Simonsen, 148
Rodrigo Otávio, 155
Rodrigo Xavier Teles de Meneses, 78
Roger Bacon, 49
Rogério de Souza Farias, 65
Rondon, Cândido Mariano da Silva, 160
Rousseau, Jean Jacques, 144

S
Salvador Correia de Sá e Benevides, 35, 105
Samuel Fritz, 89
Sanson d'Abbeville, 120
Sepé Tiaraju, 174
Sérgio Buarque de Holanda, 20, 23, 34, 119, 125, 127-128, 178-179
Sérgio Corrêa da Costa, 184
Sílvio Romero, 76, 100
Simão Bueno, 92, 108
Simão de Vasconcelos, 94, 119
Souza Coutinho, 95
Spinoza, Baruk, 86

T
T. S. Eliot, 177
Teresa Margarida Orta, 50
Thomas Macaulay, 71
Tomás António Gonzaga, 27
Tommaso Bezzi, 182
Trajano (filho de Alexandre de Gusmão), 168

V
Vasco da Gama, 142
Veiga Cabral, 162
Vicente Bichi, 69
Virgílio Noya Pinto, 27, 102
Viriato (filho de Alexandre de Gusmão), 168
visconde de Carnaxide, 158
visconde de Vila Nova de Cerveira (Tomás da Silva Teles), 131
Vítor Amadeu II, 68
Vitorino Magalhães Godinho, 117, 127
Voltaire (François-Marie Arouet, dito), 17, 48, 62, 129

W
Walter Raleigh, 181
Werner Herzog, 178
Wladimir Murtinho, 184

Y
Yuval Noah Harari, 177-178

Este livro foi composto na tipografia Minion
Pro, em corpo 11/16, e impresso em
papel off-white no Sistema Cameron da
Divisão Gráfica da Distribuidora Record.